主编：王运来

顾问（按姓氏笔画为序）：

王德滋　冒荣　郭子建　龚放

读南大

本书出版获得『南京大学文科发展基金——郑钢基金』资助

南京大学出版社

前　言

2022 年 5 月 20 日是南京大学建校 120 周年。百廿华诞前夕,5 月 18 日,中共中央总书记、国家主席、中央军委主席习近平给南京大学留学归国青年学者回信,寄语南大师生:"在坚持立德树人、推动科技自立自强上再创佳绩,在坚定文化自信、讲好中国故事上争做表率。"对于南大人而言,讲好中国故事,首先要讲好南大故事。为此,我们尽力搜求、精挑细选、精耕细作,几乎穷尽我们的才思来编写"天开教泽、道启南雍"的南大故事。但是,灿若星辰的南大群英、波澜壮阔的百廿画卷和卷帙浩繁的文献资料让我们力有不逮,实有以管窥天、以蠡测海之担忧。然而,一想到习总书记在回信中的"心系国家事、肩扛国家责"的嘱托和南大历史上的那些人、那些事、那些情、那些物,我们顿感义不容辞,遂不揣浅陋地编写了这本《读南大》。

《读南大》展示了南大人踔厉奋发、笃行不怠、雄创一流的鲜活图景,记录了南大人学于斯、教于斯,景仰南大、体认南大、守望南大的生动旅程。《读南大》涵盖 7 个部分,分别讲述"南、京、大、学、高、大、上"的故事:"南国之雄",彰显南雍气象;"京华风云",描绘百廿变迁;"大厦栋梁",勾勒校长侧影;"学究天人",描述大家风范;"高才硕学",荟萃两院院士;"大爱无疆",讴歌家国情怀;"上下同心",揭示团结真谛。南京大学有过傲立潮头、高歌猛进的壮举,也承受过逆水行舟、风雨兼程的磨砺。而跨越两个甲子的春秋繁露,在起承转合中谱写南大抑扬顿挫、跌宕起伏壮美乐章的,正是"南、京、大、学、高、大、上"这7个饱满的音符!

《读南大》诠释了南大人坚守而不保守、夺冠而不夺目、平和而不平庸的精神品格,旨在赓续南大人尚诚尚朴、求真求实之德,颂扬南大人经世安邦、科教强国之功,传播南大人与时俱进、开拓创新之言。在一百二十年的历史中,南大人始终坚守"诚、朴、雄、伟""诚、真、勤、仁"的精神,永葆"嚼得菜根,做得大事"的务实品格;与时代同呼吸,与民族共命运,谋国家之强盛,求科学之进步;把握时代脉动,引领风气之先,抱持厚积薄发,汇聚学术强音。在探索中国特色、南大特质、时代特点、世界一流的高等教育改革之路上,南大人始终"走在中国大学的最前列",展现出卓越引领的南大风范。

"天开教泽兮,吾道无穷","吾愿无穷兮,如日方暾"。穿越双甲子岁月,站在新的历史起点上的南京大学"思如潮,气如虹,永为南国雄"。在这里,《读南大》向您发出一份邀请:南京大学与您一起向未来!让我们一同用南大厚重的历史底蕴、崇高的价值追求与飞扬的青春年华,在建设"第一个南大"的奋进道路上,在全面建设社会主义现代化国家、实现中华民族伟大复兴的征程中继续谱写南大人的故事!

《读南大》编写组

目　录

南国之雄

南大

学究天人

高才硕学

大爱无疆

上下同心

《读南大》图片目录

扫此码可见图片

南雍记忆

鸿隽,左5赵元任,左6杨杏佛;中排:左2秉志,左3胡明复;后排:左2过探先,左4胡适)

16. 1925年发行的《学衡》杂志封面

17. 南高师第二任校长、国立东南大学首任校长郭秉文

18. 国立中央大学校长罗家伦

19. 金陵大学校长陈裕光

20. 1912年《成立中国义农会呼吁书》

21. 徐悲鸿(1排右4)在南洋举办抗战赈灾义卖画展归国与中央大学艺术系部分师生合影

22. 20世纪三四十年代的关露

23. 金陵大学教授孙明经指导学生拍摄教育电影

24. 1935年胡焕庸所绘《中国人口分布图》

25. 中央大学动物西迁路线还原简图

26. "冯氏四杰"与冯慧丈夫叶笃正合影(自左依次为:冯焕、冯康、冯端、冯慧、叶笃正)

27. 施士元(左1)博士论文答辩,三位答辩委员均为诺贝尔奖获得者(右2为居里夫人)

28. 1947年赵忠尧、施士元推荐吴健雄回母校担任教授的推荐表

29. 1949年10月国立南京大学欢送参加西南服务团部分同学留影

30. 曾联松与其设计的五星红旗样稿

31. 1962年竺可桢为南京大学六十周年校庆题词

32. 胡福明撰写的《实践是检验真理的唯一标准》获《光明日报》优秀理论文章特别奖

33. 1981年9月28日南京大学校长匡亚明(右3)与约翰

斯·霍普金斯大学校长史蒂芬·穆勒(Steven Muller)(左3)出席"创建中美文化研究中心的协议"签字仪式合影

学府风物

鼓楼经典

浦苑撷英

1. 校门
2. 浦苑大平台
3. 明湖
4. 2 - 109 报告厅
5. 八角楼
6. 音乐台
7. 世纪雄狮
8. 南京大学星

仙林风华

1. 校门
2. 二源广场
3. 杜厦图书馆
4. 敬文学生活动中心
5. 方肇周体育馆（火立方）
6. "闳"像
7. 西校门
8. 香雪海
9. 左涤江天文台
10. 陶园
11. 星云楼
12. 行政南楼

苏州明珠

1. 天枢楼与羲和广场
2. 露天广场
3. 十六食堂
4. 南雍楼
5. 南雍廊桥
6. 科创大厦
7. 学术交流中心
8. 庄里山

南国之雄

《国立中央大学校歌》中有这样一句歌词："陟升皇以临睨兮，此实为天府之雄。"

《金陵大学校歌》则这样写道："思如潮，气如虹，永为南国雄。"

南大"天府之雄""南国雄"的美称由来已久。"北大以文史哲著称，东大以科学名世，然东大文史哲教授实不在北大之下"。中央大学这座"民国最高学府"的系科之多、规模之大、师资之强均雄踞全国第一。被誉为"钟山之英"的金陵大学则长期执中国教会大学之牛耳。"南国之雄"，此言非虚。

岁月不居，走过百廿载历程，南京大学及其前身国立中央大学和金陵大学的诸多创举彰显了南大人"思如潮，气如虹"的豪迈气概，承载着南大厚重的文化底蕴与崇高的价值追求。

创造中国之最

如果我们将近现代中国高等教育的发展历程视作一幅五彩斑斓的历史画卷,那么南京大学无疑为这画卷落下了一处又一处的精彩之笔。这就是南京大学及其前身国立中央大学和金陵大学在跨世纪的办学过程中创造的一个又一个"中国之最"。

系科设置

中国有系统的学校制度始于 1902 年清政府制定的《钦定学堂章程》,由此拉开了我国近代教育的帷幕。1902 年创办的三江师范学堂是清政府在实施"新政"中为图存自强而建立的中国首批师范学堂之一。历史地看,肇始于三江师范学堂的南京大学在许多学科建设方面均开我国之先河。1903 年三江师范学堂正式开办之初,便延聘日本教习授图画、手工和音乐等艺术必修课。1906 年,李瑞清在两江师范学堂正式创办图画手工科,开中国学校设立艺术科之先河。金陵大学早在汇文书院时期的 1896 年便设立了医学馆,虽于 1907 年因故停办,但到 1913 年又将司徒雷登参与创办的原中国东方医科大学移归金大,重建了医科。当年招生,定为预科 2 年,正科 5 年,毕业授予医学博士学位,此为我国七年制医学教育之嚆矢。1917 年,未及首届学生毕业，金大便根据基督教医博会的调整方案将整个医科移交齐鲁大学。不过，民国时期中国大学一直没培养出任何学科的博士。1914年，金陵大学得到孙中山、黄兴、黎元洪、袁世凯等24位民国要人"竭力襄助"而成立"中国义农会"，在此基础上，创办了中国最早的四年制农科，次年添设林科，一年后合并为农林科。当时国内各类大学设有农林科者，唯有金大，实为我国高等农林教育之先导。1915年，南京高等师范学校为实施训育、智育、体育"三育"并举的办学方针，在国内率先开办了体育专修科，为我国培养了首批体育人才。南高校长江谦认为国家的富强有赖于科学的进步和实业的发达，故在1916年至1917年于校内先后设立了工艺、农业、商业等专修科。"师范学校"设立实科，南高实开我国风气之先。著名作物育种专家金善宝便是南高农业专修科的早期毕业生。1920年，竺可桢在南高文理科内创设了我国第一个新型地学系，培养了一大批我国老一辈的气象学家、地理学家和地质学家，他也由此被誉为地理、气象学界"一代宗师"。次年，秉志在南高创办了我国大学中的第一个生物系，为我国的生物学研究作出了开拓性的贡献。1921年，金陵大学开办了我国大学中的第一个农业经济系，填补了国内空白。1922年，突破了"师范"框架之后的南高衍变而成的东南大学，创办了我国第一所国立商科大学——上海商科大学，由郭秉文兼任校长，马寅初任首任教务主任，为我国培养出最早的一批高级财经人才。20世纪20年代初，东南大学设有五科（时北京大学仅设文理科和法科，中山大学设文理科、法科和农科），学科之全居全国之首，当时执教于东大的茅以升教授就曾这样评说："本大学学制以农、工、商与文、理教育并重，寓意甚远。此种组合为国内所仅见，亦即本大学精神之所在也。"

1927 年南京国民政府成立后,将东南大学和江苏境内的其他 8 所专科以上的学校合并组建成国立第四中山大学,下设自然科学院、社会科学院、文学院、哲学院、教育学院、工学院、农学院、商学院和医学院。一所大学设有 9 个学院,这在整个民国时期是绝无仅有的。后虽略有调整,第四中山大学暨中央大学仍有文、理、法、教育、农、工、医等 7 个学院,依然雄踞全国之首。同期,金陵大学于 1935 年在我国率先设立农具学辅系,奠定了我国农业工程学科的基础。1936 年金大在理学院成立了我国最早的电化教育专修科——电影播音专修科,拍摄了 200 余部教育电影,供全国各机构购买并流通放映,揭开了我国电影教育的序幕。后来的北京电影学院便是由金大影专等单位合组而成的。20 世纪 40 年代初期,国民政府教育部实行"部聘教授制",在全国范围内于每一学科遴选出最杰出的教授由教育部直接委聘。当时全国分两批共选出"部聘教授"45 位,中大一校就有 13 位,占总数的 28%,位居全国榜首。这 13 位"部聘教授"分别是胡焕庸(地理科)、艾伟(心理科)、孙本文(社会科)、梁希(林科)、秉志(生物科)、蔡翘(生理解剖科)、楼光来(外国文学科)、胡小石(中国文学科)、柳诒徵(史学科)、常道直(教育科)、高济宇(化学科)、戴修瓒(法律科)、徐悲鸿(艺术科)。1948 年中央研究院遴选出 81 位院士,在南京大学前身中央大学及金陵大学求学、工作过的校友中共有 33 位入选,独占四成,雄踞各校之首。

1949 年中央大学更名国立南京大学后,仍设 7 院 40 余系科,学科之全、规模之大均居全国第一。1952 年全国院系大调整时,南京大学仅留存下文、理学院,其他 5 院均告独立,并先后组建成了第五军医大学(后并入第四军医大学)、南京师范学院(今南京师范大学)、南京工学院(今东南大学)、南京农学院(今南京农业大学)、南京林学院(今南京林业大学)、华东水利学院(今河海大学)、华东航空学院(今西北工业大学)等高校,成为我国派生出大学最多的"母校"。为了突破文理型综合大学的框架,南京大学于1988年在全国综合性大学中率先设立了医学院,以借助自身的优势培养高层次的医学人才。次年又受命创办"基础学科强化部",以培养造就未来从事基础学科研究的"国家队"队员。南京大学曾在中国古代文学、世界地区史、国别史、计算机软件、构造地质、矿床学、无机化学等专业分别培养出国内第一位博士。在1999年中共中央、国务院、中央军委表彰的23位"两弹一星功勋奖章"获得者中,有6位是南京大学校友。迄今,曾在南京大学及其前身学习、工作过的校友中,已有295人先后当选为中国科学院院士或中国工程院院士。

南大学派

南京大学及其前身,素以卓越的科学研究著称于世。

1915年,中国留美学生在美国组建了科学社(后更名为"中国科学社"),并于1918年将该社迁回国内,设在南高,成为当时全国唯一的科学团体,领衔组织全国性的学术活动。其主要创始人任鸿隽、胡明复、胡刚复、熊庆来、秉志、杨杏佛、竺可桢、周仁等相约归国,执教南高。南高创建了我国第一个物理实验室,并将物理实验率先引入国内物理教学中,培养出吴有训、严济慈、赵忠尧等一大批著名物理学家。故当时的南高暨东大,作为中国科学社的大本营,被世人誉为"中国自然科学的发源地"。而在此之前,汇文书院院长师图尔(George Stuart)在其1896～1907年的任职期内,将李时珍的《本草纲目》(52卷)全部译成英文出版,被西方学者视为珍本(当为这一医学巨著最早的英译本)。

1922年,南高教授梅光迪、吴宓、胡先骕等人为"改造固有文化与吸取他人文化",联合创办了《学衡》月刊,并由此形成了在全社会都很有影响力的学术流派——学衡派。次年,金陵大学添设农业图书研究部,在我国率先开展了农业遗产的系统研究。1934年,金大创办国学研究班,这在东南各大学中属于首创。20世纪30年代,金大教授沈宗瀚和中大教授金善宝等人先后育成"金大2905"和"中大241",结束了我国缺乏小麦优良品种的历史。金大在农业方面所推行的教学、研究和应用相结合的"三一制",独步全国。1942年,金大又出版我国大学中第一份综合性电影刊物《电影与播音》,并在国内首次公开放映了16 mm胶片的教育电影。尤其值得书写的是,1947年中大物理系主任赵忠尧和教授毕德显受学校和中央研究院的委托,以"长期事假"的名义赴美考察,购得供原子能研究之用的设备VGM一台,后安置在南京九华山之下。由此开始了中国原子能科学的研究,并为新中国在该尖端领域的研究准备了必要的条件,我国第一台质子静电加速器就是在赵忠尧的主持下建成的。

1952年"二流归一"后,南大如虎添翼,更是取得了累累硕果。1978年,"科学的春天"再次降临神州大地,南京大学"老树春深更著花",共有48项研究成果获得全国科学大会奖,雄踞全国第一。1978年5月11日,《光明日报》以"特约评论员"的名义发表了《实践是检验真理的唯一标准》一文,由此掀起了"真理标准大讨论"的思想解放运动。该文最初的和最主要的作者是南大哲学系副主任胡福明。1982年,南大自行设计建造了我国第一座太阳塔,这是亚洲最大的太阳塔,也是当时世界上20座最大的太阳塔之一。1984年南大建成了我国第一个国家级重点实验室——固体微结构物理重点实验室。1986 年南大研制成我国第一台 20 兆高能医用电子直线加速器，该仪器被誉作我国的"医学原子弹"。在国家公布的历次《学术榜》中，南京大学一直稳居前三名，其中 7 次获得科学引文索引（Science Citation Index, SCI）排名第一，被引用论文数 8 次夺冠。可以说，从 20 世纪 60 年代科学研究的"五朵金花"的绽放，到今日在自然科学研究领域里的独领风骚；从被誉为"春风第一枝"的《实践是检验真理的唯一标准》的发表，到被公认是 20 世纪最浩大的传统文化工程——《中国思想家评传丛书》的出版，他们共同铸就了一个闪光的字眼："南大学派"。

中外交流

南京大学历来都是我国进行国际学术交流的一个重要窗口。早在 20 世纪初，南高便是我国中西文化交流的热点所在。大凡世界著名学者来华，总要到南高参观访问。如 1920 年 4 月，美国教育界泰斗杜威（John Dewey）来校演讲"教育哲学"，并与教育科师生座谈；同年 10 月，英国大哲学家罗素（Bertrand Russell）来校作了"关于哲学"的演讲；1924 年印度大文豪泰戈尔（Rabindranath Tagore）来校作了"中印文明"的演讲。同期，美国著名教育家、世界教育大会东方部主任孟禄（Paul Monroe）（时南高暨东大校长郭秉文任世界教育大会副主席兼亚洲分会主席）在全面地考察了中国的高等学府之后说："东南大学是中国第一所有希望的大学，将来发达程度可与伦敦剑桥大学相颉颃。"20 世纪 30 年代，美国著名女作家赛珍珠（Pearl Buck）执教金陵大学，在此期间完成的《大地》等文学作品后来使她荣获诺贝尔文学奖。尽管中央大学留学出身的教师占半数甚至有的院系达90％以上,但其依然重视延聘外籍教师,后来我国应用于地质填图的"航空照片"即由20世纪30年代初便在中大授课的巴勒加(Edward Parejas)拍摄。根据哥伦比亚大学的权威评估,当时中国只有中央大学和金陵大学等不足10所大学称得上世界一流大学,其毕业生得以直接升入任何一所世界著名学府深造。诚如孟禄博士所料及的那样,半个多世纪以后,南京大学果然以崭新的面貌屹立于世界学府之林。1982年,南京大学主办了国际花岗岩会议,首开我国高校独办国际会议之纪录;1987年主办的国际配位化学会议,是当时我国规模最大的一次国际学术会议;1985~1988年,南大校长曲钦岳作为中方团长,连续三次率团出席并主持了中美大学校长会议。与此同时,南大还开辟了多种国际合作的新"模式",如1986年与约翰斯·霍普金斯大学合作创建了我国第一个国际合作的教学科研实体——中美文化研究中心;1987年与哥伦比亚大学工商与公共事务管理学院合办了商业硕士研究班("中国的MBA");1989年与哥廷根大学联合建立了中德经济法研究所,其研究生毕业可同时获得中、德两国颁发的学位证书。目前,已有10多位诺贝尔奖获得者和西方国家元首、政府首脑或被南京大学聘请为名誉教授,或被授予名誉博士学位。

引领风尚

南京大学还是一所厉行创新和勇于改革的高等学府。

自清末新式学校开办以来,我国的高校一直实行学年制,因修业年限与学习科目固定不变,弊端日见。1919年,南高在教务主任陶行知的主持下,率先实行"学分制",并首倡"教学法",在全国产生了极为深远的影响。1920 年,在陶行知的倡导和校长郭秉文、商科主任杨杏佛、教育科教授陆志韦等人的支持下,南高首开"女禁",正式招收 8 名女生,实行"男女同校",开我国风气之先。1921 年,东南大学在国立大学中率先成立了由张謇、蔡元培、王正廷等实业家、教育家和社会名流组成的"校董会",负责学校决策。1927 年,陈裕光出掌金陵大学,成为第一位担任中国教会大学校长的中国人。次年,他率先向国民政府呈请立案,使金大成为国内第一所立案的教会大学,随后撤销宗教系,改宗教仪式为自愿参加,各级行政逐步由国人主持,在中国各教会大学中开风气之先。半个世纪以后,南京大学在匡亚明校长的大力倡导下,在高校中最先开设"大一语文"课,在全国引起强烈反响。1988 年,国家教委高瞻远瞩,将南京大学指定为全国首批综合改革的试点单位。1994 年,南大跻身首批国家"211 工程"的行列。1999 年 7 月 26 日,教育部与江苏省正式签订重点共建南京大学的协议,南京大学由此而进入"985 工程",成为全国若干所部省重点共建的大学之一。由此,这所著名的百年学府呈现奋发向上的蓬勃生机,向着创建世界一流大学的目标雄健地挺进。

(王运来)

中国科学社大本营

　　南京大学百年办学历程中,积淀了深厚的科学精神和注重基础研究的传统,这些精神和传统与中国科学社密切相关。中国科学社是我国近代第一个民间综合性科学团体,也是 20 世纪前半叶我国规模最大、影响最广的科学团体。中国科学社创办的《科学》杂志,"与《新青年》一起,构成了五四运动前夕一文一理、文理互补,且共同竖起科学与民主大旗的标志性刊物"[1],是一代"科学青年"为实现救国理想而纵横驰骋的一块"创新基地"。"世界发明大王"爱迪生(Thomas Edison)得知《科学》创刊后,曾感叹"伟大的中华民族在觉醒"。中国科学社对南大科研工作的开展和中国现代科学的发展起到了启蒙和奠基的作用。

漂洋过海落南高

　　1914 年,在美国绮色佳(Ithaca)小镇的康奈尔大学(Cornell University)里,胡明复、任鸿隽、赵元任、秉志、杨杏佛、过探先等

---

[1]　李继高、姚远:《〈科学〉与其主办者中国科学社》,《西北大学学报(自然科学版)》,2010 年第 5 期。

一众留学生聚在大同俱乐部(Cornell Cosmopolitan Club)的廊檐上闲谈。他们当时虽身处科学发达、国力强大的美国,却心忧时局动荡、民生凋敝的祖国,认为"中国所缺乏的莫过于科学",于是提议出版一种专门向中国介绍科学的杂志,并得到在场所有人的同意。他们决定成立科学社(Science Society),创办《科学》(*Science*)杂志,暂时采取一种股份公司的组织形式,入社须交股金,作为出版杂志的资本,并公推胡明复、任鸿隽、杨杏佛三人起草招股章程。章程中明确提出《科学》月刊"以提倡科学,鼓吹实业,审定名词,传播知识为宗旨"。1915 年 1 月,《科学》月刊 1 卷 1 期由上海商务印书馆出版发行。

随着社员的扩充,有人认为,集股公司性质的"科学社"仅仅发行一个杂志,不免本末倒置,提议改组科学社。1915 年 4 月,科学社董事会征得多数社员同意后,决定将科学社改组为学会性质,并改名为中国科学社,指定任鸿隽、胡明复、邹秉文三人草拟社章。10 月 25 日,《中国科学社总章》表决通过,正式定名"中国科学社",推举任鸿隽、秉志、赵元任、竺可桢、胡明复、钱天鹤、周仁 7 人为董事会成员,杨杏佛任《科学》月刊编辑部部长。

与之前的科学社相比,中国科学社的活动不仅仅限于发行《科学》月刊,其性质由集股公司转变为学术团体,以"联络同志,研究学术,共图中国科学之发达"为宗旨。为了既保持作为学术团体的组织纯正性,同时扩大影响、筹集活动经费和争取广泛的社会支持,中国科学社将社员分为 6 种,分别是普通社员、特社员、仲社员、赞助社员、名誉社员和永久社员。[①] 其中名誉社员

---

① 冒荣:《科学的播火者:中国科学社述评》,南京大学出版社,2002 年,第 41 页。

是在科学研究领域具有特殊贡献且得到董事会成员过半数支持之人,爱迪生曾当选为中国科学社的名誉社员。爱迪生还应中国科学社的要求,将其近照送《科学》月刊刊登。1915 年 9 月 9日,赵元任以中国科学社书记的名义写信给爱迪生,并给他寄去了刚出版的《科学》月刊。收到书信的第二天,爱迪生便给中国科学社回信:

> 昨读贵社来书,及《科学》第五、六期,然后信吾见之不谬也。贵国学子关于教育上之致力,实令远方识时之士闻而钦佩,贵国之有此,发达之征也。贵社同人择途既得,进步尤著,异日科学知识,普及全国,发荣滋长,永永无斁,可操券候也。谨奉书以贺。[①]

彼时,曾留美六载,其间担任过留美中国学生联合会会长的郭秉文,正在为南京高等师范学校物色教师,他数次向科学社成员抛出橄榄枝,希望他们归国后来校任教。1914～1918 年,中国科学社的重要骨干邹秉文、过探先、胡明复、任鸿隽、杨杏佛、秉志等人陆续学成归国,先后来南高执教。南高、东大的教师"皆一时之选",文科有梅光迪、柳诒徵、陈中凡、汤用彤、陈衡哲等;理科有任鸿隽、胡刚复、熊正理、竺可桢、孙洪芬、张子高、熊庆来、王琎、何鲁等;农科有邹秉文、秉志、胡先骕、钱崇澍、过探先、陈桢、陈焕镛、张景钺、戴芳澜、邹树文等;工科有茅以升、涂羽卿等;商科有杨杏佛、胡明复等;教育科有陶行知、陈鹤琴、郑

---

① 爱迭生:《美国大发明家爱迭生君来书》,《科学》,1916 年第 2 卷第 1 期。

晓沧等。① 其中,有多位是中国科学社社员。"郭师(指郭秉文——编者注)从国外亲自物色延揽了五十位优秀学人,展开了中国科学的奠基工作,使南高、东大成为中国科学发展的一个主要基地。"②作为中国科学社社员集聚地的南高、东大,也因此被称作"中国科学社大本营"。

科学启蒙育新知

中国科学社是以发展科学为唯一职志的学术团体,它为南高、东大注入了"科学"基因。

中国科学社为南高、东大网罗了一大批科学人才,直接推动了学校理科、工科、农科、教育科等学科的崛起。理工科有任鸿隽、胡刚复、竺可桢、孙洪芬、熊庆来、叶企孙、茅以升等众多科学名家,他们在南高、东大创建了我国第一个地学系、第一个生物学系和生物研究所、第一个物理实验室。农科有秉志、邹秉文、胡先骕、陈焕镛、钱崇澍等,他们为南高、东大引进了现代大学农科的办学模式。教育科有陶行知、郑晓沧、陈鹤琴等,他们提出了"教育学科学化"的主张,采用实验、测量等方法研究教育问题,南高、东大教育科由此成为 20 世纪二三十年代"新教育"发展的重镇。

在中国科学社的影响下,南高、东大尤其注重科学研究和科学训练,以科学精神育人。南高、东大的许多教授都是中国科学

① 王德滋主编:《南京大学史》,南京大学出版社,1992 年,第 52 页。
② 张其昀:《郭师秉文的办学方针》,《国立中央大学建校七十周年纪念特刊》,1985 年,第 76 页。

社的成员,他们夹着书本进课堂,离开教室就钻入中国科学社的研究室。他们既是教授,又是研究员,研究成果首先应用于课堂教学。他们在科学人才的训练和培养、研究工作的开展以及学术水平的提高等方面,都起到至关重要的作用。

中国科学社的"科学"基因还渗透进南高、东大的文科教学中。学校不仅要求文科学生选修自然科学课程,还将文科教育与科学实验相结合。如地理系的野外考察、教育系的心理测试、工艺科的校办工场等,目的均在于通过实验而实现学以致用。这种"用科学的精神办教育,用科学的方法育人才,教学科研相互促进、人才脱颖而出"的成功做法,是南高、东大的一大特色,也使南高、东大成为中国科学发展的主要基地之一。后来,南京大学之所以能被 Science 评为中国最杰出的大学之一,与此有着密切的联系。

"科学名世"扬美名

以南高、东大为"大本营"的中国科学社,在国内科学界长期独占鳌头。在存续的四五十年间,中国科学社得到了社会各界的鼎力支持,社员规模不断扩大,各个领域事业蓬勃发展。中国科学社在近代各类专业学术团体成长过程中一直发挥着"母体"作用。此后成立的各种专门学会,如中国工程学会、中国生物学会、中国动物学会等,无论在思潮流向、组织形态,抑或是人员的交叉组成等方面都与中国科学社有着千丝万缕的亲厚渊源。

中国科学社将近代中国最早一代科学人才聚集起来,红红火火地开展各项活动:出版科学刊物、举行年会和学术研究会、创办生物研究所、审查科学名词、普及科学教育、设立科学咨询处、创办科学图书仪器公司等。中国科学社的这些功绩,直接推动了中国近代科学的产生、发展与繁荣。

南高、东大占据"天时、地利、人和",吸引众多归国留学生争相前往,一时俊彦云集。据20世纪20年代《国立东南大学教员履历》统计,在220名教员中,留学出身者有143人,其中理工科教师几乎全是归国留学生,而且多数为博士或硕士。北伐胜利后,北平的几所名校争相来东大"挖人",当时东大的著名学者叶企孙、熊庆来、张子高、陈桢等先后赴清华任教。东大的学生吴有训、赵忠尧等人后来也受聘于清华。曾在南高、东大任教的中国科学社骨干竺可桢、茅以升、秉志、胡先骕等人先后当选为"部聘教授"和中央研究院院士。

北大教授梁和钧曾在《记北大(东大附)》中以"北大以文史哲著称,东大以科学名世"赞誉东大。作为"中国科学社大本营"和近代科学人才的聚集地,南高、东大的科学事业得到了长足发展,并为近代中国的科学事业输送了大批人才,成就了"科学名世"的东南美誉。

(裴　聪)

首开女禁

"五四"前后，除了个别私立大学之外，中国还没有同时招收男生和女生，实行男女同校的高等学府。教育史上将这种男女不能同学的现象称为"女禁"。在我国公立高校中，最早招收女子正式生，使男女同学成为制度的是南京高等师范学校。

冲破阻碍开女禁

1919 年 12 月 17 日，"敢探未发明的新理，敢入未开化的边疆"的陶行知在南高校务会议上正式提出《规定女子旁听法案》，并在会议上慷慨陈词："中国女子高等教育最不发达，女子几无上进之路；大学不许男女同学，更是毫无道理。南高特宜首破禁区，融通办理，以遂女子向学之志愿。"[①]校长郭秉文、学监主任兼文史地部主任刘伯明、著名教授陆志韦、杨杏佛等人均极表赞成，该提案在校务会议上获一致通过。南高决定自 1920 年暑期正式招收女生。

---

① 《陶行知提议规定女子旁听法案》(1919 年 12 月 17 日)，南京大学校史研究室编:《南京大学校史资料选编 第二卷 南京高师与东南大学时期(上下册)》，南京大学出版社，2019 年，第 699 页。

消息一出，世人震惊。言辞激烈的非议、责难夹杂着诋毁、谩骂漫天袭来。保守者斥之为"洪水猛兽""异端邪说"。就连比较开明的清末状元、教育界领袖人物张謇也警告南高不得轻举妄动。南高前任校长江谦亦断言，如果实行男女同学，不出一两年定出大乱子。陶行知等人虽处在腹背受敌的境地，但仍一边向对方发出有力的诘问："男女工人可以同做工，男女农民可以同耕作，为何男女学生不可以同学习！难道读书人的道德水准比资本家、工头还低吗？"一边作出决定，一切照原计划进行。

暑期招生之际，闻讯前来报名的受过中等教育的女子达一百余人。如张佩英便是在陈独秀、张国焘、茅盾等人的积极鼓励和多次劝说下，从上海赶到南京来报考的。招生时，学校不偏袒女生，不降低录取标准。经过严格考试，南高从报考女生中录取了8名正式生，50余位旁听生。8名正式生中，李今英、黄叔班、吴淑贞、曹美恩、陈梅保和张佩英（后改名张蓓蕽）6人入英文系；韩明夷和倪亮入教育专修科。由此，南高成为我国第一所实行男女同学的国立高等学府。自此，女子在教育上与男子逐渐享有同等地位，在社会上的地位也随之提高，中国高等教育史翻开了崭新的一页。

女禁开后气象新

为了方便8名女生的生活起居，学校专门添设正、副"女生指导员"，直接管理女生的行为及其相关事务。体育教师自然也由女教员担任。此外，学校还在女生宿舍配备了"女舍监"，其职责是确保"所有女生须于下午七点半之前返校""夜后女生不能游行""女生可在宿舍里的公共会客室会见前来探访的人，但每晚不能超过七点半钟,礼拜日不能超过九点半钟"。或许考虑到男生宿舍疏于管理的缘故,学校严格规定"女生不论何事,不能入男生宿舍,或宿舍内四周"。由于女生与男生同堂听课,一起活动,因此这些规定并不能阻止男女同学的交往与友情。

这8名女生,几乎是清一色的教徒,她们一起去教堂,一起参加合唱队,成了校园里一道亮丽的风景线。更有几位"革命的"女生,特别喜欢着男装,蓄短发,剪平头,而且性格开朗,活泼大方,浑然不把自己当作千金小姐来看待。英文系的李今英学习成绩拔尖,英语经常名列全校第一,于是同学们便选她任英语俱乐部的主席。她以国语和南京话讲得不好为由不肯"出山",男生们则齐声劝道:"既然是英语俱乐部,不讲中文也无妨。"就这样,李今英被推上了"主席"的宝座。毕业之后,李今英与该系主任、风流倜傥的年轻教授梅光迪结婚,成就一段佳话,"梅李今英"至今还常常被人们提起。

男女同学使得南高校园里平添许多生气和乐趣。做过中华民国国务总理的熊希龄在来南高参观后,大为感慨,不禁赞道:"男女同校,令粗犷之男生,渐次文质彬彬;令文弱之女生,渐呈阳刚之气,颇有意义。"美国克兰公使夫人来华游历,到校参观,在亲眼目睹了首届男女同学的学习和生活之后,对南高排除万难首开女禁的故事"极为称许","特捐银四千元,资助东南大学女学生学额 2 名,高等师范女生学额 10 名,两校合办之暑期学校女生学额 20 名,以为提倡女子高等教育之助"。[①] 时隔 40 年,

---

① 《东南大学与南高师近讯种种》,南京大学校史研究室编:《南京大学校史资料选编 第二卷 南京高师与东南大学时期(上下册)》,南京大学出版社,2019 年,第 65 页。

1962 年南京大学 60 周年校庆时，中国科学院副院长竺可桢校友回忆起当年的情景，还深深地以此为荣："东南学府，为国之光。男女同校，唯此首创。外御强敌，内抑豺狼。天下有道，黉舍乃昌。"

（王运来　裴　聪）

学衡派：昌明国粹，融化新知

"五四"时期，南京高等师范学校和国立东南大学有一支与国立北京大学的"新青年派"形成南北鼎立之势的学术文化流派，名曰"学衡派"。学衡派与北大"新青年派"性格迥异，大力提倡发扬中华优秀传统文化，融汇中西，谋求"昌明国粹，融化新知"。

志同道合办《学衡》

民国初年，西方思想大量涌入，传统文化遭到摒弃，一时竟出现了"去中学西、全盘西化"的情形。1922 年，南高和东大的刘伯明、柳诒徵、梅光迪、吴宓、胡先骕等文化健将创办了"我国创刊最早的史学刊物"——《学衡》，以"昌明国粹，融化新知"为宗旨，这群志同道合的学人也因此被称为"学衡派"。

刘伯明是《学衡》的灵魂人物，学衡派的聚集主要得力于他。作为南高的副校长和文理科主任，他邀请了同样毕业于美国西北大学的"同学知交"梅光迪，来校任英文系教授。在刘伯明的支持下，梅光迪约请胡先骕、萧纯锦、徐则陵、柳诒徵等为发起者和撰稿人，正式筹办《学衡》。1921 年秋，刚刚从哈佛大学毕业的吴宓在梅光迪的引介下来东大执教，并就任《学衡》编务。随后梅吴二人又介绍汤用彤、楼光来、李思纯等学衡健将来东大执教，使得《学衡》实力大增，"学衡派"名噪一时。

《学衡》主将刘伯明、吴宓、梅光迪、汤用彤、柳诒徵、胡先骕等人对西学有着深刻而独到的认识，主张对西学要"明其本源，察其流变，融会贯通，审慎选择"。1922年《学衡》杂志第1期"学衡杂志简章"指出，该刊的宗旨是"论究学术，阐求真理，昌明国粹，融化新知，以中正之眼光，行批评之职事，无偏无党，不激不随。"《学衡》的创刊宗旨表明，这一刊物既不过分守旧，也不随波逐流，以"阐扬旧学，灌输新知为职志"。

《学衡》设立通论、述学、文苑等栏目。"通论"主要刊登有关社会政治观点和文化思想的文章，以及研讨中外古代哲学、史学、文学及其文化问题的著述。"述学"多刊登对中外古代典籍进行考订诠释的文字、外国学术专著译文以及国学研究论文。"文苑"所载主要是大量旧体诗词文赋和外国文学作品的译文。

群英荟萃在《学衡》

"学衡派"众人以《学衡》为阵地，各抒己见，各展所长。

柳诒徵是《学衡》的文史主将，做学问非常扎实，能明其源流，著其旨要。他放弃《中国文化史》的稿费，将全书各篇在《学衡》分期发表。他先是与汤用彤同为《学衡》干事，后担任总干事，所撰《学术之术》《论今之办学者》《论大学生之责任》《自立与他立》等"通论"文章极富现代意义。

刘伯明主讲西洋哲学史，为学界翘楚，时有"南刘（伯明）北胡（适之）"之说。他在《学衡》上发表了《学者之精神》《论今日吾国学术界之需要》《共和国民之精神》《论学风》等多篇文章。他倡导兼容并包，既批评新文化运动中全盘西化的过激言论，也指摘文化保守主义者的故步自封。他认为要了解西方，必须对构成西方文化的主要内容，如希腊哲学、罗马政治法律、基督教旨先有清楚的认识，然后才能学有所成。

吴宓是《学衡》的总编辑兼总干事，每期《学衡》中都可以看到吴宓的专论或译作。他在哈佛大学学习英国文学多年，与梅光迪同受欧文·白璧德（Irving Babbitt）的影响，多次在《学衡》上译介与发扬白璧德的新人文主义思想，提倡追求道德的人文主义传统，认为人类应该恪守道德，发展理性，而不是无止境地追求科学主义。

与吴宓并称"哈佛三杰"的陈寅恪和汤用彤，同样是《学衡》的灵魂人物。陈寅恪虽然仅在《学衡》上发表了 4 篇文章，但是这些论述，如《与妹书》《冯友兰〈中国哲学史〉上册审查报告》便足以代表陈氏与《学衡》相通之精神、治学方法和文化理念。汤用彤、胡先骕等人努力将文化、学术引入科学的堂奥，汤用彤为此提出了"文化之研究乃真理之讨论"的命题。

此外，王国维、黄节、林损等国学大师也都在《学衡》发表极具分量的论学文章。诗词方面，起初数期由胡先骕邀集，以汪辟疆、华焯、王晓湘为中心，一年以后增加曾重伯、朱古微、赵尧生、周癸叔诸人。历史学家缪凤林和郑鹤声、戏剧学家洪深、史地学家向达和张其昀、教育学家汪懋祖、古典文学专家刘永济和外国语言文学家郭斌和等著名学者也先后在《学衡》上发表过精辟见解。

（王运来　裴　聪）

"部聘教授"居第一

"教授中的教授"

民国时期,大学教授一般都由各大学自行聘任,而"部聘教授"则由民国政府教育部直接聘任。

部聘教授的遴选标准非常苛刻:"一、在国立大学或独立学院任教授十年以上者。二、教学确有成绩,声誉卓著者。三、对于所任学科有专门著作且具有特殊贡献者。"[1]部聘教授的遴选程序也异常严格。先由教育部直接提出,或由各国立大学及独立学院或全国性学会向教育部学术审议委员会推荐;然后经由教育部学术审议委员会大会出席成员 2/3 以上通过;最后由教育部聘任。此外,部聘教授的遴选严格控制学科及人数比例。首批部聘教授是在 30 个学科中遴选,每科仅设置 1 人。当时我国各大学约有教授 3000 余人,足以见得部聘教授的遴选是千里挑一,入选者皆为各个学科的泰斗级人物。

部聘教授不仅享有崇高的学术荣誉,而且拥有优渥的待遇。

---

[1] 中国第二历史档案馆编:《中华民国史档案资料汇编 第5辑 第2编 教育1》,北京:档案出版社,1997 年,第 723 页。

抗战时期物价飞涨,部聘教授可享受最高月薪 600 元,最低月薪 520 元,另外还按月加发研究补贴 400 元。按照当时的物价水平,部聘教授的基本月薪与厅长级别的官员相当。

由于部聘教授是近代中国教育史上规格最高的教授群体,因此也被称为"教授中的教授"。

中央大学数量居首位

1942 年 8 月,经教育部学术审议委员会表决,产生了首批 30 位部聘教授。他们分别是:

> 杨树达、黎锦熙(中国文学科)、吴宓(英国文学科)、陈寅恪、萧一山(史学科)、汤用彤(哲学科)、孟宪承(教育科)、胡敦复、苏步青(数学科)、吴有训、饶毓泰(物理科)、曾昭抡、王琎(化学科)、秉志、张景钺(生物科)、艾伟(心理科)、胡焕庸(地理科)、李四光(地质科)、周鲠生(政治科)、胡元义(法律科)、杨端六(经济科)、孙本文(社会科)、吴耕民(农科)、梁希(林科)、茅以升(土木水利科)、庄前鼎(机械航空科)、余谦六(电机科)、何杰(矿冶科)、洪式闾(医科)、蔡翘(生理解剖科)[①]

因秉志、孟宪承和胡敦复三人当时正身处沦陷区,学术审议委员会暂未公布其姓名。1942 年 8 月 27 日教师节当天,三大报

---

① 《教育部学术审议会章程及会议记录》,中国第二历史档案馆藏:教育部档,档号:五——1349(2)。

《中央日报》《大公报》《申报》对外公布的名单中仅有 27 人。[①]

1943 年,教育部又添聘 15 人为第二批部聘教授。分别是:

> 胡光炜(中国文学科)、楼光来(外国文学科)、柳诒徵(史学科)、冯友兰(哲学科)、常道直(教育科)、何鲁(数学科)、胡刚复(物理科)、高济宇(化学科)、萧公权(政治科)、戴修瓒(法律科)、刘秉麟(经济科)、邓植仪(农科)、刘仙洲(工科)、梁伯强(医科)、徐悲鸿(艺术科)[②]

第一批部聘教授中,国立中央大学共有 6 人,分别是:艾伟、胡焕庸、孙本文、梁希、蔡翘、秉志。第二批部聘教授中,中央大学共有 7 人,差不多是总数的一半,分别是胡小石、楼光来、柳诒徵、常道直、高济宇、戴修瓒、徐悲鸿。在 45 位部聘教授中,中央大学一校独占 13 人,是部聘教授人数最多的大学。

此外,另有胡刚复等 15 位部聘教授曾在南高、东南大学或中央大学任教。中国近代物理事业奠基人之一的胡刚复 1918 年留学归国后即入南高任教,并创建了中国最早的物理实验室。吴宓 1921 年留学归国后即受聘东南大学文学院教授,开中国比较文学研究之先河,并与梅光迪、柳诒徵一起主编《学衡》杂志。汤用彤 1922 年留学归国后在东南大学哲学系任教授。孟宪承 1921 年留学归国受聘于东南大学,后曾一度担任第四中山大学秘书长、中央大学教育学院院长。"清史研究第一人"萧一山曾

---

① 中央社本市讯:《部聘教授人选教育部已完全核定 今日教师节发表》,《中央日报 扫荡报》合版,1942 年 8 月 27 日,第 2 版。
② 《学术审委会通过部聘教授十五人》,《大公报》(重庆),1943 年 12 月 17 日,第 3 版。

在 1931 年应聘任中大清史教授。"中国近代分析化学学科的开创人"王琎曾先后在南高、东大、中大任教授，并任东大数理化学部化学系主任、中大理学院院长。曾昭抡曾任中大化学系教授、化学工程系主任。张景钺从 1925 年至 1931 年在东大、中大生物系任教。周鲠生曾拒绝受任立法院立法委员，到东大任教授兼政治系主任。吴耕民 1920 年留学归国后在东大、金大园艺学科任教。"中国桥梁之父"茅以升曾任东大教授、工科主任。何鲁曾在南高、东大数学系任教，后继熊庆来任数学系主任。1925 年北洋政府教育部任命胡敦复为东大校长（未到任）。李四光 1932 年曾任中大代理校长，1937 年任中大理学院地质系名誉教授。吴有训曾任第四中山大学物理系教授、系主任，1945 年 10 月任中大校长。

部聘教授皆为大师级的人物，最能反映大学高端师资水平，是大学师资力量雄厚的体现。全面抗战爆发时，中大随校西迁的教师总数不足 200 人。1945 年，总数已超过 600 人，其中教授、副教授 290 人，讲师 76 人，助教 224 人，研究院助理 38 人。[①]与战前相比，数量翻了一番，差不多是同时期西南联大教师总数的两倍。"大学者，大师之谓也"，中大从各方面延揽人才，扩充师资队伍，可谓群英荟萃，大师辈出。

要选德才兼备的人

1943 年，教育部决定评选第二批部聘教授。根据部聘教授评选办法，先参照本学科各教授举荐结果，每学科得票前三名至五名进入部聘教授候选人名单，最后从候选人中选出一

---

① 国立中央大学校刊编委会：《三十周年校庆特刊》，1945 年 6 月 9 日。

名,交教育部学术审议会审选,超过 2/3 以上投票无异议者当选。第二批部聘教授举荐名单中,中国文学科得票前四名依次为:刘文典、胡小石、朱自清、闻一多,前 3 人进入部聘教授候选人名单。按理说,刘文典有很大的优势获聘,但最终当选者是胡小石。

胡小石的最终当选其实与部聘教授的遴选标准有关。据参与投票的竺可桢在日记中所记,西南联大刘文典被推荐的票数很高,但最后落选,不是学术水平的问题,而是因为他"有嗜好"①。当时刘文典吸食、倒卖鸦片。由此可见,部聘教授评选,不仅看重教授的教学成绩和学术水平,而且看重教授的个人修为和德行,私德、私行对于为人师表的教授而言,显得尤为重要。实际上,第二批部聘教授当选者中,除中大胡小石外,都是本学科最初得举荐票第一名者。

胡小石早年曾拜李瑞清研金石碑学,于古文字、声韵、训诂、群经、史籍、诸子百家、佛典、道藏、金石、书画之学,以至辞赋、诗歌、词曲、小说、戏剧,无所不通,亦是本学科的"顶流",得部聘教授之誉,当之无愧。

(胡天银)

---

① 竺可桢:《竺可桢全集》第 8 卷,上海科学技术出版社,2006 年,第 689 页。

"五二〇"运动开辟"第二条战线"

5月20日,已经成为当下年轻人表白与浪漫的节日,而对于南京大学来说,这是她一年一度的校庆日。这一天,学校会给每位学生发送饭菜票。南京大学校庆日为何定在5月20日,又为什么会发送饭菜票呢? 当你了解了南大她生日背后的故事,"520"就变得不同寻常了!

"吃光运动"

1946年6月,国民党反动派发起全面内战,巨额的军费负担下,财政入不敷出,物价暴涨,民不聊生。当时,国立中央大学学生长期处于饥饿状态,极大影响了他们的身心健康。1947年5月6日,中大教授会召集全校教授开会,发表《要求提高教育经费,改善教员待遇宣言》。随后,中大呈请教育部增加膳食费,但遭到拒绝。

5月10日的晚饭时间,中大伙食团墙上悄然出现一张漫画。画中,一门黑色大炮斜对天空,一位瘦骨嶙峋的老人弓着背,左持箸,右擎碗,可怜地将碗举到炮口下面,旁边标写着"向炮口要饭吃"六个大字。当时围观的人越来越多,不少人对时局叫骂不绝。5月12日,中大学生决定罢课,要求教育部每月给学生增加副食费 10 万元,以后每月按米价随时调整。同时,学生们还决定发起"吃光运动",先将本学期的膳费吃光,如果膳费吃光后问题还得不到解决,学生们就开始绝食,并举行反饥饿大游行。当时,有人认为"吃光"二字不"雅"。农学院教授梁希直言反对这种狭隘的观念。他指出,大学生喊着吃饭是唤出了全国饥饿者的要求,现在是"对不对"而不是"雅不雅"的问题。他还呼吁大家:"苦难的子女们,勇敢些,前途是有希望的……"

1947 年 5 月 13 日,中大全校罢课,学生自治会派代表赴教育部和行政院请愿,交涉未果。当天下午,中大召开系科代表大会,决定继续罢课。14 日,学生自治会再派代表前往教育部交涉,此次教育部直接拒绝了学生的要求。于是系科代表会议决定:15 日联合其他院校举行集体请愿。15 日上午,中大、剧专、音院学生和部分教职工 4000 余人举行反饥饿大游行,高呼"我们饿,上不得课""向炮口要饭吃"等口号,高唱"苦命学生"等歌曲。游行队伍先赴教育部与部长朱家骅交涉,后往行政院向副院长王云五请愿。

中大学生要求增加副食费、举行集体游行的情况,被《新民报》《文汇报》等报纸报道后,在杭州、上海、北京、天津等地引起连锁反应,各高校相继响应。这场带有自发性的"吃光运动",拉开了中大反饥饿、反内战、反暴行的序幕。

珠江路血案

1947 年 5 月 19 日,上海八校代表 29 人,会同浙大代表 6 人到南京请愿,响应中大学生的行动。当天,中大举行第 8 次系科代表大会,决定趁 20 日国民参政会开幕之际,前往参政院、行政院请愿游行,并通电全国。当晚,京沪苏杭四区16所学校代表举行联席会议,决定采取统一行动,同时增加"反内战"口号。

5月20日上午,京沪苏杭16校学生发布《挽救教育危机联合大游行宣言》,控诉国民党政府忽视文化教育,摧残学生健康。《宣言》疾呼:"我们不要自相残杀的内战,我们要饭吃,要图书,要仪器,要教授,要安定的生活。"上午9时,中大校本部同学在大操场集合,等待其他兄弟院校到来。但随后传来消息,丁家桥医学院、音院、剧专、金大等校均被武装军警包围。闻讯后,游行主席团当机立断,决定从无军警把守的中大西侧门冲出去。上午10时许,各校队伍陆续冲出包围,与中大会师于鼓楼广场。整理队伍后,大家互挽双臂,高举孙中山画像和"和平奋斗救中国"等标语,沿中山路南行。

此时,珠江路口已被宪警封锁。游行队伍到达后,主席团上前交涉未果,遂决定冲过封锁线。主席团一马当先,游行队伍紧跟其后。宪警疯狂扑向游行队伍,抢夺、撕毁旗帜和标语,抢起皮鞭、木棒、铁棍,逢人便打,更有宪警使用消防水龙头猛烈喷射学生。不少同学遭到猛烈殴击,头部、胸部、肘部等处受伤,甚至有重伤者呕血昏厥,珠江路上鲜血不止。趁宪警抓人之时,同学们用手中的旗杆还击,奋力冲击封锁线。冲破封锁线后,大家一路高呼口号,向总统府进发。

当游行队伍到达国府路(今长江路)时,又遇到了更加严密的五道封锁线。面对荷枪实弹的军警马队,学生们毫不动摇。他们向军警高喊口号,向围观市民讲演。下午2时,突降暴雨,但同学们依旧手挽手,高唱"团结就是力量"。经过主席团的交涉和游行学生的共同努力,国民参政会秘书长邵力子代表政府接受主席团所提全部要求,并答应将其请愿书及反对内战等要求转达全体参政员和国民政府。下午6时许,军警五道防线奉命撤退,游行队伍按原定路线回到中大。

当晚,南京学联举行记者招待会,向新闻媒体讲述了"五二〇"血案发生的经过及受伤、失踪、被捕学生情况,并向国民党政府提出了严正抗议。此后,中大教授会、助教会也分别发表宣言,表明立场,抗议政府暴行。22日,北大、清华教授发表宣言,同情和支持学生反饥饿、反内战运动,抗议南京政府之举措。工人、学生、教师、商人、国民党军政人员、华侨和港澳同胞、外国友人等也纷纷声援。

"第二条战线"

据事后统计,1947年5月20日珠江路血案重伤19人,轻伤104人,被捕28人,被殴打侮辱者不计其数。"五二〇"血案进一步激怒了全国的热血青年。各地纷纷成立"五二〇"惨案后援会,组织大游行、罢课、罢教活动。在"五二〇"运动的影响下,各地先后成立学联,全国学联也得以恢复。

1947年5月30日,毛泽东发表《蒋介石已处在全民的包围中》一文,文章中道:"中国境内已经有了两条战线。蒋介石进犯军和人民解放军的战争,这是第一条战线。现在又出现了第二条战线,这就是伟大的正义的学生运动和蒋介石反动政府之间的尖锐斗争。⋯⋯学生运动的高涨,不可避免地要促进整个人民运动的高涨。"[①]

① 毛泽东:《蒋介石政府已处在全民的包围中》,《毛泽东选集》第4卷,北京:人民出版社,1991年,第118~119页。

之后,国民政府加紧了对学生运动的镇压,以莫须有的罪名大肆逮捕、审讯青年学生。1947年6月,面对日益严峻的斗争形势,中大中共党支部在终止活动6年后重新组建,并发展了一批"五二〇"运动中的骨干分子入党。10月,中大成立党总支。重建后的中大党组织,继续发扬"五二〇"运动的反抗精神,带领中大师生继续进行斗争。

"五二〇"学生运动是解放战争时期最重要的学生运动。南京大学的前身中央大学是这场运动的策源地。为纪念这场具有划时代意义的伟大的运动,1954年6月16日,南京大学校委会确定南京大学史自1902年三江师范学堂建立算起,并确定"五二〇"运动纪念日为校庆日。

(胡天银)

为国铸盾的南大功勋人物

百年南大,百年树人。百年来,南京大学这所肇始于三两江师范学堂的高等学府,为祖国培养了 10 余万各方面人才。大江南北,海角天涯,处处都有南大学人的身影。"两弹一星功勋奖章"获得者中就有 6 位南大学人。

1999 年 9 月 18 日,在中华人民共和国成立 50 周年前夕,中共中央、国务院、中央军委隆重表彰为我国"两弹一星"事业做出突出贡献的科技专家,16 人被授予、7 人被追授"两弹一星功勋奖章"。在荣获"两弹一星功勋奖章"的 23 位科技专家当中,据笔者统计,有 6 位曾在南京大学及其前身学习或工作过。

"祖国在向我们召唤"

朱光亚,我国核科学事业的主要开拓者之一,被誉为"中国工程科学界支柱性的科学家"。1941 年,朱光亚考入中央大学物理系,曾长期担任南京大学校友总会会长。

在朱光亚心中,祖国和人民所需是其毕生为之奋斗的目标。1949 年 10 月 1 日,中华人民共和国成立,远在美国留学的朱光亚归心似箭。他决定和很多进步同学团结起来,组织中国留学生座谈会,并牵头撰写了一封号召大家归国的公开信:

> 同学们,听吧! 祖国在向我们召唤,四万万五千万的父
> 老兄弟在向我们召唤,五千年的光辉在向我们召唤,我们的
> 人民政府在向我们召唤! 回去吧! 让我们回去把我们的血
> 汗洒在祖国的土地上灌溉出灿烂的花朵。

1949 年底,这封公开信被刊登在《留美学生通讯》第三卷第
八期上,得到了 52 名有志回国效力的留学生响应,大家纷纷签
下自己的姓名。这封信,表达着一群海外学子对祖国的炽热思
念,更承载着一代知识分子强国富国的崇高理想。1950 年 2
月,朱光亚踏上了归国的轮船,成为当时第一批回国参与新中国
建设的海外游子。

1959 年,时年 35 岁的朱光亚身肩重任,成为我国核武器研
制的科学技术领导人,带领新中国走上了独立自主研制核武器
的道路。

1964 年 10 月 16 日 15 时整,紧盯着那朵蘑菇云在戈壁滩
上腾空而起,聆听着惊天动地的爆炸声音,一向沉稳持重的朱光
亚第一次在试验基地喝得酩酊大醉。领导和同事望着酒醉的朱
光亚,泪水湿了眼眶。在当时科学、工业基础薄弱的条件下,这
个领头人承受着常人无法想象的压力,更付出了常人难以忍受
的辛劳。

为表彰其为科技事业,特别是原子能科技事业发展做出的
杰出贡献,国际小行星中心和国际小行星命名委员会批准将我
国国家天文台发现的、国际编号为 10388 号小行星命名为"朱光
亚星"。在"朱光亚星"命名仪式上,他谦虚地表示:"以我的名字
命名一颗小行星,我很不敢当……我个人只是集体中的一员,做

了一些工作。我忘不了信任和关心我的党组织，忘不了支持和帮助我的老领导，以及同舟共济的同事们。"

"只要努力登攀，总会赶上的"

任新民，航天技术和火箭发动机专家，中国导弹与航天事业开创人之一，曾任卫星工程总设计师。1934年考入中央大学。

坚持自信、自立、自强是任新民一生始终不渝的信念。1985年下半年至1986年上半年，我国拟购买国外的通信卫星，并委托其他国家运载工具发射。一时间，这一消息在国内外被炒得沸沸扬扬。

任新民在完成我国第一颗实用通信卫星的发射定点任务后，急速返京，组织拟写了《关于发展我国卫星通信事业的建议》，适时地上报国家有关领导人和部门。他直言不讳地建议："就通信卫星技术而言，我们与世界上航天技术比较发达的国家相比，是有差距，但我们要通过研制的实践，也只有通过研制的实践才能掌握和提高技术水平。只要努力登攀，总会赶上的。"他还胸有成竹地表示，"中国的运载火箭不仅能发射自己研制的通信卫星，发射中国购买的外国制造的通信卫星，还可以承揽国际商业发射服务。"

中央有关领导对任新民的意见与建议非常重视，陆续做出批示，随后决定依靠自己的力量研制新一代通信卫星，中止购买外国通信卫星。在任老的强烈坚持下，由我国自主研发的气象卫星如今供全球90多个国家和地区使用，每年数以亿计的数据被引用。

20世纪80年代后期和90年代前期，年逾古稀的任新民领导和参加了我国载人航天工程立项前的大量论证工作,并担任载人飞船工程技术经济可行性方案评审组组长。在潜心谋划中国载人航天方案的论证、评审、立项和研制工作时,这位具有战略思维的科学家,已将目光瞄准了未来,那就是推力为 50 吨级的大氢氧发动机、推力为 120 吨级的液氧煤油发动机和直径为5 米、低轨道运载能力为 20 吨级的大运载火箭。1999 年 11 月20 日,任新民赶赴酒泉卫星发射中心,为第一艘"神舟号"试验飞船出航送行;2003 年 10 月 15 日,88 岁高龄的任新民再赴酒泉,目送"神舟五号"飞船将中国首位航天员杨利伟送入太空。

"我几乎是看着中国航天事业成长起来的,对它有非常深的感情,想要付出自己的全部力量。"到了晚年,任新民说自己"人老心不老"。就像与自己相伴大半生的火箭助推器一样,任新民将中国航天事业推向一个又一个制高点。正是一次又一次零的突破,成就了这位中国航天史上的传奇人物。

一定要做出自己的"争气弹"

黄纬禄,1940 年毕业于中央大学电机系,是我国航天事业的开拓者、火箭与导弹控制技术专家和航天事业的奠基人之一、南京大学"世纪校友学术成就金质奖章"得主。

1916 年 12 月 18 日,黄纬禄出生在安徽芜湖市一个普通教师的家庭。儿时,黄纬禄最喜欢玩竹蜻蜓。当时,他就有一个"飞天"梦想:把许多竹蜻蜓组装在一起,底下放个炸弹,让它飞到敌人的阵地上去。1937 年 7 月 7 日,日本帝国主义发动全面侵华战争。正在南京上大学的黄纬禄被迫随校迁往重庆。辗转求学和参加工作几年后,黄纬禄毅然选择出国深造,走科学救国的道路。在英国留学期间,黄纬禄有机会参观了英国缴获的一枚德国 V2 导弹。他脑海中闪现出一个念头:要是中国拥有了导弹,日本帝国主义就不敢再侵犯我们了!

1957 年,黄纬禄和战友们遵守"上不告父母,下不告妻儿"的铁律,走进刚刚成立一年的中国导弹研制机构——国防部五院,开始了共和国导弹研制的征程。他们下定了决心,一定要搞出自己的"争气弹"!

1960 年 11 月 5 日,中国第一枚导弹——"东风一号"发射成功,黄纬禄是导弹控制系统技术负责人。1964 年 6 月,"东风二号"取得圆满成功,翻开了我国导弹发展史上自主研制的新一页。1966 年 10 月 27 日,中国首次由导弹运载发射的原子弹在核试验预定地点成功爆炸,震惊了世界。10 年时间,黄纬禄和战友们让中国导弹事业取得了被外电评论为"像神话一样不可思议"的巨大进步。

在 20 世纪 60 年代,我国先后成功研制了原子弹和液体地地战略导弹,但是液体导弹准备时间长且机动隐蔽性差,缺乏二次核打击能力。黄纬禄临危受命,担任我国第一枚固体潜地战略导弹"巨浪一号"的总设计师。为了准确掌握具体情况,黄纬禄走遍了大江南北。他发现,黄土高原上正在兴建一个巨大的水池,准备用于模拟潜艇水下发射条件。顶着阵阵风沙,黄纬禄站在了这个正在由几百个工人开挖的土坑前,眉头紧锁。后来,黄纬禄提出了"台、筒、艇"三步发射的试验程序。这样就省去了投资巨大的水池,大大简化了试验设施,节约了研制经费和时间。

1982 年 10 月 12 日,渤海海面上,一条喷火的蛟龙跃出水面,经过十几年的准备,第一代固体潜地导弹终于研制成功了。

试验的成功震惊了世界,中国拥有了二次核打击能力! 已经 66 岁的黄纬禄由于过度操劳,体重降低了 11 公斤。人们说他是剜下自己的血肉,补在导弹上了! 而他自己却说:"11 公斤相对于动辄以吨计算的导弹来说算不了什么,但是将这血肉'补'在导弹上,成就的却是一个民族的希望和骄傲!"

"一切都和祖国紧紧联系在一起"

程开甲,著名理论物理学家,长期从事理论物理、核武器研制与试验、抗辐射加固等领域的科研工作,是我国核武器事业的开拓者和我国核试验科学技术体系的创建者之一。他曾长期担任南京大学物理系教授,是南京大学"世纪校友学术成就金质奖章"得主。

1918 年 8 月 3 日,程开甲生于江苏吴江。1946 年留学英国,师从物理学大师玻恩(Max Born)。1950 年,新中国刚刚成立,年轻的程开甲谢绝了导师玻恩的挽留,从英国爱丁堡大学回到祖国,并主动将自己的超导理论研究转向侧重应用性的金属物理研究。

1952 年,程开甲进入南京大学物理系任教,从事物理学教学和研究。他编写金属物理和固体物理等方面教材,亲自上课讲授,并于 1959 年出版了我国第一本固体物理学专著。1958 年,程开甲服从国家科技发展需要,再次改变他的专业方向。"我过去接触的是固体物理,对物质结构了解不深,但工作需要,只得硬着头皮上。不懂,只得再学习,找专家去学,到外单位去学。"随后,程开甲参与组建南京大学"核物理教研室",并创建了江苏省原子能研究所。

1960 年，程开甲接到了赴北京工作的调令，但他不知道具体是去干什么，后来才知道被"点将"参加"搞原子弹"。1962年，调入国防科委，全面负责核试验工作。之后，程开甲前往有着"死亡之海"之称的罗布泊，潜心开展中国核武器研究和核试验事业。

每次核试验任务，程开甲都会到最艰苦、最危险的一线去检查、指导技术工作，多次进入地下核试爆后的现场，爬进测试廊道、测试间，甚至最危险的爆心。

1964 年 10 月 16 日，中国西部戈壁罗布泊一声巨响，升起的蘑菇云震惊世界。我国第一颗原子弹成功爆炸之后，程开甲还参与、主持决策了包括氢弹、两弹结合以及地面、首次空投、首次地下平洞、首次竖井试验等多种试验方式的 30 多次核试验，被称为中国"核司令"。

2017 年 9 月 20 日，南京大学收到一封特殊的来信。在"八一勋章"获得者程开甲先进事迹报告会上，"两弹一星"元勋程开甲因年事已高未能亲临现场，他托女婿任万德将军转达了对南大的亲切问候。他说："面对国际国内的新挑战，以习近平同志为核心的党中央为我们设计勾画了强国强军的崭新蓝图，引领我们走上中华民族复兴之路。在此，我热切地期盼大家都能怀着忠诚报国的赤子之心，成为秉承'创新、拼搏、奉献'精神的国家栋梁，实现中国的伟大复兴。"

"科研要急国家之所急"

赵九章，"中国卫星之父"、"东方红一号"卫星总设计师、气象学家、空间物理学家，1944～1949 年兼任中央大学理学院气象系教授,讲授动力气象学。

赵九章始终把科学的发展与国民经济联系起来。20 世纪 50 年代初,赵九章主张在广东等地以种植防风林带方式改变局部小气候,为橡胶移植到亚热带地区创造了条件。此外,赵九章十分重视气象学的现代化建设。50 年代初,计算机的问世为天气预报从定性向定量化发展创造了条件,赵九章支持、鼓励刚从国外回来的顾震潮应用手算图解法解微分方程,从而使我国的数值预报发育成长起来,并培养了一批科技力量。当我国第一台计算机出现后,数值预报研究和业务就开展起来了,为 60 年代末我国正式发布数值预报奠定了基础。同时赵九章十分重视把新遥测和遥感技术应用到大气科学中。50 年代中期,他支持应用空气动力学的风洞和先进的测试仪器研究大气湍流。在赵九章极力推动下,中国仅有的两个臭氧观测台建立了,这为研究大气中的臭氧成分打下了基础。

根据国家建设的需要,赵九章不断开拓新的研究领域。海潮观测研究对于我国国防和经济建设具有重大意义,但在当时却是空白。20 世纪 50 年代初,赵九章亲自指导开展我国海区海浪及波谱的研究,研制出观测设备和一整套观测分析仪器,为认识我国海域的波浪特征,开发海洋资源做出了贡献。

从 20 世纪 50 年代后期开始,赵九章以极大热情投入我国空间事业的创建工作。1958 年,赵九章是中国科学院地球物理研究所二部的主要技术负责人,负责卫星研制的各项准备工作。同年 10 月,他提出"中国发展人造卫星要走自力更生的道路,要由小到大,由低级到高级"的重要建议。20 世纪 60 年代三年困难时期,赵九章及时调整发展计划,把主要力量放到投入资金和人力较少的气象火箭,逐步开展其他高空物理探测,同时探索卫星的发展方向。60年代初期,中国科学院成功发射了气象火箭,箭头仪器舱内的各种仪器及无线电遥测系统、电源及雷达跟踪定位系统,"东方红一号"人造卫星使用的多普勒测速定位系统和信标机等,都是在赵九章领导下由地球物理研究所研制的。

"事业就是生命,甘当铺路石"

钱骥,中国空间技术的开拓者,中国地球物理学科的主要创业者,我国第一颗卫星"东方红一号"方案的总体负责人,1943年毕业于中央大学师范学院理化系。

1937年10月,正在无锡求学的钱骥,亲眼看见国土被敌人践踏得支离破碎。跟随着逃难人群东躲西藏,茫然无力、任人宰割的羞辱,让他一次次悲愤痛哭。"一刹那爆炸声起,百姓们扶老携幼,啼哭奔跑,那悲痛的情景实在令人怒火满腔。我们当时年轻气盛,风华正茂,虽都有报国雪耻的雄心,但却不知哪年哪月祖国才能富强起来,报仇雪恨,讨回这笔血债。当时,个人的选择没有了,工业救国、科学救国成为青年学生的首选目标。"科学救国的种子就这样在他心里深深扎根。

1958年5月,中科院成立了"581"组,赵九章担任总负责人,钱骥作为"581"组办公室副主任,协助老师赵九章工作。从这一天开始,钱骥的人生轨迹从气象走向卫星。为了取经,赵九章带队前往苏联学习考察。这是钱骥第一次出国。然而,去了一趟苏联却只是看了一眼卫星外壳构造,钱骥由衷感慨:"要走自己的路,要靠自己实干,要有自己的实力。"

当时,为进行火箭探空,建立火箭发射场,选定了安徽广德县的一处场地。这是一个四面环山,杂草丛生,遍地荆棘的地方。钱骥和科技人员们，挽起袖子，撸起裤管，扛起了锄头和铁锹，在没有公路、房屋，交通闭塞、物资匮乏的情况下日夜奋战，只用了一百多天，就建成了火箭发射场。

1962年，钱骥领头开展了人造卫星总体设计及空间环境模拟的研究。没有可供参考的资料，他们就大海捞针从各国的书籍报刊中寻找关于空间技术的蛛丝马迹；没有计算机，就靠原始的计算尺和手摇计算器验证数不清的数据。有时只为验证一个数据，钱骥和同志们要苦算好几天，一个弹道算了整整一个月，计算纸堆了一房间。一天工作十几个小时，彻夜不眠是家常便饭。无数次的实验、失败、改进、完善之后，一套比较完整的环境模拟实验体系才终于完成。

整整八年的埋头苦干，钱骥主管的"581"组，由最初的几十人发展到400多人，先后组织和完善了6个研究室，在火箭探空、卫星总体设计等8个方面取得了进展，为人造卫星的研制打下了基础。1970年4月24日21时35分，"东方红一号"卫星在巨大的轰鸣声中离开发射台。一星破晓，光耀五洲，这是中国航天事业从筚路蓝缕走向星辰大海的起始。

他们精彩的人生轨迹闪耀于祖国长空。他们用赤诚和奉献支撑起民族脊梁。致敬：为国铸盾的南大功勋们！

（南大新闻中心）

四梁八柱：八教授同批当选学部委员

中国科学院于 1955 年和 1957 年分两批选聘了 190 位自然科学方面的学部委员。"文革"期间，中国科学院学部被迫停止工作。党的十一届三中全会后，为了适应科学技术现代化建设的需要，1979 年 1 月 15 日，中央批复同意中国科学院学部恢复活动。

从 1979 年 7 月开始，原有学部委员以及全国各有关部门、单位、学会，共推荐和遴选出一千多名优秀的科学家为学部委员候选人。在党委书记兼校长匡亚明主持下，南京大学党委常委会反复研究，逐一分析，最终确定了 12 位数、理、化、天、地、生各学科的申报人选。1980 年 10 月 26 日，各学部对遴选出的 996 位有效候选人选进行无记名投票，选出 283 位新学部委员。新当选的学部委员，都在选举中获得半数以上有效选票，经中国科学院审核后，1981 年 3 月 23 日，国务院批准 283 名增补学部委员名单。在公布的新增选学部委员名单中，南京大学有 8 位教授同批当选，分别是物理学数学部的冯端、魏荣爵、曲钦岳，化学部的高济宇、戴安邦、高鸿，地学部的徐克勤、任美锷，当选人数仅次于北京大学的 11 人，与复旦大学并列全国高校第 2 位。[①]

---

① 按当选时工作单位统计，当选院士人数排名前五的高校及人数分别是：北京大学 11 人，南京大学、复旦大学各 8 人，清华大学 7 人，南开大学、上海交通大学各 5 人，北京钢铁学院（现北京科技大学）、中国地质大学各 4 人。数据根据中国科学院官网及《人民日报》相关报道统计。

"四梁八柱"，是中国古代传统的一种建筑结构，四梁、八柱代表了建筑的主要结构。南大同批当选的8位教授，分属于化学、物理、地学和天文四大学科，支撑起了南大的理科江山，堪称是南京大学学术大厦的四梁八柱，而8位教授与南大都有着终生不解之缘。

化学三元老

化学系三位教授同时增选为中国科学院学部委员，这在南大自然是创造了历史——这一记录至今未被刷新，在全国各兄弟院校也是罕见的。高济宇、戴安邦两位成名于民国年间的大家，与年逾花甲的高鸿成为化学系的领军人物，被尊称为南大化学学科的三位元老。

高济宇，一位德高望重的有机化学家，河南舞阳人，1902年5月生。当选学部委员时，年届八十的他仍担任着南京大学副校长、化学系教授。他早年留学美国，1927年在华盛顿州立大学获学士学位，1929年和1931年在伊利诺伊大学分别获硕士、博士学位。1931年8月起被聘为国立中央大学理学院教授，先后任化学系主任、中央大学教务长等职，是民国年间45位"部聘教授"之一。1949年中央大学更名南京大学后仍为化学系教授，曾任理学院院长、教务长、副校长、校学术委员会主任委员、中国化学学会副理事长、江苏省科学技术协会副主席。高济宇长期从事有机合成研究和化学教学，早期研究有机化合物的成环反应，并发现了二酮的环链互变异构现象。1960年起，仍执教于南大的高济宇致力于国防科学研究，取得许多了成就。由于工作性质特殊，致使其在学界的"知名度"并不是十分响亮，而他对此从不作半句解释，终身无怨无悔。

戴安邦，著名的无机化学家，江苏丹徒人，1901年4月生。毕业于金陵大学化学系并留校任教。当选学部委员时，年逾八旬的他老当益壮，仍担任着南京大学化学系主任。1928年戴安邦赴美国哥伦比亚大学学习，分别于1929年和1931年获硕士和博士学位。1931年起历任金陵大学化学系副教授、教授。1952年院系调整后，他一直担任南大化学系主任，直至1985年。其间，曾任南京大学配位化学研究所所长、校学术委员会副主任委员、国务院学位委员会学科评议组成员、中国化学会无机化学专业委员会主任、江苏省化学化工学会理事长。戴安邦是国内较早从事胶体化学和配位化学的研究者之一，对硅、铬、钨、钼、铀、钍、铝、铁等元素的多核配合物化学，进行了系统的研究，其中"硅酸聚合作用理论"的研究成果，澄清了百年来多种片面和自相矛盾的有关报道，是该领域的第一个定量理论。他还提出了七铁原子簇活性中心结构模型。他对启发式教学和全面的化学教育有精辟的见解并将之付诸实践，影响深远。

高鸿，分析化学家，陕西泾阳人，1918年6月生。他长期担任南京大学化学化工教授、博士生导师。于1938年入中央大学工学院航空工程系学习，1940年转入理学院化学系，1943年毕业留校任教。1944年底赴美国留学，1947年在伊利诺伊大学获博士学位。1948年回中央大学任化学系副教授，1949年后继续担任南京大学副教授，1963年升为教授。曾任南京大学环境科学研究所所长、中国科学院化学学部常委、国务院学位委员会学科评议组成员。高鸿在悬汞电极研究方面，提出了汞齐扩散电流理论、金属在汞中扩散系数测定方法与金属在汞中的扩散公式等，对极谱学各分支的各种电极过程导出电流方程式并进行了实验验证，系统地研究和发展了示波分析方法，开辟了分析化学的一个新领域。他是中国分析化学与现代分析科学学科奠基者与开创者之一，对中国分析化学学科建设做出了重要贡献。

物理两大家

物理学科有两位教授同时折桂，一位是固体物理学家冯端，一位是声学家魏荣爵。

冯端，浙江绍兴人，1923 年 6 月生于江苏苏州。当选学部委员时冯端正担任南京大学固体物理研究所所长。1942 年他考入中大理学院物理系，1946 年毕业后留校。1949 年中央大学更名为南京大学后，历任物理系教授、南京大学研究生院院长、固体微结构物理国家重点实验室主任兼学术委员会主任、中国物理学会理事长、中国科学院数理学部副主任、中国科学院学部主席团成员、国务院学位委员会学科评议组成员、江苏省科协主席。1993 年他又当选为第三世界科学院院士。冯端在金属物理学、材料科学、凝聚态物理学等领域卓有建树，在体心立方难熔金属内位错的研究中，合作发现了浸蚀法位错线成像规律。冯端主编了中国第一部《金属物理》专著，在复杂氧化物晶体内的缺陷与畴界问题研究中获得多项重要成果，发展了一种具有优异的非线性光学的新型人工调制结构材料。他积极倡导纳米科学技术研究，作为国家攀登计划"纳米材料科学"首席科学家，有效推动了中国纳米材料和纳米结构的研究。

魏荣爵，湖南邵阳人，1916 年 9 月生，系南京大学前身两江师范学堂创建者之一、两江总督魏光焘之孙。1937 年于金陵大学理学院物理系毕业后，魏荣爵留校任教，后赴芝加哥大学和伊利诺大学研究生院攻读原子核物理,1947 年获硕士学位。随后转入洛杉矶加州大学攻读声学,1950 年获博士学位。1951 年起任南京大学物理系教授。1952～1984 年一直担任物理系主任。先后担任声学研究所所长、中国声学学会副理事长、名誉理事长、电子科学系名誉系主任等。魏荣爵是中国声学事业奠基人之一,于 1954 年在南京大学创建了中国第一个声学专业。他运用分子的弛豫吸收理论成功地解释了低频声波在水雾中的反常吸收,指出声能耗散原因并得出水雾吸声普适公式。首创雾滴计数器。首先开展语言声学研究,在国际上最早提出用现场语噪声方法测量汉语平均谱,试制成功"可见语音仪",对微波声学、低温声学以及水波孤子、混沌等进行了研究。

地学掌门人

在学部委员中,有两位在民国年间就担任了地质系和地理系掌门人的科学家,一位是地质学家徐克勤,一位是地理学家任美锷。

徐克勤,矿床学和岩石学家,安徽巢县人,1907 年 3 月生。时任地球科学系名誉系主任、教授、博士生导师。1934 年毕业于中央大学地质系。1939 年赴美国明尼苏达大学学习,1941 年获硕士学位,1944 年获博士学位。1946 年 8 月起任中大理学院地质系教授,次年任系主任。1949 年中央大学更名南京大学后,仍任系主任,直至 1984 年,掌系时间长达 37 年。曾任中国地质学会副理事长、国务院学位委员会学科评议组成员。徐克勤在理论与实践两方面都具有卓越建树。他领导勘探并发现特大型矽卡岩型白钨矿——现已探明中国钨矿总储量居世界之首;发现安徽马山硫铁矿;提出攀枝花铁矿是特大型钒钛磁铁矿的观点,使得该地成为中国西南最大的钢铁基地。作为华南花岗岩研究的领军者,他于1957年在赣南首次发现了加里东期花岗岩,1958年和郭令智在皖南发现雪峰期花岗岩,于20世纪80年代提出华南花岗岩两个主要成因类型(同熔型和改造型)及其与成矿的关系。

任美锷,地貌学和海洋沉积学家,浙江宁波人,1913年9月生。1934年毕业于中央大学地理系并获学士学位。1939年在英国格拉斯哥大学获博士学位后回国,担任复旦大学史地系主任。1944年起任中央大学地理系教授。1949年中央大学更名南京大学后任地理系教授,1952~1984年一直担任地理系主任。曾任中国地理学会副理事长及名誉理事长、中国海洋学会副理事长及名誉理事长。一度兼任中国科学院南京地理研究所所长。任美锷长期从事自然地理学与海岸科学的研究与教学工作,撰写的《中国自然地理纲要》被译成英、西班牙和日文出版发行。在海岸科学方面,主持了江苏省海岸带调查。总结陆相油田的储油规律,应用浊流沉积理论提出"沉积圈闭"的观点,为油田开发带来新的希望。他还提出深部喀斯特的概念,并按形成机制将深部溶洞做系统的成因分类,对西南铁路隧道建设起了重要的指导作用,把中国喀斯特研究提高到新的水平,也丰富了世界喀斯特学的内容。

天文"新星"

曲钦岳,天体物理学家,山东牟平人,1935年5月生。当选学部委员时他只有45岁,是全国最年轻的学部委员之一。于

1953年考入南京大学天文系。1957年毕业后留校工作。1979年和1980年担任天文系主任。1984～1997年任南京大学校长，兼南京大学研究生院院长。曾任全国政协常委、江苏省人大常委会副主任、国务院学位委员会委员、中国天文学会理事长和名誉理事长、中国高等教育学会副会长、江苏省科学技术协会主席。1993年当选为第三世界科学院院士。曲钦岳主要从事天体物理学研究，是中国最早在高能天体物理学这一新兴学科进行研究的天文学家之一，在中子星、X射线源、g射线源等前沿领域取得一系列研究成果。与合作者得出了关于脉冲星能损率—特征时标的统计曲线，并澄清了国际上关于JP1953是否为中子星的争论；与合作者提出了反常中子星可能是致密星体的一种新类型，并得出了反常中子星的质量极限，提出了某些形态特异的超新星遗迹的理论模型等。

曲钦岳还是我国高等教育管理领域的专家，他49岁出任南京大学校长。上任伊始，他便主持制订了"七五"期间（1984—1990年）学校发展规划，确定南京大学长远的奋斗目标是：跻身于世界名牌大学行列；"七五"期间要把南京大学建成为人文、社会、自然、生命、技术、管理等多学科协调发展的，具有自己特色并在国际上有重要影响的综合性大学。"我们的任期是有限的，而南大事业的发展是无限的。我们要在有限的任期内努力工作，对南大的历史和未来负责"成为当时党政班子的共识。曲钦岳与学校其他领导一起努力工作，不断开拓、创新，制定了一系列改革措施。在学科建设方面提出："扬优、支重、改老、扶新"，坚持以学科建设作为学校改革和发展的龙头，从而推动学校整体办学水平的提高。在人才培养方面，以"全面培养、强化基础、因材施教、增强活力"为指导思想，注重学生全面素质的提高，注重校风、学风的建设,融素质教育与业务培养,知识传授与能力培养,教学与科研为一体,初步形成了具有自己特色的教学体系,提高了人才培养质量。在科研方面,贯彻"加强应用、注重基础、发展边缘、促进联合"的方针,在发扬南大基础研究力量较强优势的同时,充分重视基础研究向高科技和应用延伸,侧重面向经济建设主战场,加强应用研究和开发研究。在人文社会科学研究中,坚持以马克思主义为指导,全面贯彻"把准方向、强化基础、拓宽应用、扩大交流、促进联合、协调发展"的方针。在队伍建设方面,以师资队伍建设为重点,先后采取了一系列措施,培养跨世纪人才和中青年学术骨干和学科带头人等。在他担任校长期间,南京大学成为国家首批进入"211 工程"建设行列的 7 所高校之一,并创造了许多中国大学之最和改革引领之举。

(王运来)

"五朵金花"绽放天南海北

  20 世纪 60 年代中期,南京大学的科学园地里盛开了五朵灿烂夺目的花朵,南大人自豪地称之为"五朵金花"。作为重大科研成果,"五朵金花"在 1965 年高教部举办的"全国高校科研成果展览会"上,受到全国人大常委会委员长朱德、中共中央书记处总书记邓小平等党和国家领导人的充分肯定和热情赞扬。"五朵金花"分别是"金属缺陷研究""分子筛合成研究""华南花岗岩及其成矿关系研究""大米草引种研究""内蒙古草原找水研究"。

"金属缺陷研究"与"分子筛合成研究"

  20 世纪五六十年代,正是国家发展国防事业的攻坚阶段。1953 年,冯端参与创建了南京大学金属物理教研室,并于 1958 年担任该室主任。

  尖端技术需要钼、钨金属的单晶体。这些难熔金属的单晶体是制造导弹等武器的核心材料。冯端急国家之所需,领导开展"金属缺陷研究",通过研究钼、钨、铌等体心立方难熔金属的缺陷规律,制备金属单晶体。他带领研究团队,借鉴国际上刚问世的电子轰击熔炼技术,组织设计并研制了我国第一台电子束浮区区熔仪,成功地制出了钼、钨单晶体[1],实现了我国钼、钨单晶体的"从无到有"。实验室条件有限,缺少电子显微镜等先进的研究工具,但这难不倒冯端。他"自力更生,勤俭办科学",另辟蹊径,创造性地发明了"浸蚀法和位错(dislocation,晶体材料的内部微观缺陷,即原子的局部不规则排列)观察技术",澄清了金属材料的位错类型及组态。

1966年,"北京科学讨论会1966年暑期物理讨论会"在北京召开,冯端作为中国科学家代表出席会议并受到党和国家领导人的接见,成为南京大学首位参加国际会议的青年科学家。会上,冯端所做的有关"金属缺陷研究"的成果汇报得到了与会学者的一致好评。

不仅如此,冯端还根据多年教学经验和研究成果,撰写了我国金属物理领域的首部专著——《金属物理》,被誉为国内金属物理的"圣经"[2]。"金属缺陷研究"属于基础研究,不仅推进了我国国防军事事业和尖端技术的发展,更推动了基础物理学的进步,为之后南京大学物理系再攀高峰打下了良好的基础。

1956年,中央发出"向科学进军"的号召。可惜的是,1957年的反右派斗争严重扩大化、1958年的"大跃进"运动影响了科学研究的进程。1959年,校长郭影秋提出了"坐下来,钻进去,认真读书"的口号,整顿全校学风。在校、系领导的号召下,化学系向化学科研进军,组织成立了"分子筛"科研小组,须沁华教授担任课题组组长。"艰难困苦,玉汝于成"。当时,国内对于"分子筛"知之甚少,相关研究几乎是一片空白,制作鉴定"分子筛"

①　宁肯、汤涛:《冯康传》,杭州:浙江教育出版社,2019年,第52页。
②　郑晋鸣、许琳:《冯端:人生四境》,《光明日报》,2015年7月30日,第10版。

的实验技术及仪器装置更无从谈起。须沁华带领课题组从零开始。所能找到的文献只有两本俄文专著,几乎没有任何英文资料。须沁华虽曾突击学习过俄文,但面对艰深晦涩的俄文专著,依然感觉无从下手。"有志者事竟成",尽管困难重重,课题组全体成员迎难而上,经历无数次"尝试—失败—再尝试"的过程,终于合成像白色粉笔灰似的"分子筛",还做出了"13X 型分子筛"等不同型号的"分子筛",填补了我国在此领域的空白。作为南京大学重要科研成果"五朵金花"之一,"分子筛合成研究"在1965 年被国家科委授予"新产品二等奖"①。

"金属缺陷研究"和"分子筛合成研究",实现了"从 0 到 1"的重大科研突破,体现了南大科研工作者"人定胜天"的科研攻坚决心和毅力。此为"'五朵金花'绽放天南海北"中的"天"。

"华南花岗岩及其成矿关系研究"

华南地区仅存在一亿年左右的燕山期花岗岩,此事地质学界早有定论。事实果真如此吗?"实践出真知",1957 年,徐克勤教授带领几位青年老师去江西南部考察花岗岩,凭借慧眼独具的观察力、雄厚的地质理论基础和丰富的野外实践经验,发现了南康龙廻和上犹陡水两个加里东期(距今约四亿余年)花岗岩体。这是华南地区首次发现加里东期花岗岩体。

徐克勤的发现一经发表,便在地质界引起了轩然大波。他的发现挑战了华南地区为单一燕山期花岗岩的传统观点,如何

① 《郭影秋纪念文集》编委会编:《郭影秋纪念文集》,南京:南京大学出版社,2002 年,第 239 页。

才能证明发现的是四亿年的花岗岩呢？实践，唯有实践！徐克勤派自己的弟子王德滋、季寿元、胡受奚三人到江西南部的南康龙廻和上犹陡水再次考察，历时四个月，采集到了"花岗岩碎屑岩"样品。南京大学地质系对采集到的样品开展了地球化学综合对比研究，证实了华南地区确有加里东期花岗岩。此后，徐克勤又调动了古生物组的师生进行搜寻，在前泥盆系龙山群中找到了笔石化石和海绵骨针，确认了花岗岩时代的下限。[①] 不久，中国地球化学研究所李璞研究员公布了一批同位素年龄数据，证实上犹陡水花岗岩确实属于加里东期，与地质证据完全一致。

徐克勤带领地质系师生对华南花岗岩做了系统分期，详细阐述了各分期的特征、分布规律和矿产的关系，并分析了加里东期花岗岩的形成机制。南京大学地质系对华南花岗岩的突破性研究，引起了国家科委的高度重视，以国家科学专报的形式出版了相关研究成果。在 1965 年的科研成果展览会上，该项研究备受瞩目，大放异彩。1982 年，南京大学主办了国际花岗岩会议，这是我国高校独立主办的第一个国际学术会议。同年，"华南花岗岩及其成矿关系研究"获得国家自然科学二等奖。南京大学地质系的"南矿"（地质学界素有"北古南矿"之说，北大以古生物学著称，南大则以矿物岩石矿床见长）特色得以进一步凸显。

"华南花岗岩及其成矿关系研究"，此为"'五朵金花'绽放天南海北"中的"南"。

---

① 王运来、李运庆：《山石磊落自成岩 王德滋传》，北京：中国科学技术出版社，2017 年，第 84 页。

"大米草引种研究"

我国疆域辽阔,海岸线漫长,但海滩土地的盐碱化情况十分严重。大米草具有高耐盐性,可以防止海岸被风浪严重侵蚀,还可以排淤造陆,增加土壤面积。1963年2月,在"全国农业科学十年规划会议"上,南京大学仲崇信教授提出了"引进与海争地的尖兵——大米草"的建议,因为大米草可以保滩护堤[①]。该建议获得中央领导人的批准后,仲崇信立马奔赴荷兰、英国考察,历时三个月。1963年除夕,仲崇信带着从英国远途运来的500多粒大米草种子,直奔学校植物园育苗。选定试点区以后,仲崇信带领团队和当地群众创造了"水田育苗法"。大米草种到海滩后,仲崇信每天夜里两点钟起床步行至6里外的海滩,观察海潮情况。披星戴月,风雨无阻。有了大米草,荒滩变成宝。大米草带来的是水利、农业、畜牧、水产、能源、食品等多个方面的经济、社会和生态效益。仲崇信让"英伦米草移中华",使得中国成为亚洲第一个成功引种大米草的国家。有了大米草的保护,即使多次遭台风侵袭,绝大部分海堤仍能安然无恙。仲崇信用大米草在我国的滩涂上筑起了绿色的"长城"。1965年"大米草引种研究"在全国科技展览会上亮相,令人惊叹不已。此为"'五朵金花'绽放天南海北"中的"海"。

---

①　林栖凤主编:《耐盐植物研究》,北京:科学出版社,2004年,第107页。

"内蒙古草原找水研究"

水是生命之源。我国地大物博、幅员辽阔,水资源丰富但分布不均。在内蒙古东部的熔岩台地,数万平方公里的草原却是"无水之地",没有水,就不能放牧,就无法发展经济。水的问题直接关系草原的经济建设。

1963年国家科委下达了"国家重点科研第九项"的研究任务,课题是"内蒙古自治区锡林郭勒草原研究中心综合考察研究项目"(代号"国重9",实即草原找水研究)。南京大学成为这一任务的承担者,校领导十分重视,由教务长杨世杰统筹,调集地质系、地理系、生物系、气象系4系10个专业的70余位教师,组成了力量雄厚的草原综合考察队,由地质系萧楠森教授领衔出征。自1964年起,考察队师生连续三年奔赴内蒙古锡林郭勒盟等地80000 km²的无水草原找寻可开采的地下水,研究地下水的规律,研究草原植被、草原气象、牛羊群三蝇危害和当地经济地理。当时地质系领导决定,无论找水组或非找水组,一律上草原找水。凭借学科群的集体攻关,老中青教师发扬拼搏精神,终于发现了"台边""洼地"和"新构造断裂带"上的地下水分布规律[1],布井成功率在85%以上,取得了突破性进展。萧楠森的精准找水远近闻名,当地牧民亲切地称他为"找水活佛"。

1965年在全国高校科研成果展览会上,内蒙古找水项目被陈列在第一展室的显眼位置。该项成果于1985年获得国家自

---

① 王德滋主编:《南京大学地球科学与工程学院简史》,南京:南京大学出版社,2011年,第44页。

然科学二等奖。多年实践，萧楠森形成了新构造裂隙控水理论。他的团队足迹遍及祖国大江南北，为许多缺水地找出了水源。曾有人作诗称赞他："踏遍神州未下鞍，万里长征点江山。借问九泉几多水，悉数为我润人间。"①

"内蒙古草原找水研究"（内蒙古草原综合考察），为"'五朵金花'绽放天南海北"中的"北"。

南京大学科研"五朵金花"绽放天南海北，离不开老中青三代研究者们脚踏实地、矢志不渝的科研追求，离不开他们追求真理、实践出真知的治学精神，离不开南大人急国家之所需、奋勇拼搏的报国情怀。

（王运来　杜淑惠）

---

① 龚放、冒荣编著：《南京大学》，长沙：湖南教育出版社，1995 年，第 218 页。

"全国科学大会奖"位列榜首

1978 年,对于中国是不平凡的一年。这一年 3 月 18 日至 31 日,中共中央、国务院在北京隆重召开全国科学大会。这是我国科学史上空前的盛会,由此开启了中国"科学的春天"。在这次大会上,南京大学 48 项科技成果独立获得全国科学大会奖,获奖数量居全国综合性大学之首①。

科学的春天到来了

参加这次全国科学大会的科技人员有 5500 余人,连同列席代表共有 7000 余人。南京大学参会的代表为徐福基、高济宇、戴安邦、刘林,特约代表为徐克勤、戴文赛。

1978 年 3 月 18 日下午,在中共中央主席、国务院总理华国锋的主持下,全国科学大会在北京人民大会堂隆重开幕。中共中央副主席、国务院副总理邓小平在大会开幕式上作了重要讲话。尊重知识、尊重人才、一心一意搞四个现代化的精神贯穿讲话始终。邓小平在报告中明确指出"现代化的关键是科学技术

---

① 石擎:《全国科学大会奖高校科技成果获奖数排名》,知乎,zhuanlan. zhihu.com/p/632290518。

现代化","知识分子是工人阶级的一部分",着重阐述了"科学技术就是生产力"这个马克思主义观点。

邓小平非常喜欢"科学技术是生产力"这句话。1988年,他会见外宾时又说了一段话:"过去说,马克思讲过科学技术是生产力,这是非常正确的。现在看来,这样说可能不够了,恐怕是第一生产力。"现在我们提起"科学技术是第一生产力",大家都觉得这是常识,却不知道这句话在那个年代有千钧重。邓小平提出要把知识分子当成工人阶级的一部分,看作自己人,这在当时是极具重要意义的,堪称翻天覆地的变化。因为这摘掉了长期加在知识分子头上的"资产阶级知识分子""臭老九"帽子,使知识分子解除了精神的枷锁,也为我国接下来的科技发展扫清了障碍。

1978年3月31日,全国科学大会闭幕。中央人民广播电台播音员王琦在闭幕式上宣读了时任中国科学院院长郭沫若的书面讲话《科学的春天》。他在讲话中满怀激情地说:"这是革命的春天,这是人民的春天,这是科学的春天!""我们民族历史上最灿烂的科学的春天到来了。"①这一讲话画龙点睛,凸现了全国科学大会的历史性意义,为大会画上了圆满的句号。

1978年全国科学大会在中国科技发展史上具有里程碑的意义。这次大会,不仅确立了一个国家尊重知识、尊重人才的根本方针,也为中国未来的发展指明了方向,成为改革开放的先声。

---

① 《科学的春天——在全国科学大会闭幕式上的讲话》(1978年3月31日),
《人民日报》,1978年4月1日。

48项全国科学大会奖

正是在这一具有里程碑意义的大会上,不少先进集体和先进科技工作者受到了表彰。南京大学共有48项科技成果独立获得全国科学大会奖,获奖数在全国高校中名列第一。此外,青年教师刘林还被评为"科学技术中作出重大贡献的先进工作者"。南大每一项全国科学大会奖获奖成果背后,都有一个感人的故事。

中国配位化学领域的开拓者和奠基人、南京大学化学系教授戴安邦一人便有3项成果获奖,分别是化学模拟生物固氮、硅酸及其盐的研究、穆斯保尔谱仪及其应用。此外,南大化学系还有近代极谱分析基础理论、沸石分子筛的研究、C9-2中变催化剂研制等多项成果获奖。20世纪60年代国际石油危机在国外催生了化学模拟生物固氮的研究,其远景目的是为改变高温、高压以达到在较温和条件下合成氨,也与农业生产密切相关,其中也包括合成机理等基础理论问题。戴安邦亲自参加调研,动手实验。在1973年全国固氮会议上,他从实验和理论上指出当时国际上流行的"铁催化剂为电子授受体(EDA)"的不正确的概念,提出α-铁原子组成的中心起主要作用的看法,他与忻新泉、朱龙根、孟庆金等同事在1975年提出了合成氨催化剂活化氮中心的七铁原子簇模型,受到同行的赞许。

"适用于任意偏心率的人造卫星轨道摄动计算和轨道改进方案"是南大天文系青年教师刘林的获奖成果。1976年10月以前,在"四人帮"横行的时候,谁从事科学研究,就会被扣上"业务挂帅""白专道路"等帽子。刘林根本不理这一套。他不仅抓紧时间从事人造地球卫星轨道理论研究，严肃认真，一丝不苟。这年八月，他发现研究中有个地方不符合规律，但公式那么多，要找出具体毛病可不容易。他觉得，科学是老老实实的，来不得半点虚假，一定得把差错找出来。当时正值高温季节，屋内像蒸笼一样闷热，他顾不得外出乘凉，汗流浃背地在屋里仔细运算，认真分析，一连花了十多天时间，终于把这个毛病找了出来。

戴文赛是我国天文事业的拓荒者。1978年3月，时任南大天文系主任戴文赛凭借"论太阳系起源"获得全国科学大会奖，并作为特约代表出席大会。在会上，戴文赛认识了另一位获奖者——南京电讯仪器厂技术员陆埮。戴文赛慧眼识英才，之后将陆埮聘请到南大天文系工作。调入南大后，陆埮开始探索、研究崭新的天体物理，并成功完成了科研方向的重大转向。陆埮此后的一系列相关研究成果，使我国高能天体物理很多方面的研究从无到有，由弱变强，享有盛名，在国际上占有一席之地。2012年2月23日，国际天文学联合会小行星命名委员将编号为91023号的小行星被命名为"陆埮星"，以表彰陆埮对天文学研究做出的杰出贡献。

南大在此期间之所以能够取得如此成绩，与南大学人自觉地努力、南大坚持把科学研究作为学校的主要任务来抓有着密切的关系。新中国成立后，南大历任校领导都极为重视科学研究。南大首任校长潘菽认为，大学不应该成为一个单一的知识传习所，而必须兼是一个科学研究机构；大学教师不应只是一个教书匠，必须兼是一个科学家。匡亚明指出："高校有一大批教授、专家，如果不抓科研，不仅不利于提高教学水平，还浪费了国家科技建设的资源"，教学和科研是"孪生兄弟"，应当"两朵花齐开"。因此，即使在"文革"期间，南大仍然坚持教学科研，并卓有成效。

万紫千红又一春

全国科学大会召开的讯息传开之后，教育科学界一片欢腾。"刘林出席全国科学大会啦！"1978年春天，这条消息像长上了翅膀，传遍了南大。当时还是南大天文系青年教师的刘林，因为在人造地球卫星轨道理论研究方面取得的显著成绩而作为先进个人代表参加这次大会。会后，刘林接受了《新华日报》的专访：《急起直追——记全国科学大会代表、南京大学教师刘林》。而今，年届耄耋的刘林教授回忆起那场盛会，印象最深的就是自己当时如释重负的欣喜之情。他说："当时，我最大的感受就是，终于可以无忧无虑地做喜欢的科研工作了！"

邓小平同志在全国科学大会上郑重宣布："知识分子是工人阶级的一部分"，这使南大广大教师深受鼓舞，甩掉了"臭老九"的帽子和许多思想包袱，一种新时代主人翁的意识被激发出来了。特别是那些饱经"文革"磨难的中老年教师，对国家改革开放带来的黄金时光倍加珍惜。当时，南大生物系已80高龄的郑集教授，曾赋诗自勉："八十仍应问废兴，长征四化还需人。老夫誓立愚公志，要使祖国日月明。"

根据全国科学大会精神，1978年5月17日，江苏省破格晋升了一批教授、副教授。南大天文系讲师曲钦岳、地质系讲师胡受奚被破格提升为教授，天文系教师刘林、数学系教师张福炎被破格提升为副教授。当年，南京大学根据国务院批转的教育部《关于高等学校恢复确定和提升教师职务问题的请示报告》以及1978年9月教育部召开的高等学校教师确定与提升职称工作座谈会的精神，恢复了教师职务评审和晋升工作，晋升25名教授、58名副教授，并有677名教师被评定为讲师职称。

1979年，全国科学大会奖获得者陈懿（获奖项目"C9-2中变催化剂研制"）、王颖（获奖项目"海岸动力地貌的研究［海港选址］"）及南大其余24名骨干教师被派往美国、英国、加拿大、澳大利亚等国学习进修。陈懿被选派到美国威斯康星大学化工系深造，学成后按时归国。王颖在加拿大贝德福海洋地质研究所进修期间，六次出远洋考察，三次到"百慕大魔鬼三角区"，并曾潜海至216米海底考察。

1980年，中国科学院恢复学部活动并增补学部委员，南大的魏荣爵、冯端、高济宇、戴安邦、高鸿、曲钦岳、徐克勤、任美锷等8位教授同批当选为学部委员。其中时年45岁的曲钦岳教授是全国新增补的最年轻的学部委员之一。

1981年，党中央提出"经济建设必须依靠科学技术，科学技术必须面向经济建设"的科技发展方针。为加大对科学技术人才发展的支持，1978年12月国务院颁布了《中华人民共和国发明奖励条例》，恢复了国家发明奖；1979年11月颁布了《中华人民共和国自然科学奖励条例》，设立了国家自然科学奖。这些激励政策进一步激发了南大教师投身科研的热情，促进了学术研究。从1979年至1982年，南大先后有138项成果获得国家和省、部级科技成果奖，其中1982年全国科学技术奖励大会上，就有6项成果获国家自然科学奖，1项成果获国家发明奖。化学系戴安邦主持的"硅酸聚合作用理论的研究"，物理学系冯端、王业宁、闵乃本等进行的"晶体缺陷的研究"，地质学系徐克勤、王德滋、郭令智等主持的"华南花岗岩的地质、地球化学及成矿规律的研究"均获国家自然科学二等奖；化学系高鸿主持的"近代极谱分析基础理论研究"获国家自然科学三等奖。其中，王业宁、闵乃本、郭令智、王德滋等后来也都先后当选为中国科学院学部委员（院士）。

时至今日，1978 年全国科学大会的许多细节或许会随着时间变得模糊，但自此被重新燃起的科学精神却始终有着穿透时代、震荡人心的力量，它激励着一代又一代南大人投身科学事业，继往开来，奋勇前进。

（胡天银）

拉开"真理标准大讨论"序幕

　　1978 年 5 月 11 日,《光明日报》以"特约评论员"的名义发表了《实践是检验真理的唯一标准》一文,拉开了"真理标准大讨论"的序幕。2018 年 12 月 18 日,"庆祝改革开放 40 周年大会"在北京人民大会堂隆重举行,党中央、国务院对 100 位为改革开放事业做出卓越贡献的同志授予"改革先锋"称号并颁授奖章。胡福明同志作为"真理标准大讨论的代表人物"榜上有名。那么,胡福明和这篇引发大讨论的战斗檄文有何关系呢? 这篇文章的背后又有着怎样不为人知的故事呢?

意在笔前

　　1976 年,南京大学哲学系教师胡福明刚过不惑之年。这一年的 10 月 6 日,中共中央政治局执行党和人民的意志,采取断然措施,粉碎了"四人帮",结束了"文化大革命",大快人心,人们都欢欣鼓舞地庆祝,胡福明也和同事一起庆祝。此时的胡福明感到人生迎来了"第二次解放",便满怀激情地投入到对"四人帮"的批判和斗争中去。他先后在《南京大学学报》上发表了四篇文章,从政治思想和理论角度批判"四人帮"的谬论,揭批"文革"的错误主张,致力于恢复马克思主义、列宁主义、毛泽东思想的本来面目。胡福明满腔热血,无论是在南京大学召开的第一次揭批"四人帮"大会上,还是在江苏省委召开的第一次揭批"四人帮"的万人大会上,他都是第一个踊跃发言者。

但是,极"左"思想仍旧存在。1977年2月7日,中央"两报一刊"(《人民日报》《解放军报》《红旗》杂志)发表了社论《学好文件抓住纲》,提出了维护文革路线的"两个凡是"。胡福明一针见血地觉察到"两个凡是"的实质,"这等于给揭批'四人帮'的热潮泼了一盆凉水,等于回到了'文革'老路子上去",①如果不批判"两个凡是",那么拨乱反正就要束手束脚、踟蹰不前。拨乱反正的危机孕育着转机,胡福明意在笔前,思考着行动。

改革先锋

"两个凡是"提出后,批判"四人帮"的热潮突然降温。胡福明意识到,要拨乱反正、建设现代化,冲破"两个凡是"才是关键。只有打破"两个凡是"的思想枷锁,否定"句句是真理",否定"天才论",才能真正地解放思想。

在当时,以笔著文批判"两个凡是",要冒着很大的政治风险。"两个凡是"披上了维护毛主席、毛泽东思想的外衣来伪装自己。如果贸然去批判"两个凡是",就会被人扣帽子,甚至是"反革命"的帽子。在当时的中国怕没有比"反革命"这个罪名更大的了。

尽管困难重重,但作为知识分子和共产党员的胡福明意识到必须拿起笔。胡福明长期在南京大学哲学系执教,有着知识

---

① 蒋芳:《胡福明:实践标准并不是我的首创》,《新华每日电讯》,2008年10月23日,第7版。

分子的骨气和使命感。"天下兴亡,匹夫有责",胡福明感到党和人民都已经觉醒了,中国已经到了伟大历史的转折关头,这个时候必须要有人挺身而出,作为一名马克思主义理论工作者,要坚持真理,要为马克思主义真理而斗争。身为党员、时任南大哲学系党总支副书记的胡福明认为自己应该当仁不让、义不容辞,履行党员的责任。如果不知道"两个凡是"存在的问题,那么不去批判尚情有可原。而胡福明透过"两个凡是"的表象,看到了它的反马克思主义本质,看到了它对我国发展前进的阻碍,怎么还能袖手旁观、置身事外呢?胡福明最终决定提笔写作,"文责自负,一人做事一人当"。

直接批判"两个凡是"风险太大。胡福明认为林彪的"句句是真理"和"两个凡是"其实是一脉相承的,他决定将林彪的唯心主义、形而上学谬论作为"两个凡是"的替身进行批判,然后再转向"实践论",揭示只有实践才能检验、验证真理。

1977年7月,胡福明的妻子因为肿瘤住院做手术,胡福明每天晚上都到医院陪夜。夜深人静时,胡福明就在医院的走廊里,借着走廊的灯光,查阅《马克思恩格斯选集》《列宁选集》《毛泽东选集》,把关于真理标准的语录都标记出来。无桌子可用,他就蹲在医院的凳子上摘抄文句,拟写文章提纲。爱人出院后,胡福明用一周时间写完了近8000字的初稿。经过三次修改后,9月初,胡福明将稿子寄给了曾经向他约稿(未限定题目)的《光明日报》哲学组编辑王强华。

众擎易举

文章寄出后四个月杳无音讯。1978年1月19日,王强华将小样寄给胡福明,之后二人通过书信沟通,前后又修改了三次。文章原打算在《光明日报》哲学版发表,但《光明日报》新任总编辑杨西光在看过报纸大样后认为,文章很有冲击力,"在哲学版发表,可惜了,要放在第一版去,作为重要文章发表,发挥更大的作用。"

　　1978年4月中旬,胡福明到北京参加全国哲学讨论会。在离京返宁前,胡福明应邀到《光明日报》社参加文章修改的讨论会。会后,为了修改文章,胡福明索性住在了《光明日报》社的招待所。"这次又改了六七遍。杨西光很重视这篇文章,把它作为改变当时《光明日报》面貌的开始"。当时,《光明日报》的杨西光、王强华,中央党校的吴江、孙长江等多人都参与了对这篇文章的修改。为增强文章的理论力度,杨西光在题目上加上了"唯一"二字。众擎易举,经过反复斟酌后,这篇汇聚群体智慧的稿件终于在1978年4月27日定稿,并呈送胡耀邦审定。

　　在胡福明离京前,杨西光曾跟胡福明讨论过文章的署名问题。杨西光说:"这篇文章不以你的名义发表,而以'本报特约评论员'的名义发表,这样可以加重文章的分量。我们想聘请你做《光明日报》的特约评论员,你看行不行?"胡福明爽快地答应了:"没意见,文章能起到更大的作用,我很高兴!"[1]胡福明认为自己的名字代表的只不过是名不见经传的一名普通教师,但"特约评论员"的名字则大不相同,可以有更大的震慑力、影响力。这也符合胡福明的初心,写文章不是为了沽名钓誉,而是坚持真理、拨乱反正!

　　胡耀邦亲自审定了这篇文章,批准先由中央党校内刊《理论

---

① 　周军、潘莹斌:《大梦谁先觉——访胡福明》,《文史精华》,2002年第2期。

动态》首发，然后由《光明日报》头版公开发表，继而由《人民日报》《解放军报》转载，新华社向全国发稿。

"东风第一枝"绽放南大

1978年5月11日，《光明日报》以"特约评论员"的名义在头版头条刊登了《实践是检验真理的唯一标准》一文，并由此拉开了"真理标准大讨论"的序幕，开创了"文革"后全党思想解放的先河，被赞誉为"东风第一枝"，是"一颗彻底摧毁'四人帮'反动思想体系的重磅炸弹"。①

这篇文章刊出后，引起了邓小平的重视，在他的亲自领导下，围绕这篇文章的争论最终发展成为一场关于真理标准的讨论。邓小平说："不要小看实践是检验真理的唯一标准的争论。这场争论的意义太大了，它的实质就在于是不是坚持马列主义、毛泽东思想。"②这篇文章对于促进全党同志和全国人民解放思想，端正思想路线，具有深远的历史意义。胡福明作为这篇文章的主要作者，自然也成为"真理标准大讨论的代表人物"。

习近平总书记指出："一个有希望的民族不能没有英雄，一个有前途的国家不能没有先锋。"胡福明他用《实践是检验真理的唯一标准》这篇文章拉开了思想解放的序幕，他是改革开放的开拓者、实践者。

（龚　放　杜淑惠）

---

① 魏雪莲：《邓小平领导并支持真理标准问题大讨论》，《中国档案报》，2014年9月1日，第4版。
② 王建柱：《〈实践是检验真理的唯一标准〉幕后的故事》，《党史纵览》，2008年第1期。

《中国思想家评传丛书》：
贯通两千年的鸿篇巨制

《中国思想家评传丛书》(以下简称《丛书》)由著名教育家、南京大学原校长匡亚明发起并主编,南京大学中国思想家研究中心组织编撰,南京大学出版社出版。《丛书》共计200部、6000余万字,共收入包括文、史、哲、经、法、理、工、医、农、兵以及教育、政治、宗教等诸多学科领域"从孔子到孙中山"两千多年间的传主270余位,勾勒了中华传统思想文化的总体风貌,被誉为世纪之交"规模最大的中国传统思想文化研究工程"。

老骥伏枥志千里

1982年初,国务院同意匡亚明不再担任南大党委书记和校长职务的报告,任命他为南京大学名誉校长。匡亚明写了一首七绝《述怀》,抒发他的坦荡胸怀与进取雄心:

疾风骤雨六十年,赢得眼前尧舜天。
老矣伏骥志千里,兴亡匹夫耻问田。

　　"从孔夫子到孙中山,我们应当给以总结,承继这一份珍贵的遗产。"这是毛泽东主席 1938 年在党的六届七中全会报告中的一段话。匡亚明当时就将领袖的倡导铭记在心。1942 年延安整风时期,匡亚明有机会当面向毛泽东请教对孔子的评价,谈及孔子"其身正,不令而行;其身不正,虽令不从"的观点对整顿党风颇有针对性,谈及汲取中国传统文化中的精华问题……后来,历经戎马生涯、建国创业、十年动乱等等,匡亚明难以静坐下来研究学术,总结"遗产"。1982 年主动辞去南大党委书记和校长职务后,匡亚明立即着手把这一萦绕在心 40 年的夙愿付诸实践。他提出一个宏大的文化思想建设规划,拟定了"从孔夫子到孙中山"跨越中国社会两千多年时空的 260 多位思想家,遴选全国优秀的学者,通过写人物评传的形式,系统地总结、承继这一份宝贵的文化遗产。

　　他说:"我当然不可能全面地系统地去完成这一艰巨的任务,我只能力图做一个开端性的探索。"他率先垂范,在短短几年内撰写了三十余万字的《孔子评传》。他不顾年逾八旬,亲自登门,向中宣部、国家教委和江苏省委领导讲述自己的设想,呼吁重视和支持编撰《丛书》。他奔波于全国各地,登门邀请知名学者、专家共襄盛举。

　　耄耋之年的匡亚明全身心地投入这一浩大的文化工程。他有一种时不我待、只争朝夕的紧迫感,期望在"去见马克思、毛泽东之前,能完成这套丛书";他更有一种"迫于使命""舍我其谁"的责任感,把这项学术研究工程,与中华民族的伟大复兴事业,与中国共产党人面临的挑战与历史使命联系起来。1993 年他 88 岁时,突患严重肺炎,痊愈不久又突发胃穿孔,大出血,手术切除胃的 3/4,体重减了 30 多斤,仍然奇迹般地战胜了死亡。

大病初愈，匡亚明又投入丛书的审稿，目力不济，他就让夫人丁莹如教授逐字逐句念给他听，常常审稿到深夜。

1996 年 5 月，匡亚明以 90 高龄、赢弱之躯，带着业已出版的丛书中的 50 部赴京，在人民大会堂召开新闻发布会，见之者无不惊诧、钦佩。乔石欣然题词祝贺；丁关根、李铁映到住地看望匡老并设宴款待；吴阶平副委员长、政协副主席钱伟长亲临新闻发布会并发表热情洋溢的讲话。匡亚明壮心不已，他计划在 1998 年出版 100 部，到回归祖国的香港向海内外举行新闻发布会，并争取在 2000 年前后出齐 200 部评传。匡亚明说："我现在惟一的希望是，能够再活十年，让我能够亲自看到这套书出版。"

然而天不假年，1996 年 12 月 16 日，匡亚明溘然长逝。而在去世前一个月，他还风尘仆仆驱车数百公里，专程看望丛书的徐州作者。文化部长孙家正痛惜地说："匡老是为《中国思想家评传丛书》耗尽了最后的心血。如果不是这套丛书，他的晚年也许会活得更安逸一点，更长久一点；然而，如果不是这套丛书，他的晚年也就不会如此充实，如此的有意义。"[1]

吉林大学历史系教授金景芳年长匡亚明 4 岁，把匡老视为"这一辈子最知心、最令我佩服的朋友"。1991 年他来宁参加匡老主办的"中国传统思想文化与 21 世纪国际学术研讨会"时，曾与匡亚明"私下有约"："我们要活到 21 世纪，你完成你的《中国思想家评传丛书》，我干完我的事情，不把事情做完不走。"当匡老病逝噩耗传至长春时，金老一直在执拗地想："这不是真的！他怎么能爽约，不辞而别呢！"哀痛不已之际，金老拟就一副挽

---

[1] 《匡亚明纪念文集》编委会：《匡亚明纪念文集》，南京大学出版社，1997 年，第 25 页。

联,请吉大党委书记带往南京:

是老革命,早岁与恽代英邓中夏相交,
九死一生,恨未睹中国腾飞廿一世纪。
亦大学者,终身共马列书孔孟文为伴,
朝乾夕惕,已预见丛书耀眼百五十篇。

靡不有初,鲜克有终

1988年,南京大学出版社与中国思想家研究中心签订《丛书》出版协议,为此南京大学出版社专门成立了《丛书》编委会。匡老去世后,中国思想家研究中心与南京大学出版社继续着匡老未竟的事业,共同推进此项浩大工程。

中国思想家研究中心罗致各地学术人才,打造高水平的、老中青结合的学术作者队伍,通过内刊《动态信息》密切与作者的沟通联系,反映《丛书》的编撰进度、传主研究动态、作者的写作经验、探讨会的发言、"中心"同志赴各地作者访问的记录,有效地推动了《丛书》的编写工作,有助于把好工作流程中的"作者关""审稿关"和"定稿关"。

南京大学出版社秉持匡老"精编、精校、精印"的高标准要求,"精益求精",把好工作流程四关里的"出版关"。出版社安排编辑在作者写作初稿阶段就进行直接对接,大到文章架构,小到编撰时间节点,毫无遗漏,为作者写作打好坚实的后方基础。此外,出版社对每套丛书都做到"三审三校"。在没有电脑打字的年代,编辑与作者通过书信往来修改手稿。在最终定稿前,几十次书信往来司空见惯。除却文稿校对,南京大学出版社编委会还专门找到中国美术家协会书籍装帧艺术委员会主任张守义为图书设计封面。200 部图书封面整体一致，但每一种评传封面又有不同，各有一盏形状各异的油灯，昭示着我国传统思想文化的光辉照亮历史长夜，照亮前行的路途。①

秉持实事求是、批判继承的原则，以百花齐放、百家争鸣的开放态度，涵盖包罗万象的学科门类，依托学者业精于勤的治学积淀，历经出版人兢兢业业、精益求精的细致雕琢，1999 年《丛书》前 100 部出版，2002 年《丛书》前 150 部出版，2006 年《丛书》200 部全部出版！这套凝聚百余位思想研究专家学者和南京大学出版人心血的皇皇巨著，被誉为世纪之交"规模最大的中国传统思想文化研究工程"。《丛书》出版后，荣获包括首届中国出版政府奖在内的多项大奖。此外，《丛书》还被翻译成英文、日文、韩文等多种语言，成为"文化走出去"的一张闪亮的中国名片。

正如匡亚明所言，《中国思想家评传丛书》"在继承中华民族传统思想文化的珍贵遗产方面，在激励人心、提高民族自尊心和爱国思想方面，在促进当前建设有中国特色的继往开来的社会主义现代化物质文明和精神文明的历史性伟大事业中，起到应有的作用。"

（龚　放　杜淑惠）

---

① 《中国出版传媒商报》记者夜雨整理：《他们，将中华文化思想的种子留在这部书里》，《中国出版传媒商报》，2019 年 5 月 9 日，第 5、8 版。

最先到达地球两极的南大人

地球的南极和北极,冰封雪盖,寒气袭人,存在着极昼与极夜等与我们居住之处截然不同的自然现象,常人难以轻易涉足。但有这样两位南大校友,他们凭借超乎寻常的坚韧意志,踏上了地球的两端,使南京大学与地球两极在冰天雪地里邂逅,在极地首次留下了中国人的脚印。他们就是张青松和竺国强。

难辨东西南北

1962年,张青松从南京大学地质系毕业,后至中国科学院地理研究所工作,任该所研究员、博士生导师。

1980年1月6日至3月21日,应澳大利亚南极局的邀请,中国政府派张青松和国家海洋局第二研究所的董兆乾前往澳大利亚南极科学站——凯西站(Casey)进行了为期51天的访问考察。飞往凯西途中,他们访问了美国的麦克默多站(Mcmurdo)和新西兰的斯科特站(Scott Base),归途中又访问了法国的迪·迪尔维尔站(Dumond d'Urville)。在澳大利亚和新西兰期间,他们还访问了一些南极管理部门和研究单位。此次考察访问十分圆满,由此开启了我国南极科学考察的历史。

谁都知道太阳从东方升起,在西边降落,中午的太阳处于最高位置时，便是正南。生活在北半球的人们，习惯地以太阳的顺时针方向运动来确定东南西北。而在南半球，太阳则是逆时针方向运行的。

张青松初到南极大陆时，常常由于北半球的习惯，而把东西南北搞颠倒。地质工作者在野外都是用罗盘定向的，可是在凯西站作第一次野外调查时，张青松却对罗盘的作用产生了怀疑。到达凯西的第一天，迈宁站长就告诉他，凯西站列车式的建筑是南北向的。可是他在附近测量岩脉和断层方向时发现，这组与列车式建筑垂直的构造方向，用罗盘测定也是南北方向的！这是怎么回事？东西怎么变成了南北？他不得不求教于澳大利亚朋友。后来张青松在南极洲地图上发现，磁南极与地理南极之间相距 2340 公里之遥！磁南极在东经 140°、南纬 66°40′的法国站迪·迪尔维尔附近，恰好位于凯西站（东经 110°、南纬 68°）正西，凯西站的磁偏角正好是 90°！这样用罗盘测定的南北就变成了东西，东西就变成了南北，需要校正。由于凯西站的磁倾角很大，张青松带去的地质罗盘不能使用，后来向迈宁站长借了个球形罗盘才得以完成任务。

南极垂钓

得益于澳大利亚南极局麦科局长和凯西站迈宁站长的精心安排，张青松、董兆乾的考察很是顺利，除采集到一些岩石、冰、水、植物标本和样品外，还在海边采了磷虾和藻类的标本，唯一遗憾的就是没有得到南极鱼的标本。

好心而热情的澳大利亚朋友专门抽空帮他俩钓了两次鱼，他们自己也做了两次尝试，结果都是一无所获。因此，人们都说他俩是"不走运的渔夫"。离开凯西的日期越来越近,南极鱼看来是没有希望了。可是麦科局长却把这件事一直放在心上。

2月13日,麦科局长和船长商定,派一条救生艇送两位中国客人去钓鱼。这在凯西站的历史上可是头一回。开救生艇的是丹麦水手长约翰·彼得森(John E. Peterson),38岁,会讲一口流利的英语。他多次到过凯西,对这里非常熟悉。他对他俩说:"这里的鱼都是栖息在10~30米深的淤泥质海底,在海边是很难钓到的。"他把小艇开到离岸边三四公里的海面,声呐测深曲线显示:水深15米。彼得森把艇停住说:"好,这里是淤泥质海底,你们准能钓到鱼!"他用刀子切开预先准备好的巴鱼,说:"这是墨尔本的一种鱼,是钓鱼的最好饵料。"张青松把鱼钩垂到海底,转过身来刚接过彼得森递给他的啤酒罐头,董兆乾的钓竿就抖动开了。难道真是"立竿见影"吗?董兆乾急忙转动钓竿滑轮,"有了!有了!",南极鱼的出现,使人们的情绪一下子高涨起来。不一会儿,张青松、董兆乾每人便钓了八九条身长大多在20厘米左右的大头鱼,一举摘掉了"不走运的渔夫"的帽子。

1984年至1985年,中国首次南极考察共派出两支队伍,一支是"中国首次南大洋考察队",队长由南京大学地质系58届毕业生金庆明担任;另外一支即是由张青松担任副队长的"中国首次南极考察队"。1984年12月26日至1985年2月15日,"中国首次南极考察队"在南极开展了一系列考察。1985年2月20日,中国第一个南极科学考察站——长城站落成,张青松被任命为副站长。

北极岩听到了中国人的声音

1957 年中学毕业时,竺国强在 12 个高考志愿中填报了 10 个地质志愿,立志做一名"和平时期的游击队员"。他以优异的成绩考取了第一志愿——南京大学地质系,从此与地质学结下了不解之缘。5 年之后,他又考取了该系的研究生,师从中国科学院院士郭令智教授和构造地质学家姚文光教授。1966 年,竺国强研究生毕业后被分配到成都地质学院任教。

1981 年 6 月,竺国强作为成都地质学院派出的访问学者,来到了美国威斯康星大学进修,受教于曾任美国地质学会构造地质专业委员会主席、美国南极考察委员会主席的克拉达克教授。作为国际著名的极地权威,克拉达克每年都带研究生去北极考察。"我希望参加北极考察。"竺国强向导师表达了自己的愿望,同时向我国驻美大使馆进行了汇报。我使馆负责教育事务的喻明星同志很快便向他转达了教育部、地质矿产部领导的指示精神:"勿失良机,注意安全。"与此同时,克拉达克也郑重地向挪威北极研究所所长推荐了他的这位中国学生。竺国强如愿以偿。1982 年 7 月 17 日,作为克拉达克率领的由 5 人组成的威斯康星大学北极考察队的一员,竺国强兴奋地登上了处于北纬 78°的挪威斯匹茨卑尔根群岛,该群岛的最北端达北纬 81°。而一超过北纬 66°34′,就意味着进入"北极圈"了——在地球的北极之巅留下了第一行中国人的脚印。

"斯匹茨卑尔根的岩石终于听到中国人的声音啦!"克拉达克的慨叹,一下子把大家的思绪拉到了半个世纪之前。1920 年,挪威、丹麦、瑞士、英国、美国、法国等 9 个国家在巴黎缔结

《斯瓦尔巴条约》,规定斯匹茨卑尔根群岛为非军事区,主权属于挪威,缔约国公民有权在该岛进行科学考察和资源开发。到了80年代,整个北极地区的科学考察站已有很多个。而中国早在1925年便成为《斯瓦尔巴条约》的协约国,遗憾的是,半个多世纪过去了,北极的土地上却迟迟没有出现中国人的身影。而竺国强和他的一位台湾队友的到来,终于使斯匹茨卑尔根群岛飘荡起中国人的声音。如今,萦绕在地球的北极之巅的这个声音不再微弱,因为1995年5月6日,由中国25名科技、新闻工作者等组成的第一个考察队到达了北极;因为1999年7、8月间我国第一艘对北极进行大规模综合科学考察的破冰船——"雪龙"号已成功地驶进了北冰洋。

迈出一步　前途未卜

考察队此行的目的是根据板块学说考察该群岛复杂的地质构造。竺国强与来自祖国宝岛台湾的女硕士研究生郑一梅分在一组,大家称"中国组";另外两名美国学者分在一起,称为"美国组"(克拉达克教授先行离开了海岛)。大家分两路考察,约好一旦遇到意外情况,就鸣枪呼救。

斯匹茨卑尔根群岛异常寒冷,即使在夏季,气温也不会高于零摄氏度。那儿雾重、风大、雨多,遍山的风化碎石裹着积雪,一碰就滑。平地上到处是冰河、沼泽,泥泞难行。他们没有任何机械化运输设备,所用的物什全靠双手搬运。而拖移浮冰更是每日必不可少的一课,因为浮冰就是队员的饮食用水。他们穿着长筒雨靴,越冰川、过沼泽、爬陡坡,步履维艰,险象环生。

一天,为了勘查地质构造,竺国强决定只身去爬一座500米高的山岭。如果是在大陆爬这么高的山头，对于身阔体健的竺国强来说简直就是"走泥丸"一般，可是在北极就不一样了，脚下到处是积雪滚石，手上却无任何可供攀缘的植物，这可是大忌呀！可是，竺国强想到十多亿国人中没有几个能有这种身处极地世界的机缘，便一猫腰向山顶爬去。当他艰难地爬上山头时，贴身的衣裤早已湿透，冷风一吹，冰凉刺骨。他顾不得这许多，马上便兴奋地测量起层面的方位、走向、斜度，端详起岩石的色泽、组成、质地……正当他要继续追索、观察岩石层面时，一块陡峭的巨岩屏风般地挡住了去路，要么是下得山去，再择路上峰，这样就要浪费过多的时间和体力；要么就是紧贴这块大岩石的边缘涉险爬行过去，但是身旁便是深不见底的陡崖，脚下全是冰雪裹着的碎石梗塞于途中，一步不慎，后果不堪设想。为了赢得时间，也是艺高人胆大，竺国强自信而谨慎地向前移去，移去，最终成功地抵达目的地。当这位北极英雄向笔者谈起昔日的情景时也不无后怕："现在恐怕是过不去了。"

　　冰天雪地，举步维艰，以张青松和竺国强为代表的南大人用坚定的脚步丈量地球两极，用勇敢与真诚的心亲近自然，用难以想象的决心与毅力在极寒之地留下中国人的足迹。迈步极地之巅，南大人的开拓与探索永不会停止。

（王运来）

SCI：引领中国学术与国际对话

1960 年，美国科学资讯研究所（Institute for Scientific Information）开发了期刊文献检索工具——科学引文索引（Science Citation Index，简称 SCI）并投入使用。目前，SCI 是国际公认的最具权威性的科技论文检索工具之一。SCI 现由科睿唯安公司（Clarivate Analytics）运营，通过 Web of Science 数据库提供线上阅读和下载服务。20 世纪八九十年代，南京大学在国内率先推行 SCI 论文评价系统，在国内掀起一股"南大风"。

SCI"引进来"

20 世纪八九十年代，科学界普遍呼吁要重视和关心基础研究。但是，搞基础研究不能关起门来，更不能夜郎自大；必须与国际接轨，必须面向学科前沿，必须参与国际竞争或者接受国际学术界的评议与检验，争取在有限的研究领域形成自己的研究特色与影响。1986 年，理论物理学家龚昌德出任南京大学物理系主任，提出"物理学系副教授晋升教授，必须在 *Physical Review Letters* 这样的国际一流期刊上发表论文"的要求。龚昌德的提议，得到了时任南大校长曲钦岳的大力支持，并率先在理科院系中推广。1993 年 12 月 10 日，南大颁发 260 号文《关于做好教师聘任工作的意见》，其中聘任、晋升"基础研究"或"教学科研并重"教授职称的必备条件是：在"学术榜"刊物上发表论文 5 篇以上，其中国外至少 2 篇。

对于南大为何要引进 SCI，曲钦岳曾说："20 世纪 80 年代中期以前，对于科技研究成果的质量问题基本上没有一个被广泛认可的评价标准。在成果鉴定或教授职称评审时，很多人都说自己的学术论文、研究成果是'国内第一''国际先进'的。但究竟是否先进是否一流并不清楚。"他认为，SCI 等数据库是国际公认的权威检索工具，引进这些指标，一方面能够较为科学地反映和评价南大基础研究的真正水平，另一方面把科研人员在 SCI 发表论文作为突破口，能够扩大学校的学术影响力。

此外，曲钦岳还特别强调了两点：一是 SCI 论文的要求主要是对从事基础研究的教师提出的，对应用研究领域的学者则有其他的"任职门槛"。二是规定发表一定数量的 SCI 论文才能申报职称评定，才能取得被评审的资格。而最终能否通过评审，仍然要同行评议，要由学科评议组决定。"绝不像有些人所讹传或臆测的那样，在确定教授和副教授的职称时只要数 SCI 论文篇数就行了。"①

南京大学作为国内率先将 SCI 论文收录与被引用作为评价院系和教授的重要指标之一的高校，确立了一种勇于争先、敢于到国际学术界去竞争、比试的气势，由此，在中国高等教育界形成了一种力争上游、公平竞争的局面。

---

① 龚放、曲铭峰：《南京大学个案：SCI 引入评价体系对中国大陆大学基础研究的影响》，《高等理科教育》，2010 年第 3 期。

科研界的一阵"南大风"

1987年以来,我国科学界开始采用国际通用的科学计量指标评估高校和科研机构的研究成果。受国家科委委托,中国科技信息研究所根据国际上最具权威的 4 种科技论文检索工具——美国费城科技情报所《科学文献索引》(SCI)、《科学评论索引》(Information Search Ranking,ISR)、《科技会议索引》(Index to Scientific & Technical Proceedings,ISTP)和《工程论文索引》(The Engineering Index,EI)所收录的中国科技论文,排出各年度高等学校和科研单位的"学术榜",公布各大学被 SCI 等收录、检索的学术论文数。

在 1989 年以来的高校"学术榜"上,南京大学一直是"四强"之一。在最能反映基础研究水平的 SCI 收录的论文数据统计表上,南京大学 1992 年有 225 篇,首次突破 200 篇并超过北大,在此后的六七年中,南大保持强劲势头,接续突破 300 篇、400 篇、500 篇、600 篇,居大陆高校"学术榜"之首(详见表 1)。从论文被引用数上看,南大也在 1994 年跃居榜首并一直"领跑"(详见表 2)。在 EI 的排序上,南大在理工科院校"群雄虎视"中跻身"三甲"。后来,国务院副总理李岚清视察南大并听取汇报时,曾赞南大为"四大名旦",希望南大再接再厉,早日进入世界高水平大学之列。

海内外新闻媒介对此的报道迅速刮起一股"南大风"。1994年 1 月 24 日,《光明日报》刊登题为《南大基础科学研究奇峰突起》的报道,指出:"科学计量学用精确的统计告诉我们,一个国家的现代化和经济发展程度,是与这个国家的基础科学研究水平、科技论文发表数量成正相关的。""近年来国内科技、教育界有关'基础研究在滑坡'的呼声，已是不绝于耳。在这种情况下：南京大学的基础科研能够有强劲的上升势头，的确是极其难能可贵的。"①

表1　1992—1997年中国高校SCI论文数前5名一览
（台、港、澳地区未计入）

排名	1992年		1993年		1994年		1995年		1996年		1997年	
	校名	篇数	校名	篇数	校名	篇数	校名	篇数	校名	篇数	校名	篇数
1	南京大学	225	南京大学	232	南京大学	325	南京大学	452	南京大学	570	南京大学	682
2	北京大学	184	北京大学	206	北京大学	232	北京大学	269	北京大学	285	北京大学	448
3	兰州大学	157	中国科大	165	中国科大	210	复旦大学	244	清华大学	273	清华大学	407
4	复旦大学	151	兰州大学	165	复旦大学	179	清华大学	231	中国科大	270	中国科大	375
5	中国科大	144	清华大学	151	清华大学	169	中国科大	227	复旦大学	230	复旦大学	320

表2　1992年—1997年中国高校论文被引用数前5名一览
（台、港、澳地区未计入）

排名	1992年		1993年		1994年		1995年		1996年		1997年	
	校名	篇数	校名	篇数	校名	篇数	校名	篇数	校名	篇数	校名	篇数
1	北京大学	231	北京大学	259	南京大学	245	南京大学	327	南京大学	461	南京大学	613
2	中国科大	174	南京大学	222	北京大学	230	北京大学	305	北京大学	337	北京大学	436

---

① 王德滋主编：《南京大学百年史》，南京：南京大学出版社，2002年，第489页。

排名	1992 年		1993 年		1994 年		1995 年		1996 年		1997 年	
	校名	篇数	校名	篇数	校名	篇数	校名	篇数	校名	篇数	校名	篇数
3	南京大学	168	中国科大	177	中国科大	187	复旦大学	212	清华大学	253	复旦大学	328
4	复旦大学	143	复旦大学	167	兰州大学	166	中国科大	209	复旦大学	239	清华大学	286
5	清华大学	130	清华大学	147	复旦大学	162	清华大学	190	中国科大	235	中国科大	276

数据来源:科技部信息中心发布的有关资料

引入 SCI 指标这一决策对南京大学乃至中国基础研究的发展和国际学术声誉的提高产生了积极作用,教育部门也将 SCI 指标作为学术评价体系的重要参照标准,带动了国内高校基础研究的发展和质量的急剧上升。采用这些指标进行评价,有助于改变中国特色的学术指标并与国际接轨,建立学术规范;能够比较科学地反映学校和科研机构基础研究的真正水平和创新活力。

在肯定南京大学在 SCI 等"学术榜"上的历史贡献的同时,我们也要清醒地认识到:SCI 等仅仅是科学评价的工具和指标之一,它相对客观、科学,但绝不是唯一的、十全十美的;对基础研究的质量评价不能迷信 SCI,也不能止步 SCI;SCI 并不能取代科学家们的"同行评审",也不能取代对研究内容、方法与结论的深入探讨和多方评价。

(龚 放 曲铭峰 谢 雯)

创办首个中美高等教育合作办学实体

南京大学-约翰斯·霍普金斯大学中美文化研究中心（The Johns Hopkins University-Nanjing University Center for Chinese and American Studies），是南京大学和美国约翰斯·霍普金斯大学保罗·尼采高级国际研究学院共同创办的教学与研究实体机构，致力于培养从事中美双边事务和国际事务的高级专门人才。中美中心的成立，无论是在南大校史上，还是在中美两国高等教育发展史上，都是一件意义极其重大的事情，为中美文化交流开辟了广阔的新天地。

跨越太平洋的相遇

近年来，中外合作办学大学越来越受学生与家长们的追捧。截至2021年10月，经教育部批准或备案的中外合作办学机构和项目已经达到2447个。随着中外合作办学的日趋成熟，学生在国内就能享受高质量的国际化教育，"不出国的留学"正在成为更多学子的选择。然而回顾我国中外合作办学的历史，直至20世纪七八十年代，我国高等教育的对外开放才艰难起步。

1979年11月，时任南京大学校长匡亚明率领中国大学校长代表团赴美考察。匡亚明校长来到巴尔的摩（Baltimore）后，受到时任约翰斯·霍普金斯大学校长史蒂芬·穆勒（Steven Muller）的盛情接待。两位校长一见如故，畅叙胸怀。二人一致认为，传统的个别留学生交换的方式已不适应当今世界形势的发展，不能满足中美两国教育与文化交流的愿望。交谈结束后，两位校长达成了创办中美文化中心的共识。但在那时，中外合作办学还是一片"荒地"，走的每一步都是无前例可循的。

首任中美中心中方主任王志刚曾撰文回忆，"许多个'破例'最终促成了中美中心"。[①] 1981 年 9 月 24 日，南京大学外事办副主任朱文祥专程赴教育部请示设立中美中心事宜，教育部"破例"让三位正、副部长出席，听取汇报。随后，外交部和教育部联合向国务院请示，国务院四位副总理一致同意设立中美中心。这件事在当时是闻所未闻的。9 月底，穆勒校长率代表团抵宁，与匡亚明校长签订了"关于创办南京大学-约翰斯·霍普金斯大学中美文化研究中心"的协议。1982 年春，时任美国副总统乔治·布什（George Bush）在白宫会见了南京大学代表团，并表示愿意进一步推动中美中心的筹建，此举受到各国媒体的广泛关注与报道。

1984 年 9 月 1 日，双方在南京举行中美中心大楼奠基仪式。1986 年 9 月 10 日，中美中心举行成立仪式，穆勒校长率领 70 余人的代表团来宁参加庆典。乔治·布什也发来亲笔贺信："这是我们两国目前正在进行的教育活动中最令人激动和最具有开拓性的一页。"[②]同年，中美中心正式招生。作为新中国成

---

① 何成洲、（美）顾百里主编：《跨越太平洋的相遇——中美中心三十周年回忆文集》，南京：南京大学出版社，2016 年，第 9 页。
② 何成洲、（美）顾百里主编：《跨越太平洋的相遇——中美中心三十周年回忆文集》，南京：南京大学出版社，2016 年，第 21 页。

立以来首个中外高等教育合作办学实体,中美中心为后来的国际高等教育合作铺平了道路。这场跨越太平洋的相遇,拉开了中外合作办学与中美文化交流的序幕。

"不是北京,也不是上海"

南京大学前身之一的金陵大学与约翰斯·霍普金斯大学在中美教育交流史上渊源已久,但这些联系在新中国成立后的三十余年间几乎中断。1979年,中美两国正式建立外交关系,双方教育界也希望能重新建立联系,这无疑是需要勇气的破冰之旅。

霍普金斯大学起初曾考虑过与中科院、北大、南开或复旦合作。1980年夏,作为联络员的霍普金斯大学物理学教授钱致榕在走访了中国10余所大学后,最终向穆勒推荐了南京大学。霍大曾召开记者发布会宣布与南京大学的合作,并在会上作出澄清。

创设中美中心的过程就是排除万难的过程。匡亚明校长和穆勒校长都是雷厉风行的人,在他们的积极推进下,中美中心才得以顺利筹建与开办。作为建国后第一个中外大学合作办学实体,中美中心为随后的国际高等教育合作树立了一个很好的榜样。如今,尽管中外合作办学项目不胜枚举,但中美中心作为中美之间的交流实体仍有其独一无二的功能。作为非正式外交的平台,中美中心肩负着促进文化理解的使命。正是因为中心隶属于两所合作大学,符合两国政府保持非正式接触渠道的期望,所以中心能够经受住一个又一个危机,并且在任何时候,始终象征着中美之间的互信与友谊。

(谢 雯)

致力打造中国最好的本科教育

　　2014年,由南京大学时任校长、中科院院士陈骏教授等申报完成的《以学生发展为中心的"三三制"本科人才培养体系构建与实施》获国家级教学成果特等奖。这是自1994年高等教育教学成果奖励制度改革后,20年来江苏高校首次获得国家级教学成果特等奖。[①]

　　早在2006年,南京大学就已走在本科教育改革的前列,开始探索实施"三三制"本科人才培养方案。当年,南京大学进行了第四次教育教学思想大讨论,总结出学校在本科教育中存在的四个问题:第一,培养模式单一,忽视学生个性化发展;第二,课程体系过专,忽视综合素质培养,不能适应人才多样性发展的需求;第三,教学内容和方法刻板,过分强调知识传授,相对忽视思维训练;第四,管理体制刚性,不能满足教学改革的要求,教学改革动力不足。围绕这些问题,学校明确了"四个融通"的人才培养新理念:学科建设与本科教学融通,通识教育与个性化培养融通,拓宽基础与强化实践融通,学会学习与学会做人融通。学校决定"以学生发展为中心"作为突破口,面向全

[①]　郑晋鸣、许佳佳:《"三三制"本科人才培养方案获国家级教学成果特等奖》,《光明日报》,2014年9月12日,第6版。

校所有学生开展教学改革。改革给予学生充分的选择权,为学生自主构建课程模块和知识体系搭建平台、拓宽学生成才途径,从而充分激发学生的学习能动性,促使其变被动学习为主动学习。基于上述理念,南京大学构建并实施了"三三制"人才培养体系。

"三三制"人才培养体系以个性化、全方位、全覆盖、内生性为特点,将本科培养过程划分为"大类培养""专业培养""多元培养"三个阶段和"专业学术""交叉复合""就业创业"三条发展路径,使全校学生有机会自主选择专业、课程和发展路径,从而多样化发展。大类培养阶段通过实施通识教育促进学生人文与科学素养的全面发展;专业培养阶段着力提升学生的专业素养和专业能力;多元培养阶段保障学生自主选择专业学术、交叉复合、就业创业三条发展路径,实现个性化成长。

"三三制"中的第一个"三",把本科教育分成三个阶段,第一阶段是通识教育阶段,一年级新生实施通识教育,二年级、三年级进入专业化培养阶段,四年级进入多元化培养阶段。第二个"三"指的是多元化培养阶段中,学生需分为三个方向——专业化培养方向、复合人才培养方向、创新就业方向。分别针对愿意继续沿着本专业学习和深造的学生、想跨专业学习的学生,以及未来想创业的学生。

"三三制"改革是本科教育领域的系统性、综合性改革,其内容涵盖培养理念提升、培养模式改革、培养过程优化、"教"与"学"的方式方法变革,以及管理机制创新等多个方面。学生、教师和管理者全员参与,学校人事、财务、学工、后勤等职能部门和院系、教学单位系统联动。改革突破了以往只在"实验班"或"试点学院"进行探索的形式,将范围拓展到全校,覆盖全体本科生,实现了受益面最大化的目标,同时也对传统的教学管理体系产生了很大的挑战。

"三三制"的出台得到了社会各界的关注和肯定。2010年,耶鲁大学时任校长理查德·莱文(Richard Levin)在《亚洲大学的崛起》中介绍了南京大学的教学改革,认为是非常重要的探索。2011年由教育部原副部长周远清率领的国家教育咨询委员会专家组、2012年教育部直属高校国家教育体制改革试点项目及"三重一大"决策制度执行情况检查专家组均高度评价"三三制"改革;2013年教育部本科教学工作审核评估专家组评价南京大学"教学改革与创新走在全国高校前列"。美国加州大学伯克利分校也非常关注南京大学"三三制"的成效,该大学做的全球研究型大学本科生学习经历调查显示,南京大学学生"学术思维和表达能力"进步程度,经历"三三制"者显著优于未经历者;学生批判性思维能力、对所学专业的理解等进步程度,南京大学与伯克利无显著差异。"三三制"实施后,来南京大学调研改革情况的兄弟高校超过40所,上海市教委、北京大学、清华大学、中国科学技术大学、中国人民大学、浙江大学、中山大学等前来调研40余次。兄弟高校对这场改革均给予高度认可。关于"三三制"教改的新闻报道也达百余篇,人民日报、中国教育报、光明日报、新华日报、人民网、新华网等媒体追踪改革进展,多角度、全方位地报道"三三制"的改革成效。"三三制"教改也得到了学生们的认可。

2019年,南京大学召开新时代本科教育工作会议,紧紧围绕建设"第一个南大"的奋斗目标,着力打造最好本科第一品牌。学校提出价值塑造与能力提升融通、科学研究与本科教学融通、通识教育与专业教育融通、全面发展与个性发展融通的"新时代四个融通"理念,系统谋划了面向新时代新挑战的本科人才培养南大方案,在"三三制"本科人才培养模式基础上提出了"一核两端三元四维"人才培养新体系(简称"三元四维"人才培养新体系)。其中,"一核"是指全面落实立德树人根本任务;两端"是指基于"学习成长端"(需求侧)与"教书育人端"(供给侧)两端的互动进行体系设计,在学习成长端要"彰显个性适应,提升内涵层次",在教书育人端要"打开育人空间,凸显中心地位";"三元"是指从人才培养角度,将"德、知、行"或"知识、能力、做人"作为落实立德树人根本任务的切入点;"四维"是将"两端"的设计具体落实成四个维度,在学习成长端具体表现为个性化适应性学习维度和内涵式层次性成长维度,在教书育人端具体表现为融合式全面型育人维度和通达式全方位环境维度。

2020 年,南京大学立足"融"和"通",以育人为核心,整合优化本科教育教学相关机构与职能,组建具有南京大学特色的新生学院和本科生院。秉承"大教育"理念成立本科生院,通过交叉任职、动静结合、扁平化管理等,建设更科学、更高效、更友好的聚合式、精细型服务管理机构;面向大一新生成立新生学院,设置秉文、行知、有训、安邦、毓琇、开甲、健雄七个书院,打破教学与教育的边界,强化育教融合,全面探索新时代书院制育人模式。在 2022 年高等教育(本科)国家级教学成果奖评选中,南京大学作为第一完成单位共获 11 项,其中一等奖 3 项,二等奖 8 项,一等奖数量并列全国第一。

(陈晓清　施佳欢)

羲和牧群星

嫦娥奔月,女娲补天,从古到今,人类不乏对星空的憧憬与向往。120 年来,南大人在仰望星空的同时,始终脚踏实地,践行着理想。抬头远望,浩瀚星河中也有许许多多属于南大人的"星"。

羲和逐日

习近平总书记在 2022 年新年贺词中,回顾过去一年中难忘的中国声音、中国瞬间、中国故事时,提到"祝融"探火、"羲和"逐日、"天和"遨游星辰等重大航天成就。其中,"'羲和'逐日"令所有南大人振奋不已,倍感自豪。

"羲和号"卫星全称为"太阳 Hα 光谱探测与双超平台科学技术试验卫星",简称太阳双超卫星,由国家航天局批复立项,其中科学与应用系统由南京大学负责建设。参加"羲和号"发射任务的南京大学研发团队成员包括"羲和号"科学总顾问方成院士、首席科学家丁明德教授、科学应用系统总指挥李向东教授、总设计师李川副教授、副总设计师李臻高工及南大天文与空间科学学院的博士研究生。

"羲和号"的诞生,自始至终倾注着南大师生的心血。"羲和号"的概念，最初由方成院士团队与航天八院于 2015 年联合提出，经过三年的科学论证，2018 年 5 月通过卫星工程综合论证评审，并于 2019 年 6 月获得国家航天局批复立项。自立项到卫星发射升空，仅仅两年时间，研发团队便攻克了研制难关，其中的艰难险阻，不言而喻。

"羲和号"卫星科学与应用系统团队主要由年轻老师和研究生同学组成，也证明了新时代的青年人是勇于担当、乐于奉献、敢于胜利的！李川教授说，回顾"羲和号"的研发历程，他深切体会到一项重大任务的成功实施需要研发人员的埋头苦干、勇毅前行，"我们唯有踔厉奋发，方能不负韶华，接下来将秉持初心，笃行不怠，为提升我国在太阳物理和空间科学领域的国际影响力、为航天强国建设继续奋斗。"

"嫦娥""北斗""祝融"，一个个源自中国传统神话的航天器名称，蕴含着中国人独有的浪漫，"羲和号"的命名亦是如此。羲和，中国上古神话中的太阳女神与制定时历的女神，以太阳母亲的形象为人们所熟知。此名取义"效法羲和驭天马，志在长空牧群星"，象征中国对太阳探索的缘起与拓展。

2021 年 10 月 14 日 18 时 51 分，南京大学参与研发的我国首颗太阳探测科学技术试验卫星"羲和号"在太原卫星发射中心由长征二号丁运载火箭成功发射升空，标志着我国正式迈入空间探日时代。"羲和号"将填补太阳爆发源区高质量观测数据的空白，提高我国在太阳物理领域研究能力，对我国空间科学探测及卫星技术发展具有重要意义。

值得一提的是，在"放卫星"这件事上，南京大学近年来可谓捷报频传。2020 年 7 月 25 日，由南京大学自主研发的"龙虾眼 X 射线探测卫星"搭载长征四号乙运载火箭，在太原卫星发射中心成功发射入轨。"龙虾眼 X 射线探测卫星"由南京大学天文与空间科学学院领衔,联合香港大学太空研究实验室、中国航天集团有限公司五院 508 所、八院 805 所下属埃依斯航天科技有限公司等,组成我国空间科学与空间探测领域的优秀团队,历时五年研制成功,是国际上首颗在轨工作的应用了龙虾眼聚焦 X 射线技术的空间探测卫星。南京大学在我国卫星事业上的卓越成就,背后体现着南京大学天文与空间科学学院的强劲实力。

群星闪耀

在 2019 年开播的电视剧《小欢喜》中,女主角乔英子从小热爱星辰大海,报考南京大学天文学专业,是她最大的心愿。妈妈对她放弃北大清华很是不解,那句"你为什么非要去上那个南大呀!"的台词令人印象深刻,"南大天文全国第一"一时间家喻户晓。其实,南大天文久负盛名。早在 1929 年,从芝加哥大学天文系毕业的张钰哲博士在国立中央大学物理系任教时就曾讲授天文学、天体物理学和天体力学等课程。

南京大学天文与空间科学学院前身天文学系创建于 1952 年,由南京大学和中山大学、齐鲁大学的相关学科合并而成,是全国高校中历史最悠久、培养人才最多的天文学专业院系。1982 年,由南京大学天文系建造的中国第一座大型塔式太阳望远镜——太阳塔,在南京紫金山南麓建成,是亚洲最大的太阳塔,也是当时世界上 20 座最大的太阳塔之一。1985 年,这一成果荣获全国首届科技进步二等奖。

在 70 年的发展中,南京大学天文与空间科学学院将严谨的治学态度贯穿始终,注重优秀的历史传承,凭借深厚的学术积淀,培养了一代又一代天文学领域优秀学子。1952年独立建系后,杰出校友辈出,包括5位中国科学院院士、多位国际知名学者、学术带头人和天文台台长等。南大天文与空间科学学院也享有"中国天文学顶尖人才培养的摇篮"美誉[1],领跑中国天文学专业。

南京大学天文与空间科学学院是全国拥有小行星"星座"最多的院系。按照国际小行星的命名规则,命名一旦获国际天文组织的批准,将成为该天体的永久星名,并为世界各国所公认,因而小行星命名具有国际性和历史性,是一项崇高的国际化荣誉。截至目前,以曾在南京大学天文与空间科学学院工作和学习过的专家学者命名的小行星有:戴文赛星、曲钦岳星、苏定强星、方成星、孙义燧星、陆埮星、刘林星、许敖敖星、傅海星等,可谓南大天文群星闪耀。

南京大学天文与空间科学学院群星

小行星名	命名时间	小行星编号
戴文赛星	1994 年	3405 号
曲钦岳星	1999 年	3513 号
苏定强星	2009 年	19366 号
方成星	2010 年	185538 号
孙义燧星	2010 年	185640 号
陆埮星	2012 年	91023 号
刘林星	2016 年	261936 号
许敖敖星	2016 年	55901 号
Haifu（傅海）	2017 年	22413 号

---

① 王晶卉:《献礼120周年校庆"南大天文学子星"闪耀宇宙》,《南京晨报》,2021年12月3日,A03版。

　　2021年11月29日,经国际天文学联合会小天体命名委员会批准,将中科院国家天文台于1997年发现的国际永久编号为23692的小行星正式命名为"南大天文学子星"。这颗小行星的命名,是为南京大学120周年校庆献礼。精心挑选这颗小行星还另有一层寓意,该小行星发现于1997年5月20日,而5月20日正是南京大学的校庆日。此次命名,是由南京大学天文系20世纪80年代的数百位学子,包括在国家天文台工作、致力于国家天文事业发展的多位科研骨干,经过集体协商后提出的申请,饱含了南大天文人对母校深沉的爱。不仅如此,早在2002年南京大学建校100周年前夕,国际编号为3901号的小行星被命名为"南京大学星";2012年南京大学建校110年时,国际编号为187707号的小行星被命名为"南大仙林星"。

　　南大天文人肩负国家的责任、社会的期望,不负所托,不辱使命,如天上闪耀的群星,照亮未知的夜空,在浩瀚星河中,贡献着一束又一束南大智慧之光。

(王天祥)

京华风云

　　南京大学的办学历程是近代以来中国高等教育发展的缩影。从清末的筚路蓝缕、以启山林，经民国的规制初建、整体嬗变，到新中国的风雨兼程、高歌猛进，百余年间，南京大学历尽沧桑，迭经变革，与国家的强弱、民族的兴衰息息相关。

　　历经双甲子春秋繁露，回望厚重前行的历史道路，百廿南大追求真理、爱国图强的精神始终如一；诚朴雄伟，砺学敦行的品格始终如一。岁月蔓延，一百二十年花甲重开，百廿南大必将与莘莘师生互勉互励，焕发蓬勃生机，成就新的杏坛佳话。

南京大学历史沿革

　　南京大学坐落于钟灵毓秀、虎踞龙蟠的金陵古都,是一所历史悠久、声誉卓著的百年学府。她的前身是民国时期的国立中央大学。而中央大学的前身是创办于 1902 年的三江师范学堂。三江师范学堂于 1905 年更名为两江师范学堂,亦称两江优级师范学堂。1914 年,南京高等师范学校在两江师范学堂旧址上成立。1920 年,南京高等师范学校分出一部分系科建立了国立东南大学。1923 年,南京高等师范学校被并入由其自身派生出来的东南大学。1927 年,南京国民政府成立以后,将东南大学、河海工程大学、江苏法政大学等 9 所江苏境内的公立高校合并,成立国立第四中山大学,1928 年初改称江苏大学,1928 年 5 月 16 日定名国立中央大学。1949 年 4 月南京解放,8 月 8 日,国立中央大学更名为国立南京大学。1950 年,按照中央关于各级学校一概不加"国立"字样的通知精神,径称南京大学。1952 年,在全国高校院系调整中,南京大学调整出工学、农学、师范等部分院系后与创办于 1888 年的金陵大学文、理学院等合并,仍名南京大学。金陵大学是由美国教会创办的汇文书院(1888 年)和宏育书院(1906 年)于 1910 年联合建立的,后者由同为美国教会创办的基督书院(1891 年)和益智书院(1894 年)合并而成。院系调整后的南京大学,于 1952 年离开有着 50 年办学历史的四牌楼校区,将校园留给了新成立的南京工学院,迁至校园面积数倍于"老宅子"的金陵大学校园,即现在的鼓楼校区。1993年9月,浦口校区开始接纳第一届新生。2009年9月,仙林校区投入使用,并自2012年起成为南京大学主校区。2020年南京大学苏州校区开始建设,首批学生在2022年南大百廿校庆后入学就读。由此,南京大学形成了"一体两城四校区格局"。

南京大学历史沿革图

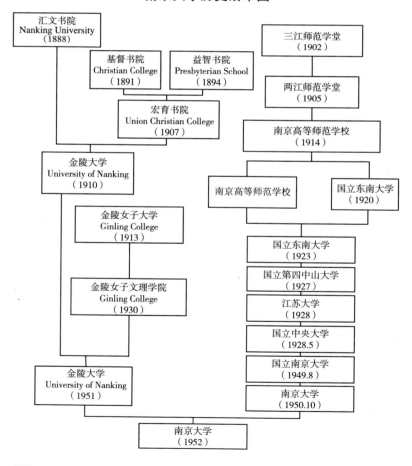

三江两江:师范学堂为教育肇端之地

2022 年,壬寅虎年,是个神勇生肖的年份,我们常用虎虎生威、生龙活虎、龙翔虎跃来祝愿它、形容它。但是,如果国运不济,又哪有什么虎虎生威? 历史永远不会忘记,三个甲子之前的那一年——1842 年,也是壬寅年,清朝政府因在第一次鸦片战争中战败,不得不签订了中国历史上第一个丧权辱国的不平等条约——《南京条约》,英国人还强加给它一个对中国极具屈辱性的名字——"万年和约"。中国从此逐步沦为半殖民地半封建社会。

侵略者的"坚船利炮"击碎了许多中国人"天朝大国"的美梦,深重的民族危机唤醒了中国人民求强思变的意识,"御外侮而欲求强,为求强而欲变革"的疾呼声震朝野。19 世纪 60 年代,以"自强"和"求富"为口号的洋务派发起了旨在维护清朝统治的、与资本主义有密切联系的军事、政治、经济、文化教育、外交等方面的活动,即洋务运动。江南水师学堂(1890 年)等洋务学堂在南京创办。与此同时,欧风美雨频至,西学乘机东渐。美国教会分别在南京创办了汇文书院(1888 年)、基督书院(1891年)和益智书院(1894 年),这三个书院后来合并成立了金陵大学。1894 年甲午战争清军惨败,北洋水师全军覆没,洋务运动戛然而止。

　　甲午战争的惨败让许多有识之士意识到,洋务运动仅将"制器"作为学习的重点是不够的,中国真正要学习的是西方先进的政治制度。于是,"戊戌变法"走上了历史舞台。"戊戌变法",又称"戊戌维新"、"百日维新",是以康有为、梁启超、谭嗣同和"新政重臣"陈宝箴等为代表的维新派人士通过光绪帝进行的倡导学习西方科学文化,改革政治、教育制度,主张发展农工商业的资产阶级改良运动,旨在"保国、保种、保教"。梁启超解释说,就是要"保国家政权土地,保民族种类能自立,保圣教(孔教)不失"。一语中的,点出了一个文明的三大要素:国家、人民与教化。戊戌变法主张减设衙门、裁撤冗官、重用新人、训练新军、开放言论、兴办工矿、改革科举等,并从1898年6月11日开始实施。但因损害到以慈禧太后为首的守旧派的利益,变法遭到强烈抵制与反对。1898年9月21日,慈禧太后发动政变,囚禁光绪帝,杀害谭嗣同等"戊戌六君子",罢黜陈宝箴,缉拿康有为和梁启超,历时103天的变法宣告失败。

　　戊戌变法之后,随着1900年义和团运动的爆发和八国联军的大肆入侵,清政府的统治岌岌可危。为了维护自己的统治,慈禧太后等人不得不改弦易辙,在镇压了戊戌变法两年以后也不得不举起"变法"的旗子:"世有万古不易之常经,无一成不变之治法"。1901年1月29日,慈禧太后以光绪帝的名义在西安发布《变法上谕》,宣布实行"新政",要求内外臣工献计献策。自1901年5月起,两江总督刘坤一和湖广总督张之洞分三次上奏《江楚会奏变法三折》,认为"中国不贫于财而贫于人才,不弱于兵而弱于志气","保邦致治,非人无由",同时系统地提出了兴学校、练新军、办实业、裁冗员等改革措施。这就是著名的"江楚会奏三疏"。它是清末新政的重要文献,成为清政府实施新政的蓝图。1901年9月14日，清政府颁布《人才为政事之本》的兴学诏书，喻令各省督抚学政兴办各级学堂，一场轰轰烈烈的兴学活动和教育变革——包括"壬寅学制"的制订和"癸卯学制"的施行——在此后10年间渐次展开。这场以兴学为一大亮点的经济与政治体制改革运动，史称"清末新政"。

洋务运动、戊戌变法和清末新政，拉开了近代中国社会发展的序幕，南京大学的前身——三江师范学堂便是在这样的历史背景下应运而生的。

1902年5月，时任两江总督、"江楚会奏三疏"领衔者刘坤一（1830～1902）邀请张謇、缪荃孙、罗振玉等社会名流、学者商议兴办学堂事宜。大家一致认为，兴学育才的主要困难是师资匮乏和资金短缺，开办高等师范学堂，不仅可以为各级学堂培育师资，且所需经费较少。5月30日，刘坤一上奏《筹办学堂折》，呈请开办师范学堂获准，由此拉开了创办三江师范学堂的大幕。是年9月，刘坤一病逝，湖广总督张之洞署理两江总督。"世运之明晦，人才之盛衰，其表在政，其里在学"，是张之洞的一大核心观点。1903年2月，张之洞上奏《创建三江师范学堂折》，重申"师范学堂为教育造端之地，关系尤为重要"，并奏请在江宁（即南京）北极阁前勘定地址，凡江苏、安徽、江西三省人士均可入堂升学。江苏、安徽两省在清初曾同为"江南省"，顺治年间的1661年一分为二，分称江南省右、江南省左，康熙年间的1667年改称江苏省（取江宁、苏州二府首字）和安徽省（取安庆、徽州二府首字），故"三江"便代指江苏、江南（此处特指安徽）和江西了。1903年3月，继任两江总督魏光焘履任（1902年11月调补两江总督，到任前由张之洞署理两江总督）后，继续推进学堂的开办，一如《人民政协网》文章所言"创建三江师范学堂，由刘坤

一、张之洞立项,魏光焘承担筹建、施工";"建立三江师范学堂,是魏光焘最引以为傲的大事、幸事,他将其列为在两江总督任上德政要务之首"。① 中国声学事业奠基人、终身执教于南京大学的魏荣爵院士是魏光焘之孙,他以卓越的学术成就映照了先辈建校之功,续写了百廿南大历史上的一段佳话。

创建三江师范学堂的擘画者是三位两江总督,而参与筹建学堂的主事者则是"总稽查"缪荃孙、方履中、陈三立和"监督"杨觐圭等人。我国第一个施行的学制《癸卯学制》明确规定学堂最高长官称"监督"。在三江师范学堂创建阶段的1902~1903年,"总稽查"的职位应该不低于"监督"。据《南京大学大事记》记载:"1903年9月,先后聘请缪荃孙(筱珊)、方履中和陈三立任总稽查之职,杨觐圭为监督"。② 这里用了"先后"一词,说明他们不是同时担任总稽查,而且"总稽查"还排在"监督"之前。三位总稽查的确皆为一时之选。其中,方履中(1864~1932)是光绪年间进士、翰林院编修,先后任两淮盐运使、四川提学使、安徽矿务总理,1901年"因治父丧回乡,后居安庆"。这位因丁忧而离开官场的翰林院编修,自然是一位理想的"校长"人选。诗坛领袖陈三立(1853~1937)是"新政重臣"陈宝箴之长子,与谭嗣同和谭延闿并称"湖湘三公子"。正值盛年的他曾因"创新式学校的先例"获赞。翰林院编修缪荃孙(1844~1919)在1902年5月时即被两江总督刘坤一聘为"总稽查",并"与徐乃昌、柳诒徵等七教习赴东洋考察学务",有观点认为,其使命就是"负责筹建

① 刘跃清:《魏光焘与三江师范学堂》,《江苏地方志》,2020年第3期,第46~48页。
② 南京大学高教研究所编:《南京大学大事记》,南京:南京大学出版社,1989年,第26页。

江南最高学府三江师范学堂"。缪荃孙等访日归来后,"遂仿日本东京大学,在南京国子监旧址筑校"。[1] 可见,刘坤一所聘的"总稽查"与张之洞在学制中定名的"监督"就是后来的"校长"。而且,同去考察的淮安知府、江南巡盐道,同时也是著名学者的徐乃昌(1869～1943)在1905年时还接替杨觐圭担任了三江师范学堂的监督。进士出身的江苏候补道杨觐圭是在1903～1905年间担任监督的,而在他之前"筚路蓝缕、以启山林",筹办"三江"的,正是前文所述的缪荃孙。所以,缪荃孙完全称得上是三江师范学堂1902年时的校长——时称总稽查。

三江师范学堂于1902年开始酝酿、筹备。1903年2月开办,着手聘请师资、建造学堂,由中日教习互相学习语言。9月开学,设理化、农学、博物、历史、舆地、手工、图画诸科,学制4年,并设速成科。三江师范学堂因此成为当时江苏的最高学府。

继任两江总督周馥认为"三江"之名含混不清,江苏和安徽本就同属江南,属于"一江",连同江西,实为"两江";更为关键的是,江苏、安徽、江西三省同属"两江总督"管辖,为使学堂之名与总督之名一致,遂于1906年5月将三江师范学堂更名为"两江师范学堂"。由于"癸卯学制"规定,师范学堂设置优级和初级——相当于高等师范和初等师范——两级,"两江"实为"两江优级师范学堂"——宣统年间的档案均冠以"两江优级师范学堂"。[2] 不过,大家在南京大学鼓楼校区"二源壁"上看到的石刻校牌只有"两江师范学堂"6个字——习惯上还是称"两江师范学堂"。石

---

① 宋林飞主编:《江苏历代名人词典》,南京:江苏人民出版社,2019年,第271页。

② 苏云峰:《三(两)江师范学堂——南京大学的前身1903～1911》,南京:南京大学出版社,2002年,第233～236页。

刻校牌的题名者正是在学堂更名"两江"后于 1906 年调任学堂监督的大书法家李瑞清。李瑞清（1867～1920）是翰林院庶吉士，曾任江南高等学堂监督、江宁提学使、师范传习所总办。李瑞清"视教育若性命，学校若家庭，学生若子弟"的办学理念，基于洪应明《菜根谭》而提出的"嚼得菜根，做得大事"的校训，"提倡科学与国学、艺术的结合"的教育内容，致力造就"中国之培根、笛卡尔"的开放的人才培养目标，使得两江师范学堂声誉鹊起，迅速成为"南方各省师范学堂的模范"。李瑞清在两江师范学堂的发展与崛起中厥功至伟。

（王运来）

南高东大:寓师范于大学之中

　　1911 年的辛亥革命,推翻了清王朝的统治,结束了长达 2000 多年的中国封建君主制度,建立了共和政体,为建设近代高等教育开辟了道路,也为南京高等师范学校的成立和国立东南大学的创建提供了历史机遇。

　　武昌起义后,各省纷纷宣布独立,清政府的统治分崩离析。1911 年(宣统三年)12 月 29 日,17 省的代表在南京召开会议,推选孙中山为中华民国临时大总统。1912 年 1 月 1 日,孙中山在南京宣布正式就职,宣告中华民国临时政府成立。

　　1912 年 7～8 月举行的全国临时教育会议,除决定分别在北京、南京、武昌、广州设立大学以外,还通过了《划分高等师范学区案》等,拟在全国划分 6 个高等师范学区,以北京、南京、武昌、广州、成都、沈阳为本部,各设高等师范学校一所。① 凡在这 6 大师范区内的优级师范学堂可改建为高等师范学校;不在此 6 区内的优级师范学堂均不再招收新生,待学生全部毕业后即告停办或并入他校。那时,除了东吴大学和金陵大学这两所教会大学(金陵女子大学创办于 1913 年)以外,江苏境内的公立高等

---

① 　舒新城编:《临时教育会议日记》,《中国近代教育史资料(上)》,北京:人民教育出版社,1979 年,第 309 页。

学校如两江(优级)师范学堂等均已停办。1914年1月5日,江苏民政长韩国钧(后称巡按使,即省长)命令封闭"两江",以备后用。江苏省内中学校长强烈呼吁在南京创办高等师范学校。8月30日,巡按使韩国钧决定"由省委派校长,先行筹办",定校名为"南京高等师范学校";成立筹办所,要求务必于当年"筹备完竣,以便定期开学";同时委任江谦为南京高等师范学校校长,"薪水自筹办所成立之日起,准月支银220元"。由此可知,南京高等师范学校的历史,是从1914年8月30日开始的。[①]

创校校长江谦(1872～1942),安徽婺源人,曾任安徽省议会副议长、国民政府众议院议员、江苏省教育司长,成绩卓著。江谦于1915年1月上旬来宁,聘请在哥伦比亚大学专攻教育学的郭秉文博士为教务主任。郭氏当为在美国获得哲学博士(教育学)学位的中国第一人。同时聘请教育部视学袁希涛、江苏省教育会正副会长沈恩孚和黄炎培为南高"评议员"[②]。2月15日,校内驻军接到了江苏巡按使公署"立即迁出"的命令。南高筹备处于同年6月制定了《南京高等师范学校简章》,其内容与教育部发布的《师范教育令》和《高等师范学校规程》大致相同。8月又制定《南京高等师范学校招考简章》。1915年8月11日,南高正式招生,与北京高师、成都高师、武昌高师和广州高师一起,

①　南京大学校庆办公室校史资料编辑组,南京大学学报编辑部编:《南京大学校史资料选辑》,南京:南京大学校庆办公室校史资料编辑组,学报编辑部,1982年,第25～26页。
②　中大八十年校庆特刊编辑委员会编:《中大八十年》,台湾中央大学,1995年,第13页。

成为我国最早创办的第一方阵中的高等师范学校。[①]

南高自创办后发展迅猛，学校将基本班底文史地部和数理化部合并为"文理科"，下设国文系、英文系、哲学系、历史系、数学系、物理系、化学系和地学系共8个系，同时陆续成立了"计划外"的文理专修科、国文专修科、教育专修科、农业专修科、工艺专修科、商业专修科、英文专修科、体育专修科共8个"专修科"，形成了8系8科的系科架构。尤其值得书写的是，由任鸿隽、秉志等留美学人创办的中国科学社1918年从美国迁回中国，将大本营落户在了南高，四五十位被誉为"皆一时之选"的留美学者的加盟，使得南高的这些学科率先发展了起来。因此，有人这样评价南高：南高诸所擘画，颇异部章，而专科增设之多，尤为各高师所未见。实际上，南高的系科设置已大大突破了师范的界限，已然具备了综合大学的雏形，为改设大学奠定了坚实的基础。

1920年4月7日，校长郭秉文在南高校务会议上首次提出"拟请改本校为东南大学案"，提出在南高校址及南洋劝业会旧址建立大学的建议，得到校长办公处副主任（主任由校长兼任）刘伯明、教务处主任兼教育专修科主任陶行知、事务处主任张子高、文史地部主任柳诒徵、数理化部主任孙洪芬、农业专修科主任兼附属中学校长邹秉文、工艺专修科主任贺勉吾、商业专修科主任杨杏佛、美文专修科（即英文专修科，原文如此）主任张士一、体育专修科主任饶冰斯、附属小学校长俞子夷等校务会成员的一致赞成。[②] 郭秉文后又商得前外交总长王正廷、原江苏省

---

① 潘懋元，刘海峰编：《中国近代教育史资料汇编·高等教育》，上海：上海教育出版社，1993年，第680页。

② 南京大学校史研究室编：《南京大学校史资料选编》第二卷（上），南京：南京大学出版社，2019年，第132~133页。

长公署秘书长沈恩孚、民国首任教育总长蔡元培、北大代理校长蒋梦麟、甲午恩科状元张謇、上海工商界名流穆湘玥、南高前校长江谦、原代理教育总长袁希涛、原江苏省教育会会长黄炎培等9位社会贤达作为共同发起人，10人联名于是年9月致书教育部，提出"建设南京大学，以宏造就"，"南京高等师范原设有教育、农、工、商各专修科，程度较高，范围较大。如将以上各科改归大学，而留南高师本科照旧赓续办理，既可谋大学速现，复与现行学校系统不相抵触，似较妥善"。当年11月，教育部部长范源濂委任郭秉文为"东南大学筹备员"，同意"以高师之教育、农、工、商四专修科改归大学，各本科仍由高师继续办理"。学校"遂以高师之工艺科为基础，建成工科，设机械工程系；以体育专修科、教育专修科建成教育科；农业专修科发展为农科；商业专修科则扩建为商科大学"。两校共用一个校址。一个月后，12月7日，"北洋政府国务会议通过建立东南大学案，此为东南大学正式诞生之日。"①大学是批准成立了，只是把"南京大学"直接改为了"东南大学"。或许是北洋政府对于"京"字过于敏感吧。

东大成立以后，南高自1921年开始不再招生，并逐渐有意识地由"高师"向"大学"转轨，1923年夏便实现了无缝对接，南高彻底并入东大，所属中、小学也同时改为东大附属中、小学。"南师改大"后，东大校长仍由郭秉文担任，师资、校舍、设备等其他情况基本上未有变动。这就如同是总公司办了个分公司，2年后壮大了的分公司便把总公司给收购了一样，具有戏剧性。鉴于南高、东大本是一家，只是由于实施"双轨制"，才出现了两

---

① 南京大学高教研究所编：《南京大学大事记（1902～1988）》，南京：南京大学出版社，1989年，第32～33页。

112

三年"一校两制"的情形，故人们常将"南高""东大"并称，视同一校。

南高并入东大、合二为一之后，学校实力大增，学科十分齐全，达到 5 科 27 系。当时全校共有教职员工 200 余人，学生 1600 人，名师云集，人才辈出，东大成为中国东南地区的最高学府。担任东大工科主任的茅以升曾这样评说："本大学学制以农、工、商与文、理、教育并重，寓意甚远。此种组合为国内所仅见。"教育界都知道，"东南大学当时为长江以南唯一的国立大学，与北大南北并峙，同为中国高等教育的两大支柱。"[①]即使与当时的首都最高学府北京大学相比，东大也毫不逊色。北大教授梁和钧坦言："北大以文史哲著称，东大以科学名世，然东大文史哲教授实不亚于北大"。美国著名教育家、世界教育会亚洲部主任孟禄博士在考察了中国各主要大学之后，称赞东大"为中国政府设立的第一所有希望的现代高等学府"。

（王运来）

---

① 杨素芬：《中大校史》（上），中大八十年校庆特刊编辑委员会编：《中大八十年·校庆特刊》，台湾：中央大学，1995 年，第 14 页。

中央大学：民国最高学府

　　1927年3月24日，国民革命军攻克南京；4月18日，南京国民政府成立。出于"首都大学当立深远之规模，为全国之楷范"①和"振新全国之耳目，肇建完备之学府"②的通盘考虑，国民政府教育行政委员会（后相继更名为大学院、教育部）于6月9日明令将原国立东南大学、河海工程大学、江苏法政大学、江苏医科大学、上海商科大学以及南京工业专门学校、苏州工业专门学校、上海商业专门学校、南京农业学校等江苏境内专科以上的9所公立学校合并，组建为国立第四中山大学。九校合一，举国无双，一所中国规模最大的国立大学就此诞生。之所以取此校名，一是因为拟在全国试行大学院和大学区制，想模仿法国依序命名大学的做法；二是为了纪念孙中山先生而统称"中山大学"。命名顺序依照国民革命军攻克的历史文化名城的先后而定。因南京系北伐军攻克的第四座历史文化名城，故冠以"第四"，称国立第四中山大学，以有别于广州的国立第一中山大学（即中山大学）、武汉的国立第二中山大学（即武汉大学）、杭州的国立第三

---

① 国立中央大学编：《国立中央大学十周年纪念册》，南京：国立中央大学出版组，1937年，第1页。

② 国立中央大学编：《国立中央大学一览 第1种 行政概况》，南京：国立中央大学出版组，1930年，第8页。

中山大学（即浙江大学）。后经校务会议议决，以 6 月 9 日为第四中山大学成立纪念日。第四中山大学初设自然科学、社会科学、文学、哲学、教育、农、工、商、医 9 个学院，胡刚复、戴修瓒、楼光来、汤用彤、郑宗海、蔡无忌、周仁、程振基、颜福庆 9 位著名学者分别担任各院院长。此外，胡刚复还担任第四中山大学区高等教育部部长，辅助校长张乃燕，襄理一切。1928 年 2 月，国民政府大学院将第四中山大学改称"江苏大学"，不为师生所接受；5 月 16 日，依照国民政府大学委员会议决，改校名为国立中央大学。在此后的 20 余年间中大以宏大的规模、齐全的学科、雄厚的师资、诚朴的学风等综合优势，赢得了"民国最高学府"的赞誉。在此简要勾勒一幅"民国最高学府"的喜怒哀乐图景。

喜，中大发展迅猛，即使在抗战时期被称作"在炸弹下长大"的大学，也是亚洲最好的大学之一。由 9 所公立专科以上学校合组而成的国立中央大学最初拥有 9 大学院，硕大无朋，一骑绝尘。即便是后来调整为文、理、法、教育、农、工、医 7 大学院，依然是当时中国拥有学院最多的大学。40 余系科、4000 余名在校生，同样令其他大学难以企及。中大师资雄厚，实力超群。1941 年，教育部实行"部聘教授"制，每学科评选出深孚众望的顶尖学者，改由教育部直接聘任。当时，一般教授月薪为 360 元，部聘教授每月薪金 600 元（相当于校长待遇），另加发研究补助费 400 元。部聘教授是当时中国教育界的最高荣誉，有人称之为"教授中的教授"。是年底，教育部遴选了第一批部聘教授 30 名（实际公布了 27 人，胡敦复、秉志、孟宪承 3 人因尚在沦陷区上海，政府为保护他们未予公布），中大有梁希、孙本文、艾伟、胡焕庸、蔡翘 5 位教授荣任；秉志不久后也来到重庆，执教中大。1943 年，评审出第二批部聘教授 15 名，中大的楼光来、胡小石、柳诒徵、高济宇、常道直、徐悲鸿和戴修瓒 7 位教授荣任，差不多是总数的一半。这样算来，在 45 名部聘教授中，中大独占 13 席，比位居榜眼的西南联大多出了 3 位。1948 年，中央研究院评选出了第一批院士。在81 名当选的中央研究院院士中，出身于中央大学及其前身者，占到全部院士的四成，稳居全国第一！

中大因系科庞大，曾被称为"教育界一大帝国"。1946 年 9月，中大东迁，在南京四牌楼原址复校。复员后的中大拥有 7 个学院、37 个系、6 个专修科、26 个研究所，是当时系科设置最多的国立大学。据 1947 年 3 月 10 日《申报·教育消息栏》统计：当时，中央大学 7 院 37 系；北京大学 6 院 26 系；清华大学 5 院 23 系；复旦大学 5 院 28 系；浙江大学 6 院 28 系；中山大学 7 院 27 系。

2013 年 4 月 25 日的《重庆商报》披露了早年的一个坊间传闻："1948 年，在普林斯顿大学的世界大学排名中，国立中央大学已超过日本东京帝国大学（现东京大学），居亚洲第一。"这一说法虽然至今没有能够被"证实"，但是从它的流行之广上，似乎也映射出舆论对于中大超凡实力的认可。

怒，日军侵华，人神共愤，中大师生同仇敌忾，高高擎起文化抗战的大旗。1928 年 5 月 3 日，日本侵略军攻占济南，大肆屠杀中国军民一万余人，杀害国民政府外交部特派山东交涉员蔡公时等 18 名外交人员，造成"济南惨案"，又称"五三惨案"。消息传出，举国愤怒。中共中大支部立即在一个大教室里召开了有 300 余名师生参加的大会。大会选举齐国庆为主席团成员，发动全校师生参加全市人民的抗议活动。会议决定，5 月 5 日向国民政府请愿并游行示威；成立"国立中央大学教职员反日救国委员会"，推定汪东等 6 人为起草委员会委员，胡刚复等 15 人为临时委员会委员。会后，师生连续几天举行了大规模的示威游行。6日上午8时，中大学生千余人游行抗议日军制造"济南惨案"。一路上贴标语、散传单，振臂高呼"对日经济绝交""恢复民众运动"等口号，群情激奋，斗志高昂。8日上午，由柳诒徵教授演讲《甲午后中日之关系》，胡铁岩演讲《日本在中国经济侵略之政策》等；下午，全体师生分途游行宣传，并呈文国民政府，极力主张对日宣战——"与其束手待毙，任人鱼肉，何若大张植伐，一决胜负！"然而，对于师生们的爱国热情与举动，国民党中央政府不仅未予以爱护、支持，反而极力责难，严令禁止。更令人气愤的是，为这一请愿活动，首都警察厅还逮捕了不少大、中学校的学生。中共中大党支部书记齐国庆和王崇典等5人因要求抗日救国而惨遭反动当局杀害。但是，爱国学生并没有被吓倒，请愿活动一直持续到年底。

1931年，"九一八事变"发生。消息传到南京后，人们无不震惊。从1931年9月22日开始，全国各地社会各界要求国民政府下令出兵抗日的呼声日益高涨。中大等南京各大、中学校开始罢课，宣传抗日。蒋介石为控制局势，连忙在9月23日上午借中大礼堂召开南京市国民党党员紧急大会。他在会上声称："此刻必须上下一致，先以公理对强权，以和平对野蛮，忍辱含愤，暂取逆来顺受态度，以待国际公理之判决。"会议要求，一切必须服从中央，任何人不得自由行动。但这次会议并没有使要求出兵抗日的浪潮平息下去。9月24日，南京成立了"首都各界抗日救国会"，中大经济系教授叶元龙担任主席。该会坚决要求政府下令出兵抗日。27日，中大也成立了抗日救国会，并向政府提出8条意见，如"对日下最后通牒，积极备战""责成边疆长官切实负守土之责"等。同时致电重兵在握的陆海空副总司令张学良，祈求其"统率三军，戮彼倭寇"。然而，连续整整一个星期的上街游行没有任何结果。9 月 28 日,中大学生冒着大雨,举行示威游行。途经外交部时,由于大家对中国外交上的做法不满,于是数十名同学涌进外交部,向外长王正廷提出质问。谁知这位外长竟态度傲慢,出言不逊。中大学生王明诚、吴有明等再也按捺不住,拔拳就打,将连日来的愤怒全部发泄在这位外交部长身上。王的秘书随手拿起一瓶红墨水,狡猾地泼洒在王正廷脸上。混乱中,同学们见对方已被打得"头破血流",手头一松,王正廷遂乘隙跳窗逃跑。与此同时,围在外交部大门口外的中大学生汪楚宝等砸了外交部的牌子。9 月 28 日,中大、金大会同上海来京的同学共 3000 余人,再次到国民政府请愿。审计院院长于右任代表蒋介石前来接见学生,被轰了下去。蒋介石不得不硬着头皮来见学生。他说:"抗日是政府的事,同学们应回去安心读书,学生应该相信政府一定会出兵抗日。"学生们大声追问:"什么时候出兵?"蒋说:"三月之内如不出兵,砍蒋某之头,以谢国人!"学生又高呼:"口说无凭,写下笔据!"蒋介石十分尴尬,在一片"写笔据"的声浪中,以到警卫室写笔据为借口溜掉了。

"九一八事变"后,日本帝国主义得寸进尺,企图侵占上海,作为继续侵略中国的基地。1932 年 1 月 28 日夜间,日本侵略军由上海租界向闸北一带进攻。驻守上海的第十九路军在全国人民抗日高潮的推动下,奋起抵抗,开始了淞沪抗战。此时,中大虽然放假,然而许多同学却坚持留在学校。1 月 30 日,淞沪抗战的消息传到南京,中大全体留校学生 500 余人立即赶赴行政院,向政府提出三点质问:(1)为何接受无理要求?(2)为何解散抗日救国会,献媚外邦?(3)为何禁止民众组织义勇军?行政院院长汪精卫避而不见,只派秘书曾仲鸣代为应付,学生愤然离去。31 日,中大教授会发表《告国民党领袖书》,正告国民党当局："勿依赖国联，急调海空军力助陆军作战，对民众抗日运动勿再压抑。"中大学生还组织了后援队支持第十九路军抗战，中大校长顾毓琇亲率师生到车站为后援队送行。万一、向超凡等17位同学于2月8日乘火车到达苏州，被安排在第十九路军内做救护、输送等工作。京沪卫戍司令、原第十九路军将领陈铭枢特致书该军总指挥蒋光鼐、军长蔡廷锴，特别推荐了中大的这17位请缨学生。但是，由于《淞沪停战协定》的签订，参战学生只得饮恨返校。

1932年8月，国民政府任命罗家伦为中央大学校长。罗家伦是五四运动的健将，"五四运动"一词便是由他最早提出来的。前文提及的"济南惨案"发生后，就是蒋介石特派高级参谋熊式辉和时任国民革命军总司令部战地政务委员会教务处处长罗家伦两位将军怀着"壮士一去不复还"的过人胆气前去与日酋交涉的。罗家伦立志要把中大打造成复兴中华民族的"参谋本部"。他认为，日本帝国野心勃勃、虎视眈眈，中华民族已经被逼到了生死存亡的紧要关头。作为首都大学，中大必须承担起复兴中华民族的"参谋本部"的责任。而要承担如此伟大的使命，最重要的就是要创造"有机体的民族文化"。中大就是要文化抗战："中央大学抗日的对象，就是敌人的东京帝国大学。我们现在不应该问我们忠勇的将士，抵抗得过敌人残暴的军队与否，我们现在应该问我们的科学和一般学术抵抗得过敌人的科学和一般学术与否。我们希望我们以科学与一般学术，压倒敌人。"[①]

中大的怒，怒在国民党政府的屈辱外交、不抵抗政策；怒在

---

① 罗家伦：《炸弹下长大的中央大学》，罗家伦著：《文化教育与青年》，重庆：商务印书馆，1943年，第196页。

国民党实施独裁统治、反对民主的倒行逆施；怒在国民党的"攘外必先安内"、破坏统一战线的亏心短行；怒在国民党在抗战胜利之后顽固地发起内战、妄图彻底消灭共产党及其领导下的军队的反动路线……1947年中大发起的"五二○"运动，就是这些愤怒的集中爆发。"五二○"运动发生于1947年5月，是由中大始发，而后扩展到京沪苏杭平津等全国60多个大中城市的"反饥饿、反内战、反迫害"的青年学生爱国民主运动。它与五四运动、"一二·九"运动一样震撼人心，彪炳史册。中共中央主席毛泽东在当年5月30日发表的《蒋介石政府已处在全民的包围中》一文中说："中国境内已有了两条战线。蒋介石进犯军和人民解放军的战争，这是第一条战线。现在又出现了第二条战线，这就是伟大的正义的学生运动和蒋介石反动政府之间的尖锐斗争。……学生运动的高涨，不可避免地要促进整个人民运动的高涨。"①

哀，落后就要挨打，在野蛮凶残的日本侵略者面前，中大人员被炸伤亡，校园被炸毁损，甚至连动物都要被迫西迁。1937年7月7日夜，卢沟桥的日本驻军在未通知中国地方当局的情况下，径自在中国驻军阵地附近举行所谓军事演习，并诡称有一名日军士兵失踪，要求进入北平（今北京）西南的宛平县城（今卢沟桥镇）搜查，被中国驻军严词拒绝，日军随即向宛平城和卢沟桥发动进攻。中国驻军第29军37师219团奋起还击，进行了顽强的抵抗。"七七事变"揭开了全面抗日战争的序幕。8月13日，日军向上海进攻，首都南京危在旦夕。校长罗家伦在《炸弹

---

① 毛泽东：《蒋介石政府已处在全民的包围中》，《毛泽东选集》（第4卷），北京：人民出版社，1991年，第118～119页。

下长大的中央大学》中一笔一笔地记录下了日军的暴行：敌人对于南京的大轰炸始于 8 月 15 日，一批敌机向中大扫射，弹中图书馆及附属实验学校大门；第二次是 8 月 19 日下午 6 时许。那天中央大学、浙江大学、武汉大学正召开三大学联合招生委员会会议，决定录取学生名单。中午有过两次空袭，都是炸光华门外飞机场，所以校长们仍然照常工作，没有理会。下午 6 时会尚未完，大家开始吃晚饭；正在图书馆二层楼吃饭的时候，中大警卫队长来报告，说敌机在屋顶盘旋，要大家到地下室去躲避。刚到地下室，罗家伦正要请大家继续开会，忽然"砰"的一声，屋顶上的水泥如急雨般打下，房子向两边摇摆。继而的几十声，有如天崩地塌。那时候校警来报告，科学馆后面的房屋起火了。他们不等敌机离开上空便一齐出来救火。燃烧的是一年级普通化学实验室，众人合力迅速将其扑灭。那次大学围墙内落了 250 公斤（残留的弹片上有"二五〇瓩陆用爆弹"的日文）的炸弹 7 枚，墙外还有许多。有一个重磅炸弹就落在他们藏身的墙外 3 公尺处爆炸，罗家伦判断："不是一重钢骨水泥的墙，我们二百多人一齐毁了。"救完火以后，罗家伦他们"还继续开会约十分钟，将招生事件结束，各校代表将新生成绩名单，分带回校"。但是，他们很快就发现了极为惨痛的事情：这次严重的轰炸损毁房屋七八处，里面死了校工 7 人。

敌机第三次轰炸是 8 月 26 日晚上，这次轰炸把实验学校炸了。一位老校工跪在罗家伦前面痛哭，罗校长扶起他，对着几位实验学校教职员，指着炸弹坑说："寇能覆之，我必能兴之！"敌机第四次来袭是在 9 月 25 日下午 4 时，文学院被炸，里边正是中大的总办公处，罗家伦当日上午去该处时才发现总办公处已搬，他还"深怪这搬移的举动太快"，但正是这"太快"的举动冥冥之中保护了罗家伦。面对日军的野蛮行径，罗家伦说道："敌人可以炸毁的是我们的物质，炸不毁的是我们的意志！炸得毁的是我们建设的结果，炸不毁的是我们建设的经验！"他的名言"武力占据一个国家的领土是可能的，武力征服一个民族的精神是不可能的"①一直回响在中大的上空，不管是在南京，还是在重庆、成都和贵阳（中大部分机构所在地）。

在中大的抗战史上，要说最为哀苦、同时也最为感人的事情，大家首先想到的绝对是农学院牧场大批良种牲畜的搬迁。全面抗战爆发后，中央大学西迁重庆临离开南京前，罗家伦给牧场职工发放了安置费，并表示：若敌军逼近南京，这些牲畜能迁则迁，迁不出就算了，学校决不会责怪，但是绝对不能让它们落入日本人之手。1937年12月初，敌军已逼近南京。在中大农学院教师、畜牧兽医兼场长王酉亭的组织带领下，工人们决心将这批来自欧美澳洲的珍禽良种，以及教学中必不可少的实验动物迁移出南京。历尽千辛万苦，熬过冬春夏秋，穿越半个中国，动物大军最终于1938年11月下旬到达重庆沙坪坝，完成了"抗日战争中的另类长征"。与动物大军会师的场面被罗家伦在《炸弹下长大的中央大学》一文中记录下来："我由沙坪坝进城，已近黄昏了。司机告诉我说，前面来了一群牛，像是中央大学的，因为他认识赶牛的人。我急忙叫他停车，一看果然是的。这些牲口经长途跋涉，已经是风尘仆仆了。赶牛的王酉亭先生和三个技工，更是须发蓬松，好像苏武塞外归来一般。我的感情震动得不可言状，看见了这些南京赶来的牛羊，真像是久别的故人一

---

① 罗家伦：《炸弹下长大的中央大学》，罗家伦：《文化教育与青年》，重庆：商务印书馆，1943年，第186页。

样，我几乎要向前去和它们拥抱。"当时，中大及附中、附小师生和家属，闻讯全部从教室和家属区里涌出来，排成两行队列热烈鼓掌，就像欢迎从前线出征归来的将士一般。此情此景，盛况空前。南京大学资深教授洪银兴在担任南大党委书记时曾在中央电视台郑重地告诉全世界："看起来这仅仅是西迁中的一件小事，但这是一种气节：人，不能当亡国奴；动物，也不能当亡国奴啊！"

乐，作为反抗国民党反动统治的"第二条战线"的中坚力量和九三学社的大本营，中大喜迎南京解放。1949年初，人民解放军取得了辽沈、淮海、平津三大战役的辉煌胜利，国民党统治中心——南京和上海、武汉处于人民解放军的直接威逼之下。这时的国民政府，一方面做出和平谈判的姿态，争取喘息时间以卷土重来：蒋介石"引退"，由李宗仁代理总统，妄想实现"划江而治"的阴谋；另一方面则积极做"迁都广州"的准备。行政院下达了"国立院校应变计划"，要求各院校拟出具应变措施，选定迁校地址，呈教育部备案。

中大在1949年元旦前就接到教育部有关迁校的密电，校长周鸿经随即委派教务长罗清生、地理系教授胡焕庸等分赴广州、厦门、台湾等地寻觅校址，同时加紧布置物资人员的疏散工作。他背着教授会，草拟中大知名教授名单，拟必要时将他们胁挟南迁。21日，校务会议讨论迁校问题，大多数教授们反对迁校，会议通过了"以不迁校为原则"的决议，同时成立了包括各院教职员、学生代表在内的应变委员会。会后，迁校不迁校的斗争仍在继续，校长周鸿经、训导长沙学浚等人不断游说，企图威胁、利诱教授南迁。被誉为"国统区一面不倒红旗"的九三学社重要创始人梁希教授振臂疾呼："去台湾是绝路，不要上当，大家留下来护校。"教授会主席郑集说:"学校经不起搬迁折腾,一迁已甚,何堪以再,西迁是因为日寇入侵,不得已而为;而此次国内战争,根本没有搬迁之必要。"[1]中大南迁不成,"朝廷命官"周鸿经等人无计可施,弃职而去。中大地下党总支立即抓住时机,提出"反对教育部派校长,要求教授治校"的口号,数日之内,相继成立学生、职员、工友三个应变会。31日,中大教授会投票选举,产生"中央大学校务维持委员会",分别选出欧阳翥、郑集、张更、蔡翘、刘庆云、梁希、吴蕴瑞、胡小石、楼光来、吴传颐、刘敦桢11名委员;李旭旦、张江树、宗白华、钱钟韩4名候补委员;并推定梁希、郑集、胡小石为常务委员,主持校政。2月4日,召开系科代表大会,汇合各应变会组成"中央大学应变会",下分财务、购料、校产监督等委员会。7日,中大如期开学。

校务维持委员会成立后,向李宗仁政府提出了"撤查校长周鸿经""拨发应变费及粮食""释放被捕学生"三项要求。梁希、郑集、胡小石多次赴总统府交涉,李宗仁终于同意了中央大学应变会的要求。负责财务委员会的李旭旦、张江树和学生代表为了提取应变经费,分乘吉普车、卡车赶至鼓楼银行,截住即将飞往广州的银行行长,取回款项;同时,追回周鸿经汇往福建、台湾两地拟作南迁费用的数百万元款项。购料委员会储备了4000多位师生员工三个月的口粮。校产监督委员会清点财产、登记造册;为了护校,迎接解放,还组织了巡逻队,守护校产。医学院组织了医疗救护队、输血队和器材队,随时准备救护受伤的师生员工和解放军战士。

---

① 南京大学《当代中国教育》编写组:《中央大学的接管与改造》,《高教研究与探索》,1984年第2期,第97～102页。

同时,校务维持委员会还巧妙地援引李宗仁"释放政治犯"及"废除戡乱时期危害国民紧急治国条例"的命令,通过了所有被非法逮捕、传讯、开除的学生一律取消处分的决定;呈文代总统李宗仁,公开要求释放因组织领导"五二〇"运动而被判刑的朱成学、华彬清和李飞三同学。中共南京市委学委抓紧国民党当局执行所谓"祥和措施"的机会,利用中大法律系兼职教授杨兆龙代理最高检察院院长职务之便,积极进行营救活动,杨兆龙还专门和南京的监狱长当面交涉此事。[①] 经过学校和社会有识之士的努力,1949 年 4 月 13 日,朱成学、华彬清和李飞三同学获得自由,返回学校。

4 月 20 日,毛泽东发出"打过长江去,解放全中国"的命令,百万雄师挥戈南下,突破了国民党军构筑的长江防线。23 日,人民解放军占领南京,中大师生员工满怀喜悦迎接解放。

(王运来)

---

① 沙轶因:《关于通过杨兆龙的关系营救被捕同志的回忆》,《南京党史资料》,1986 年第 2 期,第 73～78 页。

金陵大学:中国教会大学的旗舰

　　金陵大学是美国教会最早在中国创办的教会大学之一,其前身是美国基督教会美以美会于 1888 年在南京干河沿创办的汇文书院。它同当时外国教会办的其他学校一样,是在中国遭受帝国主义侵略的历史背景下,外来文化冲击和中国社会内部变革双重作用的产物。

　　南京是基督教输入较早的一个城市。早在明朝万历年间,著名天主教传教士利玛窦就来过南京。鸦片战争后,基督教开始在南京盛行起来。19 世纪 40 年代以后,美国基督教会的长老会、美以美会、基督会先后派传教士来南京建造教堂,传教布道,开办医院和学校。

　　1887 年,在全国要求改革八股取士、建立新式学堂的呼声中,清政府下达了在科举考试中增设专考西学新知的"经济特科"的诏谕,并定于 1888 年立即开考。考试内容以算学科为主。因受条件限制,报考者极少。在这个历史背景下,美以美会的传教士傅罗(C. H. Fowler)于 1888 年在南京创办了汇文书院(Nanking University)。创办人的目的,很明显地"想利用 1887 年清政府关于在科举考试中增设算学一科的诏谕的机会来创办这所学校"。[①]

---

① 　王德滋主编:《南京大学百年史》,南京:南京大学出版社,2002 年,第 567 页。

洋务运动失败后，江南水师学堂等中道而止，汇文书院被认为是南京地区创办新式学堂之嚆矢，也是国内早期创办的高等学校之一，比三江师范学堂的建立还早了 14 年。汇文书院初设博物馆、医学馆和神道馆，1890 年增设成美馆（中学部）。接着，美国教会基督会和长老会分别于 1891 年和 1894 年在南京创立了基督书院（Christian College）和益智书院（Presbyterian Academy）。两书院于 1907 年合并为宏育书院（Union Christian College）。

20 世纪初期，中国官办大学日益发展，除京师大学堂外，各省也纷纷创办新式高等学堂或师范学堂。三江师范学堂就是在这时开办的。中国新式大学堂的发展刺激了教会学校，教会开始"担心政府在教育方面的竞争"，"除非集中力量，否则官办学校就会超过他们。教会学校如果再不增加完备的实验室和图书馆，不聘请更多更好的教师的话，那么优秀学生将被政府学校吸引去"。于是许多著名传教士竭力主张联合书院，扩大规模，建成名副其实的大学，"以期成为国立大学的榜样"。[①] 1910 年，宏育书院并入汇文书院，成立私立金陵大学，由原汇文书院院长包文（A. J. Bowen）担任校长。陶行知、陈裕光就是金大前两级的学生。当时联合建成的教会大学，除金陵大学之外，还有北京的燕京大学、上海的圣约翰大学和沪江大学、杭州的之江大学、青岛的齐鲁大学、成都的华西协合大学等。这些大学后来都发展成为著名教会大学。

金大成立时仅设文科，设置国文、外文、宗教、历史政治、社会经济等系，并附设若干数理课程。1911 年，金大在美国纽约

---

① （美）杰西格·卢茨著，曾钜生译：《中国教会大学史》，杭州：浙江教育出版社，1987 年，第 96 页。

州教育局立案，经纽约州立大学认可，"接受该校的文凭和学位"。1914年创设农科，为我国大学中4年制农科之始；1915年添设林科；1916年，又将农科、林科合并为农林科。1921年时将文科扩建成了文理科。1930年，将文理科分设为文学院、理学院，将农林科改为农学院，由此形成了金大三院嵯峨、鼎足而三的格局。

金大常被称为"中国最好的教会大学"。早在1928年，加利福尼亚大学的誊志久野就曾根据开设课程、学校设备、学习年限和留美毕业生的表现对中国教会大学进行评估分类，只给金陵大学和1925年后的燕京大学"定为甲级或乙级，也就是说，这两所学校的毕业生完全有资格进入美国的研究院"——同时将中国7所国立大学定为甲级或乙级，而1925年之前的燕京大学和当时的华中大学、金陵女大、岭南大学、沪江大学、圣约翰大学、雅礼大学、齐鲁大学均"属于丙级"，"美国的研究院允许接受这些学校的毕业生，但要求他们补修30个本科学分"①。

1945年5月7日、8日，中国基督教大学联合董事会（Associated Board for Christian Colleges in China）在纽约第13届年会上，"决定在13所中国教会大学中选定2所成绩优良者重点办好研究院，以把中国教会大学办学水平提高到一个新的层次。结果，金陵大学和燕京大学以高票当选"。② 显然，美国教会想要把金陵大学和燕京大学办成美国研究型大学的水平，至少认为金陵、燕京业已具备了成为一流大学——世界一流大学——的条件。

---

① （美）杰西格·卢茨著，曾钜生译：《中国教会大学史》，杭州：浙江教育出版社，1987年，第186页。

② 王运来：《诚真勤仁 光裕金陵——金陵大学校长陈裕光》，济南：山东教育出版社，2004年，第82页。

毫无疑问，金大的人才培养质量、科学研究水平和社会服务能力都是一流的，同时，它的许多方面都在中国教会大学中发挥了旗舰作用。尤其值得称道的就是它率先向国民政府申请立案，首开教会学校列入国民教育序列的先河。当时金大的掌舵者是陈裕光。

陈裕光（1893～1989）于金大毕业后被学校选送到哥伦比亚大学继续深造，专攻有机化学，1922年获得博士学位后归国，曾任北京师范大学理化系主任、评议会主席和代理校长。1925年受聘为金大化学系教授。1927年11月被校董会推举为金大校长，成为金大首位华人校长。他还被称为"第一位担任教会大学校长的中国人"，这便与"立案"密切相关了。

受五四运动的影响，自1922年之后的10年间（因私立高校立案在1932年基本完成），中国爆发了一场非基督教运动及由此而引发的收回教育权运动，迫使教会学校（尤其是教会大学）在大发展以后进入了改革时期。非基督教运动，是由中国知识界众多派别于1922年到1927年发动的在文化战线上的反对帝国主义的运动。在非基督教运动基础上，各地又发起了"收回教育权运动"，提出收回一切外国人在华教育权的主张，教会学校须向中国政府立案、注册，接受中国政府的领导管理；须按中国政府制定的法规改革。事情的起因是，1923年，基督教会出了一本名为《基督教育在中国》的书，明确要求"教会教育必须更有效率、更加基督化、更加中国化"，还公然宣称"现在是加强在华教会学校的时机，以便将来毕业于教会学校的男男女女，会把中国建设成一个基督化的国家。"①这彻底激怒了中国人民。《中

---

① （美）杰西格·卢茨著，曾钜生译：《中国教会大学史》，杭州：浙江教育出版社，1987年，第211页。

华教育界》杂志率先提出"收回教育权"的口号,得到社会各界的响应。著名教育家蔡元培在这期间先后在《新青年》《新教育》等杂志发表了《以美育代替宗教》《教育独立议》等著名文章,产生了广泛影响。鉴于收回教育权运动的汹涌澎湃,1926年,广州国民政府教育行政委员会发布了《私立学校规程》和《私立学校立案规程》。要点有三:第一,教会学校必须向政府立案,以取得合法地位,校长须由中国人担任,中国董事的名额须过半数,在行政上须接受中国政府的监督与指导;第二,学校不得以传播宗教为宗旨,须按照部定课程标准办理,不得设宗教系,不得将宗教课列为必修科目,不得强迫学生参加宗教仪式;第三,学校的设立与停办须经教育机关核准,购置地产须经所在省市政府批准,学校停办须由政府派员会同办理。

1927年南京国民政府成立后,蔡元培出任国民政府委员、大学院院长,统管全国"大教育",加速推进"私立学校立案"事宜。立案办法撬动了教会学校"旨在培养基督化人格"的教育根本,遭到教会强烈而傲慢的抵制;部分中国人也担心这是否与信仰自由法律相悖。陈裕光努力维护民族尊严与教育主权,就任金大校长伊始,就宣布"立案之事,当刻不容缓"。他积极筹划,严格按照政府要求,系统地革故鼎新,如将原学校董事会改组为"创设人会",另成立新的学校"董事会"作为学校最高权力机构,中国董事在校董会成员中占到2/3,同时制订新的校董会章程。1928年5月,金大即向大学院呈报立案申请书。同年8月6日,大学院核准金大校董会的设立,同时批准其立案。接着大学院派员到金大实地调查学校概况。是年9月20日,大学院以第668号训令,批准金大立案。金大成为最先呈请南京国民政府立案并获批准的教会大学。继金大之后,原来一些或存心抵制、或心存侥幸、或驻足而观的教会大学也陆续向政府申请立案。金大这艘"教会大学的旗舰"所起到的"示范效应"难以估量，人们常用"开风气之先"来评价金大的率先立案之举。按照南京国民政府教育部公布的批复，教育部最早核准立案的私立大学有4所，分别是厦门大学（1928.3 核准立案，下略）、金陵大学（1928.9）、大同大学（1928.9）和复旦大学（1928.10）。从中也可看出，1928 年立案的大学中，有 3 所是国人创办的私立大学，教会大学只有金大。继金大之后被核准立案的教会大学是：沪江大学（1929.3）、燕京大学（1929.6）、东吴大学（1929.7）、岭南大学（1930.7）等等。[1] 需要说明的是，此前曾向广州国民政府申请立案的教会大学须重新向南京国民政府申请立案。

（王运来）

---

① 周邦道主纂：《第一次中国教育年鉴·第 2 册》，上海：开明书店，1934 年，第18～19 页。

南京大学:派生高校最多的大学

　　1949 年 4 月 23 日,南京解放。5 月 7 日,国立中央大学由中国人民解放军接管,从此回到了人民的怀抱。8 月 8 日,南京市军管会文化教育委员会通知:"国立中央大学应即改名为国立南京大学。"1950 年 10 月,根据教育部关于"各级学校校名之前概不加'国立'字样"的通知,遂径称南京大学。这个名字从此再也没有改变。而且,从那时至今,江苏境内唯一没有校名"升格",也无须升格的就是"南京大学";从 1952 年到 2022 年的 70 年间,江苏境内 167 所高校中从来没有更改过校名的高校只有 3 所,即南京艺术学院、南京体育学院和南京大学。当然这是后话。

　　中华人民共和国成立初期,除港澳台地区外,全国共有高等学校 227 所,其中公立高校 138 所,约占总数的 60%;私立高校 89 所,约占 40%(其中教会大学 24 所,约占 10%)。在对部分院校进行了核定后,比如 1951 年将私立金陵大学与私立金陵女子文理学院合并为公立金陵大学,到 1952 年进行高等院校院系大调整前夕,全国共有高等学校 211 所。当时的江苏共有高等学校 13 所,分别是南京大学、金陵大学、南京药学专科学校、江苏医学院、苏南文教学院、苏州工业专科学校、苏州蚕桑专科学校、华东水利专科学校、南京师范专科学校 9 所公立院校和东吴大学、江南大学、南通学院、苏州美专 4 所私立院校。

从 1952 年开始，全国大规模地实行了高等院校的院系调整。教育部根据"以培养工业建设人才和师资为重点，发展专门学院，整顿和加强综合大学"的方针，对近 140 所高校进行了调整。其中，北京大学、南京大学、复旦大学等 8 所综合性大学的"调整和加强"是一大重点，这些大学的文科和理科普遍得到加强，而原有的工科、农科、医科等则被全部调出。

由中央大学更名而来的南京大学院系设置多、规模大、实力强。因为"继承"了中大的全部"家底"，拥有 7 大学院 50 余系科，规模雄踞全国之冠。现在的许多"双一流"建设高校都是原南京大学衍生出来的，如东南大学、南京农业大学、河海大学、南京师范大学、南京林业大学、西北工业大学、第四军医大学、北京电影学院等。时人戏称："当年九校合一，有了中大；如今一个变八，只剩南大。"

南大 7 个学院和全国其他相关高校的院系专业在 1952 年院系调整中的具体变化如下：

——以原南京大学文、理学院与肇始于 1888 年的金陵大学文、理学院为主体，并入复旦大学德文组、震旦大学法文组、同济大学外文组、齐鲁大学天文算学系、中山大学天文系、浙江大学地理以及四大学地理学系等，组成一所苏联式的文理型综合性大学，仍名南京大学，同时将校址从四牌楼迁至金陵大学校址。

——原南京大学工学院独立出来，并以该学院和原南京大学农学院的农业工程系为基础，并入金陵大学的电机、工程两系以及江南大学、武汉大学、浙江大学、复旦大学的农化系等，组建成一所多系科的工业大学——南京工学院（即今东南大学前身）；考虑到仪器设备和厂房不易搬迁等因素，遂将四牌楼原中大校址定为南京工学院的校址。

——原南京大学师范学院独立,以该院和金陵大学的教育、儿童福利两系为基础,并入震旦大学、岭南大学、南京师专的相关系科组,组建成南京师范学院(即今南京师范大学前身),校址为原金陵女子文理学院。

——原南京大学农学院与金陵大学农学院分别从原来所属大学划出,并入浙江大学农学院的部分系科,组建成南京农学院(即今南京农业大学前身),后搬迁至东郊新址。

——原南京大学工学院的水利系与原交通大学水利系、原同济大学水利组、原浙江大学水利组、华东水利专科学校水工专修科合并,组成华东水利学院(即今河海大学前身),校址设在西康路;后又有厦门大学、武汉大学等校的有关系科并入。

——原南京大学农学院的森林系与金陵大学农学院的森林系合并,组成南京林学院(即今南京林业大学),后定址锁金村。

——原南京大学工学院的航空工程系与原交通大学、原浙江大学的航空系合并,组建为华东航空学院,1957年迁往西安,与西北工学院合并为西北工业大学。

——原南京大学医学院在1951年改属华东军政委员会,1952年改称解放军第五军医大学,1954年迁至西安并入第四军医大学。此外,原南京大学尚有相关院系分别调整到其他高校,如哲学系并入北京大学哲学系,法学院的法律系和政治系调整至华东政法学院,法学院的经济系调整至复旦大学。

院系调整后的南京大学于1954年6月16日确定:南京大学历史自1902年三江师范学堂创办时开始,并定5月20日为校庆日。

(王运来)

大厦栋梁

　　陶行知先生曾言："校长是一个学校的灵魂。"百廿载办学历程中，南京大学都不乏集高明的教育家、高超的管理家、高妙的经营家、高调的活动家于一身的"四高"校长。他们广延名师，培育学术自由的风气与精神，树立起朴厚的学术气象。他们高瞻远瞩的办学方略影响深远，尊重人才、注重学科建设的传统一直延续至今日的南京大学。他们是学校的支柱、社会的良心、国家的栋梁、民族的希望。

两江师范学堂监督李瑞清

李瑞清(1867～1920)，江西抚州人。1895年中进士，授翰林院庶吉士，后任江宁提学使。1905年起任两江师范学堂监督，并一度被委任为江宁布政使、学部侍郎。

在今南京大学鼓楼校区北园两江路畔，矗立着一块"二源壁"，代表南京大学的两个历史源头。一面刻着"两江师范学堂"六个雄浑厚重的魏碑体大字，一面以柳体大书"金陵大学堂"，笔力沉着，大气磅礴。这两块校碑的书写者正是两江师范学堂监督李瑞清。

"嚼得菜根，做得大事"

1905年，李瑞清出任两江师范学堂监督（校长），为学堂提出了校训："嚼得菜根，做得大事"。质朴简约的语句，蕴含着深刻的意味："嚼得菜根"是要求学生视富贵如浮云，甘于清贫；"做得大事"则希望学生以天下为己任，勇于担当。

身为学堂监督，李瑞清以实际行动践行着"嚼得菜根，做得大事"这一校训。他为官多年，却家无恒产。他将办学视为自己毕生的事业，认为办学者不能有追求富贵的功利思想，办教育是为了救世而不是为了个人的私利。他生活简朴，一生安居在简陋的茅屋之中。在校任职期间,李瑞清以身作则,使学堂上下形成了勤奋俭朴、刻苦学习的优良校风。①

李瑞清不仅"嚼得菜根",也"做得大事"。上任之初,他大力整顿教务,延聘师资。当时学堂的教习人数不下百人,滥竽充数者不在少数,有些教习甚至只拿薪水却不到学校教课。为此,李瑞清东渡日本考察教育,聘任了一批有才学的日本教习。对于不合格的教师,他"重拳诊治"。当时学堂有一位地理教习授业不精,常常对学生的问题答非所问,引起学生的强烈不满。李瑞清得知此事后,果断予以解聘。但没有地理教习又令其焦急万分。当他得知嘉定姚明辉在地理方面造诣颇深,便在江苏提学使樊恭煦的引荐下,派人专程前往嘉定礼聘,顺利将姚明辉请来学校。姚明辉到校后,李瑞清竭尽礼遇,亲自为他接风,并聘请他为地理部主任。姚明辉没有辜负李瑞清的厚爱,他讲课妙趣横生,引经据典,学生们都很喜欢这位知识渊博的老师。

李瑞清在两江师范学堂还创办了我国第一个图画手工科,开我国艺术教育之先河。当时各级师范学堂只有文史、理、数的分科学制,这种学制只关心学生的智力发展,忽视了对学生美学鉴赏力与创造力的培养。为了改变这种情况,李瑞清报请学部批设图画手工科。1906年秋,两江师范学堂正式开办图画手工科。李瑞清为图画手工科添设了专门的画室和手工工场,并亲授国画课程。两江师范学堂的图画手工科是中国历史上第一个独立的艺术系科,培养了我国近代以来的第一批美术人才。

---

① 周兆望、万芳珍:《"嚼得菜根,做得大事"——近代教育家李瑞清》,《未来教育家》,2015年第4期。

在李瑞清的苦心经营下,两江师范学堂成为名副其实的江南第一学府。李瑞清去世后,南京高等师范学校校长江谦为襃扬其功绩,在六朝松旁建茅屋三间,取名"梅庵",并悬挂柳诒徵亲笔所书"嚼得菜根,做得大事"匾额。"嚼得菜根,做得大事"这一校训,是李瑞清留给南大人宝贵的精神财富,寄托着这位老校长对青年人甘坐冷板凳,勤恳诚朴,成就事业的殷切期望。

"视学生若子弟"

1911年10月,武昌起义爆发。当苏浙新军包围南京城时,城内大乱,总督以下一众官员皆仓皇出逃。学堂的一位日本教习建议李瑞清暂避日本领事处,但是李瑞清看到"学生留堂者尚四十余人",不忍心丢下他们,所以坚决不走,与学生共进退。

被困期间,江宁提督张勋下令:"剪辫者杀无赦!"学生当中剪辫者较多,听闻此事人人自危。李瑞清站出来高呼:"生皆为我留,若戮一人者,请先戮我,第二人乃及其他。"为求自保,学生们只得设法外逃,但是出城必须得有提督符。在李瑞清的斡旋下,最终"请得令帜",他将学生连夜送出城,保护了学生们的安全。

南京城陷后,新任总督闻李瑞清其人,欲将其收入麾下,授予都督府顾问一职。但是,李瑞清衣冠端坐,坚辞不授。1912年,李瑞清辞去两江师范学堂监督职务。离校时,他看到有些学生衣衫褴褛,生活艰难,心中不忍,就卖掉了自己的车马,将钱发给贫困学生,在场学生无不感激涕零。

"久闻人说李梅痴"

李瑞清精通书、画、诗，尤其是书法堪称一绝。他自幼学习书法，对殷周、秦汉至六朝字皆有研究，与"海派书画"的领军人物曾熙并称"北李南曾"，是清代碑学书派集大成的代表，也是现代"金石书派"的开拓者。

李瑞清的书法"秀者如妖娆美女，刚者如勇士挥槊"，以篆隶笔法入北碑，字体遒劲、疏朗，用笔老辣而富有古意。学生常常环侍其身侧，只为求得一字。课上李瑞清细心讲解笔墨之法，为学生示范一撇一捺如何下笔，常常直立悬腕，挥毫而就，学生获益良多。在绘画上，李瑞清所画松竹梅石意境独特，所绘古佛罗汉质朴传神。他还活跃于清代光绪、宣统年间的诗坛，诗词有曹孟德之遗风，以绝句为胜。有人称赞他道："来往金陵又几时，久闻人说李梅痴。过江名士知多少，争诵临川古体诗。"在任两江师范学堂监督期间，李瑞清常与端方、陈三立、缪荃孙、柳诒徵、夏敬观等人外出同游，一起吟诗作文，品评书法碑帖，文人之旨趣兴矣！

（裴　聪）

"东南大学之父"郭秉文

郭秉文(1880～1969)，江苏江浦人。1914年获哥伦比亚大学博士学位，是第一位在美获得教育学博士学位的中国人。1915年归国任南京高等师范学校教务主任，旋任代理校长、校长。1920年筹建国立东南大学并任校长，被誉为"东南大学之父"。

引得"孔雀东南飞"

郭秉文深谙办学之道首在广延名师。他留美六载，毕业于有"世界新教育中心"之称的哥伦比亚大学师范学院，曾任中国留美学生联合会主席，后来又几度出国考察高等教育，对欧美留学生的情况了解甚清。每次出访，他往往先拟出优秀中国留学生的名单，请欧美著名大学校方代为介绍，然后再与学生进行交谈，甚至前往观察实验或旁听教学。对于确有真才实学者，他都千方百计"拉"过来，有时还常常预付薪金，作为留学生归国的"旅费"。

当时，在美国成立的科学社聚集了一批中国留学生精英，郭秉文认准这是一个"富矿"，数度诚邀其成员加盟南高，共谋发展。他先将社长任鸿隽和主要发起人秉志、胡刚复、杨杏佛、过探先等请来学校,或委以重任,或待若上宾,同时又鼎力支持他们将"中国科学社"迁回国内,安扎在南高,于是其他留学生便源源而来。郭秉文也曾邀请胡适来南高任教,胡适后来虽然没来,但是他在回复郭秉文的信中所流露出来的"遗憾"却为教育界留下一段佳话:"如果不是蔡子民(元培)先生和我早已有约在先,我一定会到南高师执教。因为早已有好些位和我一同留美的同窗好友,如任鸿隽、陈衡哲、梅光迪等,都已经被您拉到南高师了。"①

一时间,南高、东大名师荟萃,俊彦云集,"孔雀东南飞"也成为教育界的热议话题。燕京大学校长司徒雷登在其所著《在华五十年》一书中写道:"郭秉文延揽了五十位留学生,每一位都精通他自己所教的学科。"北京大学教授梁和钧在其《记北大(东大附)》一文中更有点睛之笔:"北大以文史哲著称,东大以科学名世。然东大的文史哲教授,实不亚于北大。"

"明日照常上课"

南京高等师范学校的校址,就是因战乱而于辛亥年停办的两江师范学堂的原址。经过两次兵灾,原址门窗尽毁,房屋破烂,只有那座四方形的建筑物"口字房"等少数几幢校舍还像个样子,南高便将口字房当作了图书馆和实验室用房。

不幸的是,1923年12月1日凌晨,口字房因走电失火,扑救不及,整座木质结构的建筑化为灰烬,总计损失约40万银圆。

---

① 王成圣:《中国哲人郭秉文先生》,《郭秉文先生纪念集》,台北:中华学术院,1971年,第93页。

生物系、物理系之实验设备、7万余件动植物标本和3万多册图书（包括稀世珍宝——利玛窦所绘地图）等均付之一炬。众多师生伤心流泪，有的更是号啕大哭。生物系主任秉志闻讯晕倒，不省人事。郭秉文处变不惊，稳健地走上一处高坡，勉励师生不要过于悲伤："祸兮福所倚，火能毁之，我能建之。""乌云过去，必大放光明，赖吾人自立奋斗。"他让学生"各回寝室休息，明日照常上课！"此言一出，人心大稳。

事后全校教职员在体育馆集会，柳诒徵、邹秉文两教授呼吁与校共度时艰，倡议教员各捐一个月薪俸，获一致通过。学生自治会号召学生各捐助20银圆，并组织义务宣传队赴苏州、常州演出筹款。郭秉文当时向政府申请拨款，但因财政几乎都贴到军火上去了，省公署无钱可拨。郭秉文便转而向美国洛克菲勒基金会求援，洛氏基金会遂派专家来华调查各大学的科学研究状况，调查结果显示，只有东大在师资力量、科研水平等方面具有坚实的基础。于是，洛氏基金会一次捐赠20万美元，支持东大建造一座科学馆。建筑落成之时，洛氏基金会又捐助10万美元用于购买仪器设备。这首开我国国立大学接受国外基金资助的先例，也使东大有了当时堪称全国一流的科学馆。

驳斥汪精卫

1925年1月6日，在中国教育界正如日中天的郭秉文，突然被段祺瑞执政的北洋政府免去了校长职务。一时间舆论哗然，社会震惊，东大掀起了一场"易长风潮"。

对于郭秉文的免职，多数人大感不解，就连郭秉文本人也莫知所以。虽然郭秉文为了学校的生存，与直系的江苏督军齐燮元的关系较为密切,但郭秉文"学者不干预政治""学者不党"的主张是人所共知的。直到2月上旬《京报》刊登出吴稚晖写给邵飘萍的信,大家才弄明白郭秉文被免职原来是吴稚晖、汪精卫、李石曾等国民党人的主张,他们说郭秉文是"教育界的吴佩孚",属于"直系人物"。而此时经过第二次直奉大战,直系军阀已悉数倒台,于是便有人出来赶直系"学阀"下台了。

2月中旬,《民国日报》又登出了一封汪精卫答复东大学生的公开信。他在信中说:"郭与齐(燮元)之关系,齐未败时郭未尝讳言,即就郭平日与铭(汪精卫自称)所言,亦自谓参与齐督外交机要也。"汪精卫的这封信把本来还认为"公道自在人心,原不必斤斤计较"的郭秉文惹恼了,他旋即发表驳斥汪精卫的公开信:"文(郭秉文自称)与足下,自1919年同船赴美后,绝未再面,何来'即就郭平日与铭所言'?如此说在1919年同船赴美之时,则东大尚未诞生,苏督系李(纯)非齐(燮元),何至有参与齐督外交机要之谈话?若此函果为足下所写,空中楼阁,窃为足下不取也。"这封信弄得汪精卫既有"自套近乎"之窘,又有信口雌黄之嫌,落了个灰头土脸。紧接着,郭秉文又将了汪精卫一军,既是叫他难以收场,更是为自己讨个清白:"文以为足下平时之人格,决无此言。尚祈将《民国日报》所登足下原函明示,即可证是否足下所发,以释群疑。"结果,汪精卫方面再也没有下文。有资料表明,汪精卫之所以如此起劲地拱郭秉文下台,实际上是自己想当东大的校长,只是后来形势有变,未能如愿。而郭秉文也于当月挂冠而去,先是赴美考察教育,接着就到英国参加世界教育会议去了。

(王运来)

中央大学校长罗家伦

罗家伦(1897～1969),浙江绍兴人。1932～1941 年担任国立中央大学校长。后任国民党中央党史编纂委员会副主任委员、驻印度大使、考试院副院长、"国史馆"馆长、"总统府"国策顾问等。

易长风潮

罗家伦出任国立中央大学校长,可以说是"受任于动乱之际,奉命于危难之间",因为此时的中大仍飘摇在"易长风潮"的波涛之中。

1930 年 10 月,中大校长张乃燕(国民党元老张静江之侄)由于经费等原因辞职。是年底,国立中山大学校长朱家骅调任中央大学校长。朱家骅身为国民党中央执委,禀承当局旨意行事,压制学生抗日爱国运动。1931 年"九一八"事变后,因中大学生要求出兵抗日而怒殴外交部长王正廷,冲击首都卫戍司令部,围攻国民党中央党部,捣砸诋毁学生运动的《中央日报》馆,校长朱家骅引咎辞职。1932 年 1 月 8 日国民政府任命桂崇基为中大校长,又遭学生反对,月底桂即辞职。于是政府改任原中国科学社社长、曾经做过国立东南大学行政委员会副主任(即副校长)的任鸿隽为中大校长,但任坚辞不就;校务便由法学院院长刘光华代理。6月间刘光华又辞代理职务,以致校政无人,陷于混乱。此时中大全体教师因索欠薪,宣布"总请假",发生了索薪事件。6月底,行政院委派教育部政务次长段锡朋为中大代理校长,学生因反对"政客式人物来当校长"而将段殴辱一番。当局甚为震怒,悍然下令解散中大,由教育部派员接收中大,教员予以解聘,学生听候甄别。7月上旬,行政院议决蔡元培、李四光、钱天鹤、顾孟余、竺可桢、张道藩、罗家伦、周鲠生、谭伯羽、俞大维为中大整理委员会委员,整理期间由李四光代行校长职务,竺可桢为教务长,钱天鹤为总务长。8月26日,国民政府正式任命罗家伦为中大校长。

罗家伦1919年参加过"五四"运动,起草了游行中唯一的一份印刷品——《北京学界全体宣言》,还被游行队伍推选为代表,前往各国使馆递送说帖。他还最早提出"五四运动"一词。1920年罗家伦赴美留学,先后在普林斯顿大学和哥伦比亚大学攻读历史,又转往英国伦敦大学、德国柏林大学和法国巴黎大学深造,1925年回国,任东大教授。翌年参加北伐,历任国民革命军总司令部少将参议、编辑委员会委员长。当时蒋介石的不少大文章是由罗家伦执笔写成的。1928年济南"五三惨案"发生,蔡公时等18位中国外交人员遭日军惨杀。罗家伦时任战地政务委员会教育处长,受命与日军的师团长进行严正交涉,其胆识颇为人称道。三个月后清华学校改为清华大学时,他被任命为首任校长,年仅31岁。可见,罗家伦之所以能出任中大校长并为师生所接受,固然是得到了蒋介石的信任与器重,另一方面,与他"五四"学生领袖的形象、"五三"善后处理中的个人魅力乃至其传奇般的留学经历有关。于是,中大这场"易长风潮",便以罗家伦的到任方告平息。

"聘人是我最留心最慎重的一件事"

罗家伦认为，大学校长的首要之举是聘人。因此，他一上任，首先从延聘师资入手。一方面他极力挽留原有优秀教师，另一方面及时添聘专门学者。当时大学的教师分专任和兼任两种，而罗家伦则主张教师队伍以专任为主，其原则是"凡可请其专任者，莫不请其专"，以求其心无二用，专心在中大授课。数年之后，中大兼任教师即由 110 人减至 34 人。这些为数不多的兼任教员，均为某一学科的知名专家，为政府或其他学术机关所倚重，这充分保证了中大师资队伍的稳定和教学质量。

罗家伦曾经有过这样一段告白："聘人是我最留心最慎重的一件事。抚躬自问，不曾把教学地位做过一个人情，纵然因此得罪人也是不管的。"一次，蒋介石问王世杰："志希（即罗家伦）很好，为什么有许多人批评他，攻击他？"王世杰这样作答："政府中和党内许多人向他推荐教职员，倘若资格不合，不管是什么人，他都不接受。"这在当时，实属不易。罗家伦重视师资，还体现在对教师切身利益的关心上。当时公教人员断薪是司空见惯的事。罗家伦为了解除教职员的后顾之忧，在经费吃紧、时有短缺的情况下，坚持定期发薪，绝不拖欠。

1933 年中大仅理学院就新聘了 10 余位著名学者担任教授，如留美的数学博士孙光远和曾远荣、化学博士庄长恭、生物学博士孙宗彭，留日的物理学博士罗宗洛，留法的居里夫人为中国培养的唯一一位物理学博士施士元、地理学博士胡焕庸和王益崖等，以及原清华教授胡坤院、两广地质调查所所长朱庭祜和前南高高材生张其昀等。另有德籍物理、化学教授各 1 人。在此前后被罗家伦选聘为教授的还有：经济学家马寅初，艺术大师徐悲鸿、张大千，著名诗人宗白华、闻一多、徐志摩，农学家梁希、金善宝，天文学家张钰哲，医学家蔡翘，生物学家童第周，化学家高济宇，政治学家张奚若，建筑学家刘敦桢和杨廷宝等。在此期间，先后被聘任为"三长"和各院院长的著名教授有孙本文、张广舆、陈剑脩、查谦、汪东、李善堂、李学清、庄长恭、孙光远、戴修瓒、马洗繁、郑晓沧、艾伟、蔡无忌、邹树文、周仁、卢恩绪、戚寿南等。一时间，中大群英荟萃，盛极一时，令兄弟院校称羡不已。

柏溪新生爱听校长演讲

柏溪是中央大学西迁期间的分部所在地，一年级新生全部在这里，所以说"进了中大门，先到柏溪来"。

柏溪位于嘉陵江北岸，在中大本部沙坪坝（自二年级起在本部上课）上游，两地相距十多公里。柏溪本是一个小渡口，原无地名，但此处芭蕉丛丛、修竹青青、溪水潺潺、恬静幽雅，所以罗家伦选中这个地方后，便为它取了"柏溪"的名字。

新生到了柏溪，除上课、自修和课外活动外，最感兴趣的就是听罗家伦校长讲话。罗家伦每一两周要到柏溪来一趟，每次都利用晚饭后的自修时间，召集同学在饭厅，作一两个小时的演讲。内容包括时事评述、校务概况、做人做事做学问的道理等。罗家伦学识渊博，辞藻华丽，消息灵通，讲话中又时有幽默的话语和风趣的故事，虽然声音嘶哑，但同学们都听得津津有味，如沐春风。

（王运来）

"不肯当校长的校长"吴有训

吴有训(1897~1977)，江西高安人。1916~1920 年在南京高等师范学校理化部学习，1921 年考取官费留美生，赴芝加哥大学学习，获博士学位。1945 年任国立中央大学校长。1948 年当选中央研究院院士。1955 年当选中国科学院学部委员。曾任中国科协副主席、中国科学院副院长。

"合则留，不合则去"

国立中央大学校长，职位显要，常人求之不得，但它历来是个"烫手山芋"。抗战时期中大校长更替频繁。从 1941 年 7 月罗家伦辞去校长之职后，顾孟余、蒋介石先后长校，但任期均不超过 1 年。1945 年 8 月 4 日，顾毓琇因校内派系矛盾去职。8 月 14 日，国民政府教育部正式任命吴有训为中央大学校长。吴有训深知，当时的中大是"民国最高学府"，是国民政府高等教育的"门面"，但中大校内派系林立，频繁易长，没有政治靠山的他必当如履薄冰。其实早在 1940 年，蒋经国提议创办国立中正大学时，教育部就曾动员吴有训担任校长。但当时的吴有训不愿意放弃自己的研究事业，推荐了另一位江西才子——植物学家胡先骕出任。对于这次任命，吴有训经过一番审时度势后，最终答应。

1945 年 8 月，吴有训接任中央大学校长后，就从昆明匆匆来到重庆沙坪坝。但此次他是以科学家的身份，抱着为母校服务的满腔热忱来上任的，是来"办教育、搞科学"的，而不是为了"沉浮官场"。在上任之前，他就为自己立下了"合则留，不合则去，决不苟同"的原则。上任时吴有训坚决不带家属，直到中央大学复迁南京时，才将妻儿接到身边。当时吴有训面临的首要任务是繁重的复员工作，在他的精心筹划下，1946 年秋，中大顺利复员回到南京。

然而，从 1945 年接掌中大到 1948 年获准辞职，吴有训先后提出辞呈多达 14 次，是出名的"不愿做校长"的大学校长。吴有训以"纯学者"的身份执掌"最高学府"，没有太多的政治资源作为依托，他一次一次的辞职申请，实际上是他推动中大发展、抵抗国民党政府压力的筹码和盾牌。1946 年，吴有训在答记者问时，曾有这样一段自白："我是中大出身，当然想把中大办好，尤其是首都所在地，更要把他办好，可我搞不来，整天满脑子中大，废寝忘食，体重减轻了 20 多磅。"[1]

1947 年 5 月 20 日，国民党政府派军警手持武器镇压、逮捕手无寸铁的游行学生。为了营救学生，吴有训多方奔走斡旋，身心憔悴，但他说："只要我在一天，就要全力保护青年学生"。面对"五二〇"运动对校内外的巨大冲击，吴有训难以应付，6 月初向时任教育部长朱家骅提出辞职。尽管朱家骅恳切挽留，但吴有训辞意坚决，朱家骅最终只能以批准吴请假出国的方式处理。1947 年 11 月，吴有训赴美国考察教育，并转墨西哥参加联合国

---

① 《吴有训希望做教授》，《燕京新闻》，第 13 卷第 7 期，1946 年 12 月 30 日。

文教会议。他告别了眼前的祖国大地,开始了"无官一身轻"的远行。直至 1948 年 7 月 21 日,行政院才正式同意吴有训辞去中央大学校长职务。

布衣书生,两袖清风

国民党的达官显贵走马上任时,总是前呼后拥、威风凛凛,吴有训到"民国最高学府"上任却是布衣长袍、两袖清风。在重庆时,中大给他安排了一栋青砖瓦顶的西式平房,吴有训只住进其中一间卧室,室内仅有一张床、一张桌子和两个椅子。中大复员南京后,学校安排吴有训一家入住兰园 30 号官邸,这是一座花园式洋房。此外,学校还为他配备了小汽车、厨师和全套勤杂服务人员。吴有训夫妇并没有接受这些"校长礼遇",而是将洋房分给了几位教授,自己一家 7 口则挤在中央研究院的两间宿舍内。

吴有训生活十分简朴。他平日多着布衣长衫,外出多步行,很少动用公家小汽车。一天,吴有训上完两节物理课后穿着蓝布大褂步行来到成贤街,去见教育部长朱家骅。在大门口,传达室的工作人员见他"一席布衣",便将其拦下。当时幸好被教育部次长杭立武撞见,帮忙解了围。杭立武对传达人员说:"中央大学吴有训校长,还不请他进去?"传达人员嘟哝着:"别的校长西装革履,这位校长蓝布大褂;别的校长坐车来,这位校长走路来。不知,不知,有罪,有罪。"传达人员被呵斥后虽心生愧疚,却依然匪夷所思,口中念念有词:"穿蓝布大褂、走路来的大学校长,头一次见!"吴有训就是这样一个走路上任、两袖清风的校长,如此气节也使他受到中大师生的爱戴。

(谢 雯)

"诚、真、勤、仁"首倡者陈裕光

陈裕光(1893～1989)，江苏南京人。1911～1915 年在金陵大学化学系学习，后赴美入哥伦比亚大学深造，1922 年获博士学位。1925 年秋执教金陵大学，1926 年任文理科科长，1927 年任金陵大学校长。新中国成立后曾任上海市政协委员、江苏省政协委员。

教会大学的中国校长第一人

20 世纪 20 年代初，在非基督教运动的基础上，各地兴起反对帝国主义文化侵略的斗争，爆发了收回教育权运动。1926 年，国民政府教育行政委员会会议通过的《私立学校规程和私立学校立案规程》要求教会学校必须向中国政府立案、注册，且校长只能由中国人担任。

1925 年，陈裕光回到母校金陵大学化学系任教，次年被聘为文理科科长。1927 年北伐战争期间，陈裕光作为金大临时校务委员会成员，参与主持校务。同年 11 月，陈裕光被金大理事会推选为校长，成为执掌教会大学的第一位中国校长。担任校长后，陈裕光庄严承诺，今后金大将"按国内精神与时代之精神，社会急切之需要，切实培养人才"。在全国收回教育权运动的冲击下,金大率先改组,成立由中国人占多数的校董会。1928 年 5 月,陈裕光向大学院呈报金大立案申请书,同年 8 月 6 日,大学院核准金大校董会的设立,同时批准其立案。是年,9 月 20 日大学院批准金大立案,金大成为国民政府建都南京后最先呈请立案并获批准的教会大学。继金大后,其他教会大学也陆续向政府呈请立案,陈裕光在其中起到了关键的推动作用。从此,金大在陈裕光的带领下揭开了新的序章。此后,直到 1951 年金大终止办学,陈裕光在金大校长任上长达 24 年。

"诚、真、勤、仁"的金大精神

但凡一所好的学校,都有其独特的办学精神。对此,陈裕光曾有一个形象的比喻。他说:"盖现今之大学教育为一躯壳,而精神则为其灵魂。一个人光有灵魂不行,灵魂须有所附丽;光有躯壳也不行,只有灵魂才能赋予躯壳以生命。躯壳与灵魂齐备,而后大学教育始称完善。"[1]正因为如此,金大从创办起,就把大学灵魂即大学精神的铸就放在首位。在 1941 年春季开学仪式上,陈裕光对全体师生讲道:"本校自创立以来,迄今五十有三年,过程中曾发生若干次困难,但终以我校的'金大精神'克服了困难二字,解决了一切困难的事。"他同时告诫学生:"不但要用金大精神去克服书本上的困难,即使将来服务社会,亦应以金大精神去克服职务上的一切困难。"[2]

1942 年 2 月 23 日,陈裕光结合自己多年来办学的经验和

---

① 《校长训词》,《金陵大学校刊》,1942 年 3 月 1 日。

② 《金大精神》,《金陵大学校刊》,1941 年 2 月 25 日。

体会,在《校长训词》中将金大精神总结为"真、诚、勤、仁"四字,并将之作为校训。百日以后,陈裕光在《赠本届毕业同学》一文中对金大的四字校训予以阐释。与之前不同的是,陈裕光把上次讲到的校训的前两个字调换了位置,改为"诚、真、勤、仁"。他认为在办学治校中"诚"字最为重要,还可避免他人将"真、诚"二字误解为"真诚"一词。按照陈裕光的解释,忠信谓诚,求是谓真,业广谓勤,博爱谓仁。[①]"诚、真、勤、仁"由陈裕光在 20 世纪 40 年代初正式提出、精心阐释并行诸文字,但这种精神——金大精神,却是自学校创建之日起便已存在,薪火相传。陈裕光办学、为人以身作则,德行为先,身体力行地发扬着"诚、真、勤、仁"的金大精神;金大精神也陶冶了一代又一代的金大人。

"光明就在这里"

1949 年,国民党败退之际,试图将金大迁往台湾。1 月 18 日,陈裕光不顾国民党疏散大专院校的指令,给当时在台湾的校友胡炽昌写了一封信,"经费无法筹措,新旧校址亦不易有妥善办法,决定不迁,仍举行招收新生","不便离校,只有护校。师生皆有留我的迫切愿望,乃志留下"。在全校大会上,有学生用责问的语气问陈裕光:"你是不是也要走?"陈裕光站在一旁,用大家熟悉的南京话缓慢且坚定地说:"我是不走的。"陈裕光认为"光明就在这里"。陈裕光的妹夫杭立武曾提出全家迁往台湾的提议,被陈裕光断然拒绝了。从此,陈裕光的家族被分隔在海峡

---

① 王运来:《诚真勤仁 光裕金陵:金陵大学校长陈裕光》,济南:山东教育出版社,2004 年,第 239~243 页。

两岸,再未聚齐。也正是因为陈裕光果断决定留下,组织教职工和学生守护校园,金大才得以毫无损失地保存下来,最终迎来解放的曙光。

新中国成立后,怀着"报国之日苦短,建功倍切"的心情,陈裕光积极参与上海轻工业研究所的建设工作,率先在国内研制出聚氯乙烯人造革以及塑料泡沫,为上海塑料工业打下坚实基础。1980 年,89 岁的陈裕光被选为上海市政协委员。此外,他还发起组织金大校友会,致力于沟通与恢复海峡两岸以及海内外校友的联系。1989 年 4 月,在他生命的最后一段时日里,陈裕光依然惦念着亚洲基督教高等教育联合董事会拨款继续支持中国高等教育发展的事宜。

(王运来　谢　雯)

南京大学首任校长潘菽

潘菽（1897～1988），江苏宜兴人。1920年毕业于北京大学哲学系，次年赴美留学。1926年在芝加哥大学获博士学位。1927年回国任教，历任中央大学心理学系副教授、教授兼系主任。新中国成立后，历任南京大学教务长、校务委员会主席、校长等职。1956年任中国科学院心理研究所首任所长。他是九三学社的创始人之一，曾任九三学社中央副主席、中国心理学会理事长。1955年当选为中国科学院学部委员。

学习就要"明理知辨"

潘菽治学严谨，一丝不苟。一位学生回忆说："潘先生宜兴口音很重，听他的课开始不易听懂，但不要多久，就能适应，而且尝其智慧之甘果了。他讲课清晰而有系统，他从一个观点出发，缓缓地一步一步地推演下去，叫你不得不记下他讲的每一个字，不得不珍惜地听他讲的每一句话。"

潘菽爱护学生，诲人不倦。他对学生和蔼可亲、循循善诱，学生都愿意亲近他，有事找他谈心，有困难找他帮忙，有的学生还找他当证婚人。学生有什么要求，他尽量设法满足，在同学们的心目中，他是一位仁慈忠厚的长者。他总是谆谆教导说："学

习为什么,无非是明理知辨啊! 所谓明理,就是要明白应当为千
千万万苦难人服务的理;所谓知辨,就是要知道谁是谁非的辨
别,而不是拿洋装书向人炫耀,拿资格当敲门砖。"他自己的一生
正是这样身体力行的。他还认为,教育不仅要言教,还要有身
教、物教。所谓物教,就是要造成良好的环境和风气,能起潜移
默化的教育作用。而这是最重要的,也是最难做到的。潘菽从
不以教育者自居,而是以自己的思想行为影响学生,使人在不知
不觉中受到他的感染和教育。有一位学生说:"我说不出潘先生
是怎样教育我的,可是他又确实是时时刻刻地教育着我。"

营救潘梓年

潘菽在北大求学时期,就参加青年学生运动,"五四"运动
中,因参与火烧赵家楼而被捕。后来潘菽负笈美国,潜心学问,
回国后在中大任教,一度很少过问政治。"九一八"事变后,潘菽
的爱国热情重新高涨,他开始走出学术的"象牙之塔",关注救亡
抗日运动。1933 年 5 月 14 日,潘菽的哥哥潘梓年——上海"左
翼文化总同盟"书记兼中共江苏省委机关报《真话报》总编被叛
徒出卖而被捕,关押在国民党南京警备司令部拘留所。与他同
时被捕的丁玲被囚禁在另一处。鲁迅、柳亚子等发起成立了"丁
潘营救委员会"。潘菽为营救胞兄及丁玲奔走呼号,并拜访蔡元
培、邵力子等社会名流,请他们对国民党施加压力敦促当局释放
潘、丁二人。同时,潘菽又以家属身份,前往探监,不断送去药
品、食品,传递外界消息,使潘梓年及难友们保存体力,增强信
心,坚持斗争,直到 1937 年 6 月被营救出狱。在营救兄长潘梓
年的过程中,潘菽结识了一批共产党人。

创建九三学社

中央大学西迁入蜀后,潘菽先是加入了由郭沫若、钱俊瑞等人发起的中国学术研究会,后来又同梁希、金善宝、涂长望、干铎等发起组织了以中大教授为主的自然科学座谈会。他们在讨论学术、研究科学的同时,议论国是,关心民族存亡,了解并拥护共产党的抗日救国主张。潘菽等在重庆先后与周恩来、董必武和毛泽东等共产党领袖见面、叙谈,思想更倾向民主、进步,成为当时重庆有名的"民主教授"。

抗战胜利前夕,潘菽与梁希、金善宝等中大教授,以及许德珩、黄国璋等知名社会活动家组织了"民主科学座谈会",研究疗救社会、振兴民族的对策建议。当时潘梓年在重庆担任《新华日报》社社长,潘菽常通过他了解八路军、新四军新的战况以及延安的政治主张。"民主座谈会"逐渐成为团结各界人士、扩大党的统一战线的纽带和桥梁,并在抗战胜利后改建为"九三学社",潘菽是这个民主党派的创始人之一。

特殊的师生情

新中国成立后担任哈尔滨医科大学校长和卫生部中医研究院院长的季钟朴曾就读于中大心理学系。他因发起组织"学生抗日救国会"而被国民党逮捕。他的老师潘菽挺身而出,亲赴南京警备司令部保释季钟朴出狱。季出狱后,学校当局竟欲取消他参加毕业考试的资格。又是潘菽仗义执言,据理力争,使季钟朴得以参加补考,如期毕业。抗战爆发后,季钟朴辗转北上,参加了八路军。

1949 年 9 月初,睽违十二载的师生俩不期而遇。潘菽教授和已在哈尔滨医科大学任职的季钟朴同时作为中国科学工作者代表团成员,赴苏联参加巴甫洛夫诞生百年纪念活动。季钟朴感激潘教授当年为营救他而四处奔走,不遗余力。整个代表团都为师生俩的这一段奇特交往而赞叹不已。

"红色教授"上黑名单

中大复员回南京后的三年多时间,正是中国展开两种命运决战的岁月,潘菽的政治倾向更加鲜明。他以中大教授的身份,掩护中共地下党及其外围组织"新青社"的活动。1947 年,中大中共党支部的组建会议就是在潘菽家中召开的。他不顾个人安危,为党组织保管了一批秘密的图书资料。随着解放战争三大战役次第展开,国民党军队节节败退,士气低落,国民党为挽回败局,居然组织了一个"官兵心理委员会",邀潘菽参加,被他断然拒绝。

由于潘菽政治态度鲜明,人们称他为"红色教授",国民党特务机构则将他列入黑名单,日夜严密监视他的活动。1949 年解放军渡江作战前夕,中共党组织为了保护潘菽、梁希、涂长望三位中大教授的安全,防止国民党败退前对他们暗下毒手,通过秘密通道将他们送往上海,又转赴香港。4 月 22 日,百万雄师突破长江防线的第二天,他们又从香港转赴北平。不久,又应周恩来的邀请,参加了全国政治协商会议的筹备会议。

八十书怀九十吟

1949 年 8 月 8 日,国立中央大学更名为国立南京大学,实行校务委员会负责制,梁希任主席,潘菽任教务长。后来梁希出任中央政府林垦部部长,潘菽继任校务委员会主席。1951 年 7月,南大改行校长负责制,潘菽被任命为校长。直至 1956 年离开南大,赴京出任中科院心理研究所所长。

1982 年 5 月南大 80 周年校庆之时,潘菽偕夫人自京来宁,与阔别 20 多年的南大师生一起欢度校庆。1984 年南大樊道恒、龚放、周同科等为编写《当代中国高等教育》有关材料,赴京拜访潘菽。在钓鱼台附近的高知楼居室,潘老一再表示要在 90周年校庆时再回南大一叙。未料 1988 年 3 月潘老病逝京华,未能实现自己的心愿。

潘菽曾有一首《八十书怀》,诗云:

> 堂堂岁月,忽八十春。往者可谏,来者方生。
> 夕阳无限,灿若朝暾。蓬勃郁葱,旧邦命新。
> 大同可望,寰宇沸腾。我生此际,我生逢辰。
> 旋转乾坤,匹夫有份。伏枥之心,云胡不奋![1]

1987 年 7 月,他又有《九十吟》长诗一首。八十书怀九十吟,反映了耄耋之年的潘菽积极进取的雄心和豁达开放的心态。

(包仁娟　龚　放)

---

[1]　中国科学院心理研究所,中国心理学会编:《潘菽全集》(第 1 卷),北京:人民教育出版社,2007 年,第 21 页。

"辞去省长当校长"的郭影秋

郭影秋(1909～1985),江苏铜山县人。1928年肄业于无锡国学专修科,1932年毕业于江苏教育学院。1935年起从事中共地下工作,后投笔从戎,曾任冀鲁豫军区政治部主任、解放军十八军政治部主任等职。新中国成立后,历任川南行署主任、云南省长兼省委书记。1957～1963年任南京大学校长兼党委书记。1963年调任中国人民大学党委书记兼副校长,1978年人大复校后任党委第二书记兼副校长。

辞去省长当校长

1952年秋,郭影秋担任云南省政府副主席。半年之后,郭影秋被任命为省长,并任省委书记处书记。20世纪50年代中期,党中央提出"向科学文化进军",加强对高等学校的领导。社会上一些人认为"共产党领导不了高校",甚至有人公然要共产党"退出高校",郭影秋主动向中央"请缨",要求到教育部门工作。他从一个共产党人的责任心出发,"不相信共产党领导不了科学文化和教育事业,也不相信共产党人成不了业务上的内行"。1957年7月,中央组织部长安子文找郭影秋谈话,转达了政治局的意见,决定调他担任南京大学校长兼党委书记。后来,周恩来总理曾对云南籍的辛亥革命老人李根源说:"贵省的省长郭影秋,不愿当省长,自告奋勇到大学去。"

省长不当当校长,南大师生闻讯而喜,又觉新奇,不免还有人颇有疑惑:"他是来当省长的,还是来当校长的?"弦外之音是:他来搞政治,还是办教育?

郭影秋 1957 年 9 月来南大时,反右斗争正是高潮,不久,"大跃进"浪潮席卷全国,大炼钢铁、除四害、"教育大革命"、勤工俭学……对学校教学科研冲击很大。郭影秋坚持一条:"学校还得上课,学校毕竟要以教学为主,假如不上课,还要学校干什么?!"他为了减少政治学习、劳动和各种运动对教学的冲击,亲自拟定了"三条防线",强调教学是高校的"主线",要想方设法稳定教学秩序,保证教学正常进行。1959 年 3 月,郭影秋在全校运动大会上,向全校发出"坐下来,钻进去,认真读书"和"教学是压倒一切的中心任务"的号召,要求学生"不只要做运动场上的英雄,而且要做课堂上的英雄"。在贯彻"高教六十条"时,他又提倡"有经验的教师上(教学)第一线"、"老教师上第一线"。这些举措,减轻了极"左"思潮和大轰大闹的"教育大革命"造成的负面影响。许多教授、学者颔首称许:"郭校长是懂教育的"。

为三老祝寿

郭影秋曾在无锡国学专修科读书,受业于唐文治、钱基博、夏丏尊等著名学者。他对学有专长、育人有方的学者、教授十分尊重。当时"左"的倾向日益明显,反右斗争对我国知识分子的状况作了错误的估价,挫伤了相当一部分知识分子的积极性。

郭影秋认为,要办好一所大学,必须相信和依靠知识分子,尤其是那些有较深学术造诣的学者、专家。

1957年11月,"反右"刚刚结束,郭影秋到南大任职才两个多月,恰逢中文系三位德高望重的教授——胡小石、陈中凡、汪辟疆的七十寿辰。他支持中文系为三老祝寿,并在自己家中设宴,亲自斟酒、敬酒,感谢三位老教授潜心治学、辛勤执教,为国家培养栋梁之材。

"郭校长为中文系三老祝寿",这消息在校园不胫而走,传为美谈,也给心怀疑虑和不安的知识分子送去一缕春风。

要抢救遗产

来南大工作后,郭影秋经常思考一个问题:南大有诸多学术有专精、蜚声海内外的资深教授,他们中不少已年迈体弱且多病,如何更好地发挥他们的作用,如何使他们的学术思想和治学方法薪尽火传,继承发扬。不久,他在党委会上郑重提出采取"对号入座"的方法尽快为老教授配助手,他强调:"要抢救遗产!不能不急,不然来不及啦!"后来,学校陆续为一批老教授配备了学术助手。郭影秋又鼓励中青年学者"能者为师",虚心向老教师学习,练好基本功,争取"青出于蓝而胜于蓝"。全校通过"层层挂钩",老年带中年,中年带青年,加快了教师队伍建设工作。

1962年5月,南大60周年校庆时,学校为执教、工作满20年的老教师和老职工颁授奖状,郭影秋挥毫泼墨,在奖状上题诗一首:

廿年培养费艰难,桃李盈门露未干。

浩荡东风凭借力,好花栽与后人看。①

撰写《李定国纪年》

郭影秋重视科学研究,1958 年曾提出"教学为主,科研突出"的口号,并根据国家科技、经济发展和学校已有的基础,采用多学科协同作战的方法,组织专、兼职结合的科研队伍,"狠抓尖端,重点攻关"。20 世纪 60 年代初被誉为南大科研"五朵金花"的华南花岗岩及其成矿规律的研究、内蒙古草原综合考察、分子筛研究、金属缺陷研究、大米草的引进与推广,就是在这一时期打下基础并形成特色的。

作为一校之长,郭影秋不仅号召教师钻研业务、著书立说,而且以身作则、身体力行。尽管身兼校长、书记两职,校务繁忙,体弱而且严重失眠,但他见缝插针、手不释卷,并尽其可能参加教学、科研活动。他给师生讲政治理论课,为历史系学生指导毕业论文。他曾经说过:"科学知识的取得是相当艰苦的劳动过程,任何贪快取巧而不肯用功的做法,都不会得到好的收获。"他爱好南明史的研究,把工作之余的大部分时间都花在史料的收集、分析与考证上,他书房的灯光总是亮到 12 点之后。他不满意"寻章摘句"的史学研究方法,尽可能占有资料,系统而深入地探讨。正是在工作重、头绪多、纷繁忙碌的 1959 年,郭影秋完成了他的史学研究专著《李定国纪年》。

---

① 《郭影秋纪念文集》编委会编:《郭影秋纪念文集》,南京:南京大学出版社,2002 年,第 304 页。

倡导"檴木精神"

20 世纪 50 年代末 60 年代初,正是三年自然灾害时期,副食品供应紧张,高校师生的生活和工作学习也面临诸多困难。郭影秋在迎接 1962 年元旦的讲话中,号召南大人发扬坑道的"檴木"精神,他说:

> 檴木的伟大在于它贡献出自己的一切,顶着万钧的压力,使无数的矿工得以自由,使广大人民获得丰富的矿产……如果每个共产党员都是像檴木一样,把自己所应当顶住的困难顶起来,每一个支部,每一个党组织都把困难顶起来,那么中央的困难就减轻了。①

在 1960 年前后,郭影秋健康状况不好,可他仍加班加点地工作,与师生同甘共苦,坚决不搞特殊化,不仅将学校送上门的东西一概退回,而且常将自己的副食品送些给身体不好的干部。他请统战部举办副教授以上教学骨干和民主党派成员联欢会,破例用校农场生产的副食品招待大家,并关照要保证"每人两只肉包子"。每年辞旧迎新之际,无论是元旦,还是除夕夜,郭影秋总要和全校师生一起联欢,常常应邀来一段清唱。深夜 12 点,当新年钟声敲响的时候,全校师生都静静地聆听他充满激情而又富有哲理的广播讲话。学校运动会上,郭影秋胸前挂个相机,到处给运动员摄像、鼓劲,既是领导,又当记者。党办秘书包仁

---

① 郭影秋:《往事漫忆 郭影秋回忆录》,北京:中国人民大学出版社,2009 年,第 212 页。

娟与中文系教师吴枝培结婚时,郭影秋用精致的信笺抄录了江苏教育厅厅长吴天石的一首词《生查子·咏红豆》,并附上两颗红豆,作为他们的新婚贺礼,勉励他们互敬互爱,珍惜青春,努力有所作为。

在那困难的岁月,郭影秋以他的胸怀、情操和人格魅力感染着南大师生,共同与困难斗争。一些老教师至今仍怀念那"生活清贫而精神富足的年月",缅怀"把欢笑与坚定带给大家"的郭校长。

(龚　放)

两度掌舵南京大学的匡亚明

匡亚明(1906～1996),江苏丹阳人。曾任中共江苏省委徐海蚌特委宣传部长、上海总工会秘书长兼宣传部长。1937年后历任中共中央社会部政研室副主任、华东局宣传部副部长兼《大众日报》社长、总编辑等职。新中国成立后,历任华东政治研究院党委书记兼院长、中共华东局宣传部常务副部长等职。1963年起任南京大学党委书记兼校长,"文革"中备受迫害,1978年复出,担任南大党委书记兼校长。1982年起为南大名誉校长。1991年被任命为国家古籍整理出版规划小组组长。晚年主持编写《中国思想家评传丛书》。

乱云飞渡仍从容

1966年6月初,"文革"狂潮排空而来,中央广播电台播放《人民日报》《打倒匡亚明黑帮》的文章。匡亚明与丁秘书一起收听,丁秘书紧张而茫然,匡亚明却笑着自嘲说:"这下子我可是出了名了,全世界都知道有个匡亚明!"

随着"打倒""声讨"的逐步升级,南大党委一位领导找丁秘书谈话,要他注意校长安全,"一不让外人进入汉口路71号(匡的住所),二把校长的防卫手枪收回"。匡亚明得知后淡然一笑:

"手枪在枕头下面,拿去交掉,他们是怕我自杀。你放心,我这个人决不会自杀。自杀是绝望的表现,我这个人从不绝望!"

不久,匡亚明被撤销了党内外一切职务,被诬陷为"叛徒""走资派",又被"造反派""扫地出门",由汉口路71号小楼搬到十四舍底层一间十多平方米的房子里住。床铺、煤炉、方凳、竹椅,占了许多地方,不少杂物只好钉挂在四周墙上。匡老身处逆境,依然坦荡乐观,他以方凳拼成饭桌招待客人,并环顾四墙,诙谐地说:"这叫向空中发展。"

匡亚明断然否认康生等人强加给他的种种罪名,他曾说:"我们光明磊落,不是黑帮,是红帮嘛。"他还说:"投身革命四十多年,我不能说我什么都正确,但有一条可以肯定:我忠诚于党,从不怀疑马克思主义的科学性。"在"黑云压城城欲摧"的日子里,匡亚明与夫人丁莹如曾悄悄地专程去雨花台烈士陵园凭吊先烈。他指着草地,动情地对夫人说:"这下面埋葬着我的许多战友,他们为党牺牲了。我今天敢于来到这里,因为我无愧于他们,他们是我最好的见证人!现在一些人妄图加在我头上的帽,那是站不住脚的!最终会还我清白!"

几度披肝沥胆人

1963年,匡亚明离开吉林大学,南下任南京大学党委书记兼校长。吉大中文系一位副教授在欢送会上当场吟诵七律送别诗,其中颔联两句为"八年细雨和风里,几度披肝沥胆人"。在南京大学,匡亚明同样披肝沥胆,推心置腹,被广大知识分子引为知音、良师、益友。

匡亚明赴南大就任没几天,便在汉口路71号门前与物理系教授、声学专家魏荣爵邂逅。魏对匡"似曾相识",而令魏称奇的是,匡校长竟然知道他的姓名与特长。诚如古人所云:"一与相遇,便成神交。"不久,匡亚明事先没通知,就到声学楼实验室了解情况,令魏教授和其他教师深感愕然。但匡校长很快让大家摆脱了拘束。在五楼试听室中,他坐下收听不同声学处理下音乐和戏曲播放的效果,大家谈笑风生,竟忘了来者是校长。

此后,匡亚明还携夫人到魏教授上海路 3 号的居所串门。当时魏不到 50 岁,却患有失眠症,匡校长说:"50 岁是人生最佳的年龄,是顶峰,既有足够的生活和工作经历,精力又尚充沛,千万抓住这大好的时光作一番事业。"他动员魏荣爵丢开一切,外出休养以解决失眠问题。他还亲自与在省委工作的彭冲同志打招呼,安排魏到广州疗养数月。1992 年秋,魏教授在京参加国际学术会议时不慎跌跤,造成右足骨折。匡亚明夫妇不避寒冷,几次登门探望。匡老病逝后,年过八旬的魏荣爵院士以"人亡国粹,痛失良师"八字表达他的哀痛之情。他还说:"人生本如白驹过隙,可我自认识匡老以来,情谊深厚,岂桃花潭水深千尺可喻!"

历史学家茅家琦教授与匡校长也有一次鲜为人知的交往。茅家琦是研究中国近代史,尤其是太平天国史的专家。1964 年秋,关于李秀成评价的学术争论逐步升级,并在极"左"思潮影响下不断上纲上线。茅家琦被诬为江苏地区"吹捧李秀成投降变节"的"一号代表人物",省报用两个整版组织文章点名批判,各种批判会也相继召开,一些人也对他冷眼相待。这种阵势使茅家琦不免紧张、慌乱。一天,他与前来参加批判会的匡亚明校长在历史系办公室门口不期而遇,无可奈何苦笑一下便想回避,未料匡校长把他喊住,轻声安慰说:"不要紧张,不要紧张,再写好文章!"在当时"左"的思潮不断蔓延,山雨欲来风满楼的情况下,匡校长的几句轻声安慰,无疑是对青年知识分子的最大爱护和关怀。

1978年4月,当时任哲学系副主任的胡福明在北京修改《实践是检验真理的标准》一稿,回宁后他将写稿、改稿情况告诉复出不久的匡亚明校长。5月11日,《光明日报》以"特约评论员"的名义发表了《实践是检验真理的唯一标准》。两天后,胡福明向校长请示工作,匡亚明见面就赞许说:"你的文章在《光明日报》发表了,我祝贺你,我看了,写得很好嘛。"当时对这篇文章有多种议论,赞成者有之,反对者有之,社会上一度还有"五胡乱华"的说法,将撰写《实践是检验真理的唯一标准》的胡福明与胡耀邦同志等一起列为"五胡"。南大组织了关于真理标准讨论的座谈会,匡亚明亲自到会并首先发言,旗帜鲜明地赞成实践是检验真理的唯一标准,批判"两个凡是"的谬论。后来,江苏省委推选匡亚明出席对林彪集团和"四人帮"的公审活动,匡校长热情推荐胡福明去参加,"因为他在解放思想和拨乱反正中有突出贡献"。

"三顾茅庐"聘贤才

匡亚明认为:"一所大学水平的标志不是看别的,而是看学校拥有教授的数量和学术水平,如果没有可观的教授就不成其为大学。"

原在武汉大学任教的程千帆教授,被错误地划成"右派",18年之后才获准摘帽,"文革"前的三级教授,只能赋闲在家成为街道居民,领取每月49元的退休金。他的夫人、词学家沈祖棻又不幸遭遇车祸身亡。程千帆的厄运，引起在苏州参加一个学术会议的南大中文系教授洪诚、山东大学教授殷孟伦、南师教授徐复等"同门好友"的关注。他们公推洪诚先生回宁后向匡亚明校长汇报。匡校长了解到程确有真才实学，当即作出决定：这样的人才，别人不用我们要用。如果调动手续办不成，南大就包吃包住，一定要让他有用武之地。

匡亚明派时任中文系副主任的叶子铭去武汉接洽，叶花了两个多小时，辗转找到程千帆所住的紧邻小渔村的破屋，转达了匡校长聘他为南大教授的意向。时已 65 岁的程千帆到南大中文系上第一堂课时，匡亚明约了范存忠副校长一起前来听课，并叮嘱所有同事都应以"教授"称呼程老。

当时武大还有一位被划为右派的研究外国文艺理论的张月超先生，也愿回母校工作（张原为中大外文系高材生），匡校长果断地决定"一起接受"。

程千帆、张月超两位先生聘至南大后，财务处在按哪一级职称待遇发工资的问题上一筹莫展。因为"右派"帽子已摘，但工资待遇仍未恢复。南大党委专门研究后决定：每人先按 150 元月工资发放。财务处仍为此款从何名目下支出而为难。匡亚明果断表示："从哪里支出我不管，但每月必须先把这一笔钱发到他们手里。"财务处坚决照办了。

1979 年初，中央下达甄别错划右派的决定，匡校长立即让中文系派员在正月初八前专程乘飞机赶到武汉，磋商为两位先生平反的手续，但关于程先生的平反却磋商无果而返。匡亚明专为此事呈请江苏省长惠浴宇，由他写信给当时任湖北省委书记的陈丕显，请他出面干预，这才圆满解决了程千帆先生的平反问题。

中文系"文革"后第一届系主任陈白尘,也是匡亚明从北京延聘来的。陈白尘是著名剧作家,创作了《岁寒图》《升官图》《乌鸦与麻雀》《宋景诗》《大风歌》等剧本与电影剧本,享受副部长级待遇。但"文革"中被诬为"叛徒",由中组部立案审查,当时尚未有结论。匡亚明深知陈白尘是一位忠诚的革命者、一位有才华的剧作家,于是,甘冒风险,聘他南下就职,在当时曾引起文化界、高教界不小的反响。

匡亚明慧眼识珠于风尘之中、伯乐相骥于困厄之境,事实证明了他的胆识与魄力。陈白尘、程千帆和张月超三位学者在南大重新焕发了学术青春,很快成为中文系的学术带头人,为中国古代文学、戏剧学等专业争取博士学位授予权(前者还成为重点学科)做出了重要贡献。程千帆教授曾动情地说:"是匡老给了我二十年的学术生命,我终生感激他老人家。"①

"陋室生辉"留佳话

20世纪60年代我国与原法属非洲国家的交往日益频繁。1964年中法建交,对法语人才的需求量激增,而当时能扩大法语专业招生的,只有北大、北外和南大。匡亚明校长急国家之所急,应教育部要求,将法语本科的招生数由20人扩大为30人,并着手筹建法语专科,当年招生200人。当时既无教室又缺师资。匡亚明果断决定,要求后勤部门在暑期中赶搭起三栋简易平房,在一个月内将校部机关从所住的庚字楼等三栋楼房中全

---

① 《匡亚明纪念文集》编委会编:《匡亚明纪念文集》,南京:南京大学出版社,1997年,第250页。

部迁至平房,庚字楼等改造为法语专科的教室。有些干部觉得难以理解,私下嘀咕。匡亚明说:"为什么我能到简易房办公,你就不能去? 我有言在先,只要我当一天校长,就要把好房子供教学科研第一线使用。"他说到就做到,从 1964 年至"文革"骤起,从复出至 1982 年辞去校长职务,校部机关一直在三排平房中办公,而他的校长"官邸",也只是 10 平方米的简易旧房。在他之后出任代校长、校长的郭令智、曲钦岳等,也在陋室办公,直至 20 世纪 90 年代,才搬入北大楼。有记者曾写了一篇《陋室生辉》的文章,记叙这一全国大学绝无仅有的佳话。

高屋建瓴的"835 建言"

1983 年 5 月 15 日,正在武汉出席全国高教工作会议的匡亚明(当时为南大名誉校长)与浙江大学名誉校长刘丹、天津大学名誉校长李曙森、大连理工学院名誉院长屈伯川在反复讨论的基础上,联名向中共中央书记处及国务院提出《关于将 50 所左右高等学校列为国家重大建设项目的建议》。建议指出,我国高校出现的"向综合化、多科性发展"的趋向,"是符合科学技术和高教发展规律的,应予肯定并加以提倡",为了国家长远的发展,建议从全国 700 余所高校中,遴选 50 所基础好、力量强、教学和科研水平高的院校,"作为高等教育建设的战略重点,列为国家重点建设项目,重点投资"。

5 月 19 日,匡亚明又单独起草了一封给邓小平的信。他在信中直率指出:

目前我国整个教育投资和经济建设投资不相适应,尤其是高等教育上不去,满足不了经济建设、文化建设对科学技术力量,特别是高级科技骨干力量的需要。这种情况如不采取紧急措施加以解决,到九十年代势必更为严重。①

匡亚明在信中重申了"像抓重点经济建设项目那样抓重点大学建设"的设想和建议,认为这一举措将"从根本上改变现在各大学经常不安定的状态,建立稳定的教学和科研秩序(两个中心),以带动整个高教战线稳步发展,培养后十年以至2000年后长期经济和文化建设所需要的各类高级人才"。

四位老校长的"835建言"和匡亚明5月19日的信,受到邓小平及其他中央领导的高度重视。5月24日,邓小平作了批示:"这是一个很重要的问题。"他请当时主持国务院工作的赵紫阳考虑,并"提出意见在书记处讨论"。在邓小平的亲自过问下,在20世纪八九十年代,重点学科的评审、国家重点实验室的遴选与建设、"七五"期间"重中之重"的建设,以及"211工程"等先后启动。1998年在江泽民总书记关心下,又启动了旨在建设若干所世界一流大学的"985工程"。

匡亚明等四位老校长高屋建瓴的"835建言",与王大珩等四位院士联名建议形成的"863计划"相映生辉,堪称中国1980年代专家学者影响中央决策的"双璧"。

(龚　放)

---

① 南京大学高等教育研究所编:《匡亚明教育文选》,南京:南京大学出版社,2000年,前言页。

南京大学及其前身历任校长一览表

中央大学及其前身历任校长

姓名	任职时间	备注
缪荃孙	1902	三江师范学堂"总稽查"
方履中	1902	三江师范学堂"总稽查"
陈三立	1902	三江师范学堂"总稽查"
杨覲圭	1903～1905	三江师范学堂"监督"
徐乃昌	1905	两江师范学堂"监督"
李瑞清	1905～1911	两江师范学堂"监督"
江　谦	1914～1919	南京高等师范学校校长
郭秉文	1919～1925	南京高等师范学校校长、国立东南大学校长
胡敦复	1925	国立东南大学校长（未就职）
陈逸凡	1925	代理校务
秦　汾	1925	国立东南大学校长
蒋维乔	1925～1926	国立东南大学代理校长
张乃燕	1927～1928	国立第四中山大学校长、江苏大学校长
吴稚晖	1928	国立中央大学校长（未到任）
张乃燕	1927～1930	国立中央大学校长
朱家骅	1930～1931	国立中央大学校长
桂崇基	1932	国立中央大学校长（未到任）
任鸿隽	1932	国立中央大学校长（未到任）

姓名	任职时间	备注
刘光华	1932	代理校务
段锡朋	1932	代理校务
李四光	1932	代理校务
罗家伦	1932～1941	国立中央大学校长
顾孟余	1941～1943	国立中央大学校长
蒋介石	1943～1944	国立中央大学校长（兼任）
顾毓琇	1944～1945	国立中央大学校长
吴有训	1945～1947	国立中央大学校长
戚寿南	1947	代理校务
周鸿经	1948～1949	国立中央大学校长

金陵大学及其前身历任校长

姓名	任职时间	备注
福开森（J.C.Ferguson）	1888～1896	汇文书院院长
师图尔（G.A.Stuart）	1896～1907	汇文书院院长
包　文（A.J.Bown）	1907～1927	汇文书院院长、金陵大学校长
过探先	1927	金陵大学临时校委会主席
陈裕光	1927～1951	金陵大学校长
李方训	1951～1952	金陵大学校长、校务委员会主任委员

南京大学时期历任校长、书记

校长			书记		
姓名	任职时间	备注	姓名	任职时间	备注
梁　希	1949	校务委员会主席	孙叔平	1953～1955	党委书记
潘　菽	1949～1957	校务委员会主席、校长	陈毅人	1955～1957	党委书记
郭影秋	1957～1963	校长	郭影秋	1957～1963	党委书记
匡亚明	1963～1966	校长	匡亚明	1963～1966	党委书记

校长			书记		
姓名	任职时间	备注	姓名	任职时间	备注
方 敏	1968～1970	革委会主任	彭 冲	1966～1968	党委书记（兼任）
王 勇	1970～1975	革委会主任	王 勇	1970～1975	党委书记
周 林	1975～1977	革委会主任	周 林	1975～1977	党委书记（1977～1978，由党委副书记、副校长章德主持全面工作）
匡亚明	1978～1982	校长（卸任后任名誉校长）	匡亚明	1978～1982	党委书记
郭令智	1983～1984	代校长	章 德	1982～1984	党委书记（1984～1986，由党委副书记凌雨轩主持党委工作）
曲钦岳	1984～1997	校长	陆渝蓉	1986～1989	党委书记
陈 懿	1996～1997	代校长	韩星臣	1990～2003	党委书记
蒋树声	1997～2006	校长	洪银兴	2003～2014	党委书记
陈 骏	2006～2018	校长	张异宾	2014～2018	党委书记
吕 建	2018～2023	校长	胡金波	2018～2022	党委书记
谈哲敏	2023年迄今	校长	谭铁牛	2022年迄今	党委书记

学究天人

　　百廿南大,风云际会,群贤毕至,星光灿烂,精英辈出,争奇斗妍。

　　南京大学素以科学研究著称于世,积淀了深厚的科学精神和注重学术研究的传统。许多名师大家都曾在这里求学或执教。对教师而言,这里宽松的氛围与自由的学术空气使其能够心无旁骛地投身教育与学术事业;对学生而言,这里诚真、朴厚的学术、教育传统培育了他们独立的人格与坚韧的意志。他们造诣精深,卓有建树,素为世人所景仰,实乃"学究天人"是也。

史学宗师柳诒徵

柳诒徵(1880～1956)，江苏镇江人。1895 年中秀才，1908 年任两江师范学堂历史教习，1916 年起历任南京高等师范学校、国立东南大学、国立中央大学教授。1942 年被聘为"部聘教授"，1948 年当选中央研究院院士。

博雅宏通第一人

20 世纪上半叶，柳诒徵是兼具"部聘教授"和"中央研究院院士"头衔的两位史学家之一。吴宓曾高度评价柳诒徵的史学成就，认为他博览古今，学贯中西，可以和梁启超并驾齐驱，是国立东南大学教授中"博雅宏通第一人"。

柳诒徵年少丧父，母亲对他要求甚为严格。他学习非常刻苦，自幼熟读文史要籍，10 岁时就已经读遍《诗》《书》《易》，17 岁时参加科举，一举考中秀才。他能写得一手不错的汉隶，还会写篆字，据说他考试时用篆体答题，考官甚是惊喜，"未冠能此，可称妙才。"

中举后，柳诒徵又先后就读于金陵钟山书院和三江师范学堂，师从名儒缪荃孙和李瑞清。在大师的培育下，柳诒徵的学问日渐精进，著文作诗常常不假思索就振笔疾书，往往一气呵成。

从三江师范学堂毕业后,柳诒徵又去日本考察教育,进一步接触和了解新思潮和新文化,因而他的治学突破了清末乾嘉学派的眼界,能够融合中西,独树一帜。

柳诒徵治学将史学和哲学相结合,著述等身,著有《中国文化史》《国史要义》等。《中国文化史》分上古、中古、近世三册,100余万字,内容涉及典章制度、经济生活、社会风俗、教育文艺、图画雕刻等。《国史要义》从史原、史权、史统、史联、史德、史识、史义、史例、史术、史化十个方面对中国史学传统做了全面回顾,其史学价值能与刘知几的《史通》和章学诚的《文史通义》相媲美。

苦心育贤才

柳诒徵上课旁征博引,慷慨激昂,气氛活跃。文科生自不用说,就连理工科的学生也爱选他的课。当时的东大学生、后来成为中国植物分类学奠基人的胡先骕说柳先生的课"纵论吾国五千年文化兴衰之迹,如指诸掌,声调砰訇震屋瓦"。中国桥梁之父、东大教授茅以升在《忆柳翼谋师》一文中说道:"柳先生讲课时,声如洪钟,目光四射。讲课深入浅出,层次分明,并且主题鲜明,用语生动,使人听得入神,津津有味;而且系统性强,容易记忆。"

当时的学生郑鹤声回忆道:"(柳诒徵)教学方法以阅读《二十四史》《九通》《资治通鉴》《历代纪事本末》等书为本,例如教授两汉历史,则以司马迁《史记》、班固《汉书》等为基本参考材料,其中则出若干题目,令学生选择其一,就指定参考资料加以阅读,选出基本材料,然后再参考其他材料,加以组织成篇,由柳先生详加批阅,指出问题所在。"柳诒徵批改作业非常细致,一字一句都不放过。对于写得好的,他不吝赞美之词,还会向杂志社推荐。柳诒徵认为郑鹤声十余万字的毕业论文"一时无两",遂将相关内容推荐给《史地学报》发表。

柳诒徵鼓励学生要养成写札记的习惯。他以《日知录》为例,指导低年级学生做好读书笔记。他认为古人治学无不是从作札记入手:"假使没有后台的惨淡经营,怎么会有前台的精彩表演?"

苦心育贤才。柳诒徵弟子多能卓然而立,缪凤林、范希曾、张其昀、郑鹤声等学生后来都成为著名的历史学家。

惜才爱才的仗义之士

张其昀当年入学考试时可谓"有惊无险",幸而得到柳诒徵的垂青才得以入学。1919 年,张其昀参加南高入学考试,各项成绩都很优异,但校医认为他的体格"very thin built"不宜录取。主考柳诒徵认为这个学生成绩这么好,如果仅仅因为体格瘦弱而被淘汰,太过可惜。柳诒徵说自己少年时身体瘦弱,中年时才"饱满"起来,建议学校录取张其昀。得益于柳诒徵的力荐,张其昀就这样有惊无险地被录取了。

多年之后,张其昀偶然知道了这件事情,感激涕零。因为如果没有柳诒徵当年惜才爱才的仗义之举,张其昀的命运或将被改写。后来张其昀在台北创办"中国文化大学",于史学所大厅特设"劬堂先生纪念堂"(柳诒徵晚年号劬堂),并亲题匾额,专门纪念柳诒徵先生。

(裴 聪)

"爱国耆儒"王伯沆

王瀣(1871～1944)，字伯沆，号冬饮，江苏南京人。1908年起历任两江师范学堂文科教习，南京高等师范学校教授、国文系主任，金陵女子大学、国立东南大学、国立中央大学教授。

一代文学宗师

王伯沆自幼聪颖，读书数遍即能成诵。少年时，王伯沆跟随江宁名宿高子安学习《说文解字》，这为其作文赋诗打下了坚实的文字学基础。后来他师从清末"同光体"诗人端木采，结交了许多同好。与同光体诗人的交往、唱和，使得王伯沆的诗作更加瘦劲老成，具有宋诗风味。王伯沆著有《冬饮庐诗稿》。

当时的"诗坛盟主"陈三立曾三次在朋友处看到王伯沆的诗作，甚为敬佩，随后聘请他做家庭教师，为陈寅恪及其兄弟授课。时任南高校长江谦也慕其美名，亲自请王伯沆来校担任国文教授。但是王伯沆认为自己的学术不一定符合当时的潮流，因此婉言谢绝。江谦不肯放弃，三顾茅庐，王伯沆最终答应下来。词曲大家吴梅曾这样评价王伯沆的诗作："我读伯沆诗，盎然古春意。力能驱万牛，尘不惊六辔。探取风雅源，骚魂可檄至。惠风吹江城，群芳跃欲试。吾园亦不恶，久客孰疏治？"与王伯沆并称

"南雍双柱"的史学家柳诒徵也很欣赏王伯沆的诗作。王伯沆逝世后,柳诒徵专门编印出版了《冬饮庐遗诗》,以纪念王伯沆的诗文成就。

除了诗歌之外,王伯沆生平所著为数不多,常通过批校经典的方法表达自己的学术见解。他尤爱读《红楼梦》,前后精读《红楼梦》20余遍,历时24年,作了12000多条批注,约30万字。王伯沆的批注见解独到,评点精当,细致入微,有人评价其完全可以和金圣叹批《水浒传》相媲美。研究"红学"的学者并不少,但下了如此庞大、艰深功夫的属实少见。1985年,江苏古籍出版社出版了《王伯沆〈红楼梦〉批语汇录》上下两册。南京大学出版社于2010年8月出版了《王伯沆批校〈红楼梦〉》四册。不能不说,这实在是"红学"研究史上的一个创举。

"王四书"之美名

王伯沆家学渊源,先辈数代业儒。父亲饱读诗书,母亲"喜读明史",王伯沆自幼耳濡目染,受到了启蒙。在王伯沆一生所涉猎的各个领域中,他对经学着力甚多。

王伯沆以《四书》为基础,开设"论孟举要""书经举要""练习作文"等课程。他解读《四书》时往往能旁征博引,妙语连珠,深受全校学生的喜欢,经常"室外窗前,皆听讲者也"。国文科的一些同学,白天觉得没听过瘾,常常晚上跑去王伯沆先生家,再去求教,往往会听得忘了时间,回学校时校门早已落锁,只得翻墙入校。王伯沆对《四书》的讲解让听者如沐春风,学生都说《四书》被教活了,于是亲切地称他为"王四书"。

王伯沆多次批点《四书集注》,留下许多真知灼见。2004年,广陵书社影印出版了《王伯沆先生圈点手批本〈四书集注〉》,字数总计约 3.5 万字,其中《大学》约 2000 字,《中庸》约 6700 字,《论语》约 13000 字,《孟子》约 14000 字,数量相当可观。①

爱国耆儒,皭然不污

王伯沆为人低调,是个一门心思教书、做学问的纯然学者。大多数时间里,王伯沆都埋首故纸堆,两耳不闻窗外事,一心只读圣贤书。但到了家国危难、民族存亡之际,他怀抱赤子之心,坚决砥砺有所为、有所不为的君子品格。"九一八"事变后,王伯沆忧心国事,曾与朋友写信道,"疾风劲草,上亦须有气骨",常常抨击时政,有时竟声泪俱下,闻者落泪。

1937 年全面抗战爆发后,中央大学举校西迁。当时的王伯沆年逾花甲,还中风过,难以长途跋涉,便留在了南京。南京沦陷后,他避居养病,闭门谢客。但汉奸还是很快找上门来,要给他挂名领薪的虚职,借此拉拢他。王伯沆对此不屑一顾,拒绝与日伪合作,骂走了汉奸。虽是靠故友门生的帮助才勉强维持生计,但王伯沆宁愿卖掉藏书也不愿意去日伪政府创办的伪中大任职。日伪步步紧逼,派日本士兵闯进王伯沆在仁厚里的住宅,百般诱劝不得后,竟拔出军刀威胁,但老先生仍不予理睬,日寇

---

① 程章灿:《君子原无死 传经实可伤——从〈四书集注〉批点看王伯沆之经学》,《古典文献研究》,2013 年第 16 辑。

只得悻悻作罢。

抗战胜利的前一年,王伯沆含恨离世。临终前他告诉妻女:"我生不愿见到日寇,死了,棺材也不要见到敌人。棺材不准出门,就埋在家院里。"王伯沆身陷囹圄,依然铮铮铁骨,这是何等的民族气节!王伯沆去世后,国民政府授予其"爱国耆儒"的匾额,赞其"坚贞守道,皭然不污"。

(裴　聪)

"黑河-腾冲线"提出者胡焕庸

胡焕庸(1901～1998)，江苏宜兴人，中国近现代地理学奠基人。1923年毕业于南京高等师范学校文史地部，后赴法国巴黎大学和法兰西学院进修。曾任国立中央大学地理系主任、中国地理学会理事长。曾提出中国人口地域分布以"瑷珲-腾冲线"为界，即"胡焕庸线"。1942年被聘为"部聘教授"。

地理学一代宗师

胡焕庸幼年丧父，家境清贫，但其勤奋向学。胡焕庸中学毕业时正值"五四运动"高潮，在那个呼唤青年人心系国家前途与命运的时代，青年胡焕庸决定攻读地理学以拯救民族危机。

我国近代地理教育肇始于国立东南大学地学系，创办者是竺可桢，继承竺可桢所开创事业的是胡焕庸。1918年胡焕庸考入南高文史地部。1921年，南高改设东大，成立了我国第一个地学系，由竺可桢任主任。1926年春，胡焕庸入东大补读学分获理学学士学位，同年乘船赴法国留学。在巴黎大学和法兰西学院进修期间，他先后受教于法国现代地理学大师马托纳(Emmanuel Martonne)、白吕纳(Jean Brunhes)，不仅掌握了大量的地理科学知识，而且受到先进地理学派思想的启蒙。

1928 年,胡焕庸完成学业后回国,被聘为国立中央大学地学系教授和中央研究院气象研究所研究员,成为竺可桢的得力助手。1930 年,中大地学系分成地理系和地质系,胡焕庸任地理系主任。他亲手绘制地图、编写教材,几乎担负起气候学和自然地理的全部教学任务,包括地学通论、气候学、天气预报以及亚洲和欧洲自然地理等课程。他撰写的《气候学》第一次将德国柯本的气候分类学引介给中国地理学界,并成为中大的教材。在胡焕庸的带领下,中大地理学学科蓬勃发展。

此外,胡焕庸还非常重视国防地理教育,他认为地理与国防之间存在密切联系,但当时国人对此认识不足。胡焕庸呼吁加强地理教育,创办《地理教育》杂志,并参与组建了中国地理教育研究会。1936 年,胡焕庸在《地理教育》第 1 卷第 3 期和第 7 期陆续发表了《国难与地理教育》和《国防教育与中小学地理课程》两篇文章。在《国难与地理教育》一文中,胡焕庸指出:

> 列强之谋我也,莫不以地理学家为其开道先锋,平时探险考察无微不至,及各地情势既明,则何处富饶,何地形胜,了然胸中,于是一举而占领之,随时乃不劳再有抉择。[1]

20 世纪 30 年代的中国地理学界,流传着"南胡北黄"之说,即南方以胡焕庸教授为首,北方以黄国璋教授为首。由于胡焕庸在地理上的卓越成就,1942 年被国民政府教育部聘为首批"部聘教授";1943 年,胡焕庸被推举为中国地理学会理事长。

---

[1]　胡焕庸:《国难与地理教育》,《地理教育》,1936 年第 1 卷第 3 期,第1~3页。

提出"瑷珲-腾冲线"

胡焕庸是中国人文地理学奠基人之一。他在教学之余，一直坚持地理科学研究。他非常重视人地关系，强调要从人地关系的角度研究中国人口地理。1935年6月，时任中大地理系主任的胡焕庸将多年收集的数据进行整理分析，在《地理学报》发表论文《中国人口之分布》。他以县区为单位，根据政府报告中的数据，手工制作2万多个点绘制了中国人口分布图。在此基础上，他将县级人口数与土地面积相关联，制作了中国第一张人口等值线密度图。胡焕庸敏锐地发现，"自黑龙江之瑷珲，向西南作一直线，至云南之腾冲为止，分全国为东南与西北两部"①。这条"直线"即"瑷珲-腾冲"线，将中国分为西北和东南两个地理单元，反映了中国的人口密度自东南向西北逐渐递减的格局。

当时的胡焕庸并未料想到这条"直线"今后会产生多大的影响。等到后来胡焕庸赴美考察时得知，他的这篇论文竟被美国地理学会全文翻译，发放给出席会议的所有代表。1984年，美籍华裔人口学家田心源教授赴上海拜访胡焕庸时指出，"瑷珲-腾冲线"早已超越人口地理的范畴，被广泛应用于人地关系所能触及的多个领域，应被称为"胡焕庸线"。这是目前所知"胡焕庸线"称呼的由来。实际上，胡焕庸当年虽然提出了这条直线，但他在当时发表的论文附图上并没有画出来。直至1989年，胡焕庸与人合作，利用最新的人口调查数据，才真实地画出了这条线。

---

① 胡焕庸：《中国人口之分布》，《地理学报》，1935年第2卷第2期，第43页。

时至今日,"胡焕庸线"已提出八十余年。尽管有学者对其提出过质疑,但这对"胡焕庸线"的地位影响甚微。"胡焕庸线"凭借超乎想象的稳定性,成为与"秦岭—淮河线""长城线"并列的又一条重要的国家地理分界线。"胡焕庸线"深刻地揭示了中国自然、经济、人文等因素的综合差异格局,成为长久以来研究中国国情的重要基础。2010 年 10 月,中国国家地理杂志《中国地理大发现》将"胡焕庸线"定为 20 世纪中国地理最重要的发现之一。此外,"胡焕庸线"也因其纷繁复杂的地理形态成为许多人神往的探秘线、旅游线。

首次命名"南沙群岛"

立志以地理学报国的胡焕庸怀揣深厚的爱国情怀。20 世纪 30 年代,法国和日本等国觊觎、侵占我国南海诸岛。出于对中华民族命运的深深忧虑,1934 年,胡焕庸在《外交评论》第 3 卷第 4 期和第 5 期陆续发表论文《法人谋夺西沙群岛》和译作《法日觊觎之南海诸岛》。在《法人谋夺西沙群岛》一文中,胡焕庸首次系统论证了南海诸岛属于中国,最早为"南沙群岛"命名。[1] 他写道:

> 此等"危险地带"之群岛,虽为我国人所居住往来与经营,然迄今尚无综合之名称,鄙意拟用"南沙群岛"之名以名此群岛,不然,统称曰"南海诸岛,"其名殊混也。至于法占

---

[1] 杜德斌,曹宛鹏,夏启繁等:《胡焕庸的地缘战略思想及其时代价值》,《地理学报》,2022 年第 2 期,第 262 页。

九岛以外之各岛,将来能否仍保为我国所有,抑或移将为法人或日人所夺占,则非吾所敢言矣!①

1935 年之前,在南京国民政府绘制的中国南海各岛屿地图上尚无"南沙群岛"这一名称。1936 年,国民政府内政部聘请胡焕庸为地图审查委员会委员。1947 年,在南京国民政府绘制的《南海诸岛位置地图》上首次出现了"南沙群岛"。胡焕庸将南沙诸岛命名为"南沙群岛",为我国后来应对南海和东海主权争端提供了重要证据。

胡焕庸是一位极具地缘战略思想的地理学家,他还敏锐地意识到琉球群岛和台湾的重要战略地位。在抗战胜利前夕,他积极奔走,呼吁中国政府一定要收回琉球群岛和台湾。南京解放前夕,胡焕庸以拒收赴台飞机票的实际行动,表达了他在政治上追求进步的决心。新中国成立后,胡焕庸继续为中国地理学发展和国家建设贡献自己的力量。

(胡天银)

---

① 胡焕庸:《法人谋夺西沙群岛》,《外交评论》,1934 年第 3 卷第 4 期,第70 页。

中国生物学的奠基人秉志

秉志（1886～1965），河南开封人。1918 年获康乃尔大学博士学位，后在卫斯德研究所（Wister Institute）作神经解剖学研究。1920 年回国后历任南京高等师范学校农业专修科教授、国立东南大学和国立中央大学生物系教授。1948 年当选中央研究院院士。1955 年当选中国科学院院士。

我国生物学研究的先驱

秉志是我国生物学研究的先驱。还在美国求学时，为"联络同志，共图中国科学之发达"，秉志就曾与在康乃尔大学的一批留学生任鸿隽、杨杏佛、周仁等共同创立了中国科学社。他在《科学》创刊号上发表的《生物学概论》一文中特别提到生物学研究的重要性："近数年来，吾国人知欧美物质之文明，尽由算学数理化学进步所致，好学之士，殚精竭思，从事于此数者，大不乏人。由此以入机械工程制造诸学者，亦实繁有徒。而于生物学，则绝少问津者，以为此则草本虫鱼之小道也，非今日之所急也；嗟乎，高谈救国，而于天然生物之利，休养生息之道，不能知，以此言学，以此求治，亦綦难矣，有志者幸勿以皮相忽之也。"

1920 年，秉志从美国回到国内，受聘于南高农业专修科，讲授动物学。1921 年，东大在南高的基础上成立，原来的农业专修科发展为包含农艺、园艺、畜牧、病虫害、农业化学和生物六系的农科，当时该生物系是国内大学中的第一个生物系，由秉志担任系主任。

秉志极力提倡"吾国人宜以坚毅忍之态度，百折不回，研求基本之科学"。[①] 在当时国内的高校开展生物学研究，可以说完全是从零开始，白手起家。因此，秉志首先从生物标本的采集工作做起。曾师从秉志的生物学家张孟闻曾言："秉先生总是言传身教，朝期夕期""星期天邀同青年人一起郊游采集，他体魄健全，脚力极好，一走就是几十里。沿途把着手教会他们怎样处理标本，一面和大家闲扯，上天入地，古今中外，从西洋学者的勤学轶事，到古文诗词以及《水浒》《红楼梦》古典小说。他于中西文学都有渊博知识，尤健于谈，不仅有精辟的见解，而且谈言微中，往往有所启发，使人好学深思，听后回味，极耐咀嚼，大处着眼，小处着手，日积月累，必有大成。说科学决不辜负苦心钻研的勤学之人。"

艰辛的标本采集工作，为生物研究奠定了坚实的基础，也培养出一批继承了秉志勤俭刻苦、努力有恒的优良学风的生物学家。20 世纪 30 年代，著名地理学家张其昀曾在《近二十年来中国地理学之进步》中评述："生物学为一地方性之科学，与前述之地质学、气象学同为近年来中国科学研究之最有生气者，斯学在秉志、胡先骕二君倡导之下，人才辈出，成绩斐然。"同时强调这是与"二君昔年同任教于东南大学，首先举行大规模之采集工作"分不开的。

---

① 秉志:《科学与国力》,《科学》,1932 年第 16 卷第 10 期。

中国学术界最得意的一件事

秉志在东大生物系执教时,与他在一起的还有胡先骕、钱崇澍、陈焕镛等一批我国最早的生物学家。1920 年,秉志和胡先骕等人向中国科学社董事会提议设立生物研究所,为中华民族在国际学术领域争得一席之地。他们的建议得到了科学社董事会的一致赞同,经过前后一年的筹划,1922 年 8 月 18 日,中国科学社生物研究所正式成立,由秉志任所长。

研究所首要的研究工作是调查我国的生物资源。当时生物研究所分动物、植物两部。两部起初只是在南京及附近地区进行收集和调查,后来调查范围逐渐扩大到浙江、江西、安徽、四川、福建等地,与中央研究院自然历史博物馆、清华大学、北京大学等单位合作开展调查,还曾接受国防委员会委托去青海、甘肃、西藏等地进行植物调查。在进行生物资源调查的同时,他们又进一步开展了动、植物分类学的研究、植物形态学和生态学的研究、动物解剖学和组织学的研究、动物遗传学与动物行为的研究、动物生理学特别是神经系统生理学的研究、生物化学的研究等等,取得了一系列重要成果。

秉志所主持的生物研究所在开拓我国生物科学事业的过程中,还培养出一批优秀的生物科学人才。蔡元培曾经说道:"在中国当代的著名生物学家中,十有九个以这样或那样的方式与这个研究所发生联系。"①例如,在这里接受学术训练并由此开

① 蔡元培著,高平叔编:《蔡元培论科学与技术》,石家庄:河北科学技术出版社,1985 年,第 296 页。

始了他们的科学研究生涯的有生物学家王家楫、倪达书、张春霖、何锡瑞、郑万钧、吴仲伦等;在这里做过专职研究人员的有常麟定、孙仲彭、方炳文等;在这里当过"研究客员"的则有欧阳翥、吴功贤等。1935 年 10 月 24 日,中国科学社在上海国际饭店举行庆祝会,胡适应邀在大会上发表讲演时,曾讲到"中国学术界最得意的一件事",就是中国科学社生物研究所在"秉志、胡先骕两大领袖领导下,动物所、植物所同时发展,在此二十年中为文化上辟出一条新路,造就许多人才"。

殊不知,这"最得意的一件事"渗透了秉志的多少心血。秉志曾云:"虽吾侪处境至困,或窘于财货,或涩于设备,时且或虞政事之不安,致环境以扰乱,而研究工作,终始坚执,推进不懈,不使中绝。"①张孟闻在《回忆业师秉志先生》一文中则提到,秉志"平日自奉甚俭,而坚持工作很严,每日八时到所,下午六七时始去,风暴雨雪不误;住在所内时夜间也工作到十时始息。南京夏天热如蒸笼,他伏案工作汗透衣衫或顺浃、沿臂流淌下来,用毛巾揩抹一下又照样坚持下来"。② 为了维系生物研究所的研究活动,秉志克勤克俭,常将自己的收入贴补其中。他是曾经留美十年的"洋博士",但在生物研究所却常常穿着打了补丁的西装和皮鞋,或者整天穿着一件蓝布大褂。担任过科学社社长和董事的丁文江在 1929 年 5 月 21 日给胡适的一封信中提到,秉志为办好生物研究所,"生活异常之苦","把收入的半数也都贴在里面,往来北平、南京多坐二等车,有时坐三等"。③

① 秉志:《研究长江流域动物之建议》,《科学》,1933 年第 17 卷第 11 期。
② 张孟闻:《回忆业师秉志先生》,《中国科技史料》,1981 年第 2 期。
③ 中国社会科学院近代史研究所中华民国史研究室编:《胡适来往书信选(上)》,北京:中华书局,1979 年,第 514 页。

沛颠无改见坚贞

也正是由于崇高的爱国主义情怀,秉志在学术生涯中始终保持着一种"富贵不能淫,贫贱不能移,威武不能屈"的情操和气节。

抗战期间,中央大学和中国科学社生物研究所西迁重庆,秉志因夫人生病无法西行,故而迁至上海,借租界躲避战乱。敌伪政府慕其名要他出来任事,他却隐姓埋名,每天躲在法国人办的震旦大学化学实验室,一面补习生物化学,一面钻研中国药物治理疾病的疗效,中午常常只用大饼充饥。他还以"伏枥"为笔名在《学林》和《科学画报》上发表文章,揭露敌伪统治下日本军国主义者的滔天罪行,斥之为毒蛇、野兽、强盗。1944 年,秉志已近花甲之年,他的挚友钱崇澍和胡先骕也分别达花甲之年和"知天命"之年。于是,他们以前的学生,当时已是国内知名生物学家的余沛华、秦仁昌、王家楫、耿以礼、曾省、方文培等发起"征金申祝"活动,为他们庆祝寿辰。在印发的启事上曾有翁文灏所写的一首诗,诗中云:"桃李成蹊觇化育,沛颠无改见坚贞。"

1945 年 8 月 14 日,日本军国主义无条件投降。因生物研究所在南京的所址已成一片废墟,无法迁回,故复员后迁至上海,借科学社在上海所建的明复图书馆顶层开展研究工作,仍由秉志任所长。秉志的学生张孟闻随复旦大学东还上海,师生劫后重逢时,秉志还是穿着有补丁的蓝布大褂与老牛皮鞋。

抗战胜利后,由于通货膨胀,生物研究所日益难以为继,多数研究人员只好离所他就,到上海解放前夕,只剩下秉志、徐墨耕和一位初级研究人员。但秉志始终不改初衷,坚守着这个"穷摊子"继续进行研究工作,直到解放初该所移交给中国科学院生物研究所。

秉志对生物研究的矢志不渝,既出于他的爱国主义热忱,又充满着一种"为科学而科学"的执着和真挚。正如他自己所说:"此辈人士之专力于此学,既无奔走仕途求富贵利达之野心,又无投身实业谋生财致富之希望,名利之心已摒除净尽,所孜孜敏求者,一供其兴趣驱使而已。……以其在各大学任课,施其所长,培植后学,皆朝夕矻矻,有终身为之之势。……甚至假日休闲,就结伴蹀躞于森林丘壑之中,微搜讨论,不辞劳苦,俨然如亚里士多德与其从游之士集于幽谷深山谈论学术者,此诚学术之佳话。"①

(冒　荣)

---

① 张孟闻:《回忆业师秉志先生》,《中国科技史料》,1981 年第 2 期。

硕学通儒胡小石

胡小石(1888～1962)，江苏南京人。1923 年起历任金陵大学、国立东南大学、国立中央大学中文系教授、系主任、文学院院长等职。1944 年被聘为"部聘教授"。新中国成立后，曾任南京大学教授、文学院院长、图书馆馆长。

得梅庵真传

1906 年 9 月，胡小石考取两江师范学堂预科，翌年 2 月插班入农学博物分类科。入学不久，校长李瑞清（号梅庵，又号清道人）出题测试，题目出自《仪礼》。胡小石父亲胡季石师出清末著名学者刘熙载，家学甚厚。胡小石 5 岁即读《尔雅》，对张惠言的《仪礼》也研学多遍，因此胸有成竹，一挥而就。李瑞清发现这名学习农学的弱冠少年竟然能够写有关《仪礼》的文章，大喜过望，青睐有加，遂亲自在课余时间教授胡小石传统国学。

梅庵先生精于碑学，是清末享有盛名的大书法家。胡小石得其指点，开始学习北碑《郑文公碑》和《张黑女墓志》，于《郑》取其坚实严密，于《张》取其空灵秀美，从此笔力沉着，书艺大进。

1917 年，胡小石经梅庵先生介绍，到上海任明智大学国文教员。翌年 1 月，胡小石应邀到梅庵先生家当塾师，一方面教其弟侄经学、小学及诗文；一方面又师从梅庵及与梅庵过从甚密的晚清老宿沈曾植、郑大鹤、王静安、曾农髯等，学习帖学、金石文字学及书画、甲骨学等。

胡小石尝云："此三年（1918～1920）中，受益最大，得与梅庵先生朝夕晤谈，小学、经学和书艺能不断深造……"后人评价胡小石"近得梅庵北派之真髓，兼受农髯南派之熏沐，远绍两周金文之异变，秦权诏版之规范，汉简八分之宽博……虽师从梅庵，但能得其所失，补其所缺，实青出于蓝而胜于蓝"。但胡小石却始终缅怀师情，谨遵师教。20世纪50年代，南京大学中文系研究生周勋初曾问胡小石："先生的书艺和梅庵先生相比，又当何如？"胡小石立即惶悚地说："先生书通各体，我只能得其一端而已。"还有一次，胡小石带几个研究生在馆子里聚餐，旁边一席有两位正对"清道人"的一幅画妄加评议，胡小石听后愤愤不平，脸上露出鄙夷不屑之神色，似乎在说："凭尔等也配议论我先生的书画？！"其尊师、爱师之情，由衷而发。

胡小石一生敬仰梅庵先生，每逢梅庵先生忌日，必定素食；至清明节必亲赴牛首山扫墓。抗战后几经战乱，李墓竟无迹可寻。解放后，胡小石曾让学生侯镜昶代为寻访，但遍访未果。直至20世纪70年代末，侯镜昶才找到李瑞清墓园，了却胡小石的遗愿。感怀之下，侯教授撰文《清道人其人其墓》，记述李瑞清的生平、成就及他与胡小石之间绵长的师生情谊。

诗作"仰追刘宾客"

早年在两江师范学堂求学时，胡小石即以诗文名噪一时。1920年，陈中凡到杭州途经上海，拜访师友，在李瑞清寓所与胡小石相识。初次把晤，相见恨晚，胡小石出示所作诗歌，陈中凡对其《与友人江头小饮》一首尤为欣赏，诗云："十年骑马上京华，银烛歌楼人似花；今日江头黄篾舫，满天风雨听琵琶。"吟诵再三，陈中凡不由"叹其轶材秀出，非侪辈所能几及"。

经梅庵先生介绍，胡小石与胡翔冬一起师拜陈三立先生门下，从受诗学。散原先生是陈宝箴之子、陈寅恪之父，清末诗坛"同光体"领袖之一。授业时，他因材施教，命胡翔冬专习中晚唐五律，胡小石专习唐人七绝，而后再就性之所近，兼习各体。胡小石谨遵师教，转学多师，自成风格。其生平所作，七绝居多，旨趣神妙，风调隽美。散原先生曾称赞胡小石"仰追刘宾客（即刘禹锡），为七百年来罕见"。

胡小石一生所写诗词甚多，晚年曾厘为六卷，分别为《磐石集》《峡林》《无同沙词》《蜩楼草》《东风堂集》《夏庐长短句》。1962年胡小石先生去世后，在联合国任职的长子胡令德回大陆治丧，欲将其父手书诗集带到香港影印出版。时任南京大学校长的郭影秋力主在内地先行出版，并组织胡小石教授遗著整理委员会。在胡小石次子杨白华（出继舅家，改姓杨氏）的帮助下，广为收罗，编为诗词全集，寄给中华书局。但当时内地出版社尚无印行现代人旧体诗词的先例，因此被中华书局退稿。未几，"文革"风暴骤起，此稿亦遭掠，"文苑瑰宝"就此失踪，殊为可惜！

1986年，南京大学中文系资料室中突然发现一大捆胡小石遗物，大部分是胡小石论著的底稿和油印授课讲义及参考资料，也有1913年初至1914年胡小石在长沙明德中学任教时所作杂钞诗函稿。胡小石的弟子吴白匋教授以此为主，多方搜集增补，汇印《愿夏庐诗词钞》，收入诗251首、词19阕，"约存全貌之半"。

拒绝为蒋介石书写寿序

"九一八"事变后，胡小石目睹时艰，常有愤世嫉俗之语。他曾在《杂诗》中怒斥"狐狸亦当道，安问豺与狼？"并感叹"万哀天地夜，阖眼倘我存"。1940年1月，胡小石离开昆明重回重庆中央大学，途中遭到特务搜查，朋友所赠进步书刊被悉数没收，胡小石也被列入特务监控的黑名单之中。

1946年，国民党为蒋介石六十寿辰祝寿，朝野各色人等竞相效忠，或撰颂辞，或献九鼎。当时有一"民意机构"派人与胡小石商洽，许以重金酬谢，请他为蒋介石六十寿辰书写寿文。此举一箭双雕，其一因为胡小石已经是中大最负盛名的教授之一，金石书画、诗词曲赋无所不通；其二是胡小石无党无派，与政治素无姻缘，请他写寿文既有文气，又具"民意"。然而当来人刚刚说明来意时，胡小石立即一口回绝。来人脱口反问："前时美军将领史迪威逝世，那次公祭典礼上的祭文，不是由先生写作的么？"胡小石当即回道："史迪威将军来中国帮助我们抗战，所以我才为他写祭文。再说，我只会给死人写祭文，不会替活人写寿文。"来人闻之色变，悻悻而去。

民初著名书法家曾农髯对胡小石曾有一评价："其为人孤峻绝物，苟非所与必面唾之，虽白刃在前不顾也。及观其事师敬友则循循然，有古人风。"信哉此言！

（龚　放）

地学一代宗师竺可桢

竺可桢(1890～1974)，浙江绍兴人。1920年创建国立东南大学地学系并任系主任。国立中央大学初期再次担任地学系主任。1948年当选中央研究院院士。1955年当选中国科学院学部委员(院士)。新中国成立后，曾任中国科学院副院长、中国科协副主席、中国气象学会名誉理事长、中国地理学会理事长，被公认为我国气象、地理学界的"一代宗师"。

创办我国第一个地学系

1918年秋，竺可桢获得哈佛大学博士学位后回国。为了照顾一家老小的生活，竺可桢应邀去了工资较高的武昌高等师范学校。该校学生大多是湖北、湖南人，几乎都听不懂竺可桢的绍兴口音，师生间的课内外交流相当困难，于是竺可桢不得不花费大量时间去刻印讲义。当时武昌高师的教师又以日本留学生为多，他的许多教育观点和主张也得不到同事的理解和支持。而云集了一大批留美学者的南高，正呈现出一派蓬勃发展的迹象。1920年，南高校长、留美博士郭秉文力邀竺可桢加盟。这一年的夏季，竺可桢调入南高，在文史地部教授气象学，同时教授理化部的微积分和农科的地质学。

当时南高文史地部分文学、哲学、历史、地理四系。地理系虽称作系，专业课程却不多，与传统意义上的"舆地科"殊无二致。竺可桢认为，清政府将台湾割让给日本，沙皇俄国以720万美元将阿拉斯加贱卖给美国，都是决策者因缺乏地理知识而铸成的大错。他还向人们举例说，日本人对于中国地理甚是熟稔，出版的中国地理书"指不胜数"，远胜于中国人自己的研究；当时美国已有头等测候所200多个，而中国只有上海、香港等两三处外国人办的测候所。对此，他深感耻辱，大声疾呼要"组织机关，捐募巨款，调查全国之地形、气候、人种（类）及动植物、矿产"。要完成这一历史使命，就要创办新型的地学系，培养相当数量为振兴中国服务的、不受外国人控制的地学家。

1920年底，东大在南高的基础上宣告成立。以此为契机，竺可桢主张突破地理系专业过于狭窄的樊篱，成立一个新型的大地学系。校长郭秉文、教务主任陶行知等人采纳了这一颇有创意和远见的建议，于是我国第一个地学系在东大正式成立，竺可桢为系主任。

和旧地理系相比，新地学系所涵盖的领域要宽泛得多。它包括地理、气象、地质、矿物四个专业，开设有地学通论、气象学、地质学、古生物学、中国地理、世界地理、世界气候、矿物学、地形测量、地图学、历史地质学、地质考察等新式课程。竺可桢亲自讲授地学通论、气象学、世界地理、世界气候四门课程。

新地学系之所以新，一个显著的特点就是重视自然科学的学习和实验实习训练。为了让学生能够进行气象实习，地学系在校内建立了测候所，让学生轮流观察、记录和分析。为了增强实践环节，竺可桢规定野外实习为地学系各科的必修课程。雨花台、紫金山、栖霞山、方山、龙潭等地都是地学系师生常去的地方,他们徒步往返,而走在最前面的往往就是身材瘦小的竺可桢。他边走边指导学生在野外自行观察、发现、采集标本。几年之间,师生采集的各种岩石、矿物、古生物化石等标本便已让人应接不暇了。以此为基础,东大在科学馆建立了我国大学的第一个地质标本室,并通过与国外交换或购买岩矿石、化石等标本,进一步充实了这个标本室。

竺可桢异常重视学生自学习惯和研究能力的培养。他和著名历史学家柳诒徵教授合作,指导学生成立"史地研究会",在校内创办《史地学报》,刊登师生的著译作品。他鼓励学生从中外报刊中摘录地理学最新动态,经他审校,编成《地理新资料》,在《史地学报》中连续刊出,既充实了教学内容,又开拓了师生视野。他指导陈训慈撰写有关世界石油问题的论文,并推荐给《东方杂志》发表;指导朱炳海翻译美国著名气象学家威列特的《雾与航空》一文,并介绍给《科学》杂志发表,等等。学生著译文章,凡经他手的,他都认真校核,细心润饰修改。他自己的名字自然是从来不署的,开始有的学生还把老师的名字写上——写在最前面,可他从不应允,又怕学生过意不去,便加上一句"托辞":"老师怎么能与学生处在同一个水平上呢?"至于考试的形式,常常是由专题写作替代"闭卷"考试。他的学生都认为这种"同学自修,课外研究,老师指导"的教学方法对他们帮助极大。

地学系在竺可桢等人的治理下声誉鹊起,受到学界的高度重视,很快便与北京大学地质系齐名,南北相映,各有千秋,成为当时中国培养地学人才的两处摇篮。

"你就做第一个合聘者吧"

竺可桢在东大时有两个得意门生：一位是中国地理学的开山大师、后来创办了台湾中国文化大学的张其昀，另一位便是后来做过中大教务长的中国人口地理学奠基人胡焕庸。

1919年，胡焕庸考入南高文史地部第三班。次年，竺可桢来校任教。竺可桢对胡焕庸很是赏识，精心指导他和张其昀等六位同学翻译了曾任美国总统威尔逊顾问的著名地理学家鲍曼（Isaiah Bowman）的新书《战后新世界》（*The New World*），并推荐给商务印书馆出版，以此作为他们的毕业纪念。胡焕庸毕业后，又在竺可桢的帮助下赴法、德留学，攻读自然地理学、经济地理学和人文地理学。

1928年胡焕庸学成归国。此时竺可桢，既是中央大学地学系的主任，又是筹建中的中央研究院气象研究所所长。竺可桢认为大学和研究所都急需胡焕庸这样的俊彦英才。如何发挥胡焕庸的作用，倒一下子成了竺可桢无法解答的难题。他只好叫胡焕庸自己做主："你喜欢在哪边工作就到哪边去吧。"而此时，胡焕庸也正在左右为难："一切遵从老师安排就是。"这样一来，竺可桢就更犯难了："鱼我所欲，熊掌亦我所欲也，两者必须兼得！"竺可桢一遍又一遍地念叨着"两者必须兼得"，微微一笑，问胡焕庸："你是不是既想到中央大学搞教学，又想到气象研究所搞研究？""是的，是的。"竺可桢紧接着又问："可是你却觉得既不能去中大，也不能去研究所？""对极，对极！"竺可桢双手一抬，愉悦地说道："关键是要两全其美，这样吧，你在两边工作，半天在系里，半天在所里，工资各领一半，不偏不倚，你就做第一个合聘者吧。"胡焕庸听完老师的话,不由笑了。

　　一年以后,竺可桢辞去了系主任的职务而专任气象研究所所长,胡焕庸接替了系主任一职,并将"重心"逐渐过渡到了系里;不过,师生两人仍在继续为"对方"工作,只是都变成"兼职"了。

（王运来）

中国教育心理学奠基人艾伟

艾伟(1890~1955)，湖北江陵人，中国近代教育心理学奠基人。先后于上海圣约翰大学、哥伦比亚大学、华盛顿大学获得理学学士、教育学硕士、哲学博士学位。1925年至1947年任国立东南大学、国立中央大学教授，1942年被聘为"部聘教授"。

潜心研究汉字问题

艾伟是一名热血爱国青年。早在20岁出头的时候，为救国于危亡之中，他便毅然加入同盟会并参加了辛亥革命。孙中山曾言："民众的心理所向是国家兴亡成败的关键，加强国民特别是革命者心理建设有重要意义。"因为"一国之趋势，为万众之心理所造成"。五四运动之后，西方现代科学强烈地冲击着中国的旧式教育，发展心理学以改造旧国民、塑造新国民，这不仅是时代的召唤，也是青年艾伟的伟大理想。1921年，艾伟怀着教育救国的理想远渡重洋，先后在哥伦比亚大学和华盛顿大学研究心理学，1925年获博士学位后归国。

当时国内改革汉字的呼声日益高涨，归国后的艾伟便开始从事汉字问题研究。艾伟一直认为，对汉字的学习与掌握会直接影响国民的素质。

> 一国的文字不过是一国人民的工具，用来获取某些知识的。……所以近代的战争实是一种科学的战争，或知识的战争，必一国人民具有充分的知识，爱护其国家，那么在战争中对于胜利才有把握。知识的获得既借用文字以做工具，则这种工具应当愈简单愈便利才愈好。①

　　了解汉字的规律，不仅可以提高汉字学习的效果，而且对于开发民智、改造社会继而实现教育救国具有重要的意义。

　　实际上，早在 1923 年在华盛顿求学期间，艾伟便对汉字的形、音、义在学习上的特点和规律进行了有价值的实验研究。归国后艾伟将这项研究拓展到字形、字量、识字、词汇、音义、简化、排列、书法等多个方面，提出了影响汉字学习的因素，整理出汉字的六大原则，制定编辑教科书选择汉字的原则等，对提高汉字学习的效率、推动汉字简化、汉字改竖排为横排等作出了重要贡献。1947 年，艾伟与团队撰写完成《阅读心理：汉字问题》一书，于 1948 年由中华书局出版。他领导的研究队伍围绕汉字研究进行了长达 25 年的实验，其研究的广度和深度，他人难出其右。

天才儿童的乐园

　　艾伟曾言："每一个教育家和心理学家，最好有属于它自己的实验学校。"1934 年，为开展学习心理的实验研究，艾伟将自己的房屋腾出一部分，出资创办了万青试验学校。其夫人范冰心任学校主任并教算术，中大教育系毕业生秦湘苏教国语。

---

① 　艾伟：《汉字学习心理研究经过》，《教育通讯》，1938 年第 9 期。

万青试验学校秉承科学的态度、实验的精神,采用各种特殊的教育方法探索"如何能使最聪明的儿童不受普通班级的限制而获得充分的发展"。

艾伟按照他的教育理想施教。万青试验学校采取智力测验选拔优秀的儿童,所采用的教材、教法、学籍编制与训育方针也不同于其他学校。在教师的指导下,每个学生都能按照自己的进度、能力和兴趣做自己的事情。学生不受团体的牵制和阻碍,跑多远、跑多快,都有绝对的自由。学校的儿童大都能在一学期内读完普通小学两学期的功课。到第一学期末,儿童大都能记很生动的日记,写很通顺的作文。其他如数学、常识等课程,也都有着不俗的成绩。学生体格方面也有很大改善。因为成绩卓著,万青试验学校被外界誉为"天才小学"。[①]

艾伟还对试验学校的儿童进行各种观察和教育心理实验,在儿童阅读兴趣、朗读与默读的比较、朗读练习进展及词句学习心理等方面得出了许多科学的结论,对小学语文教学具有重要指导意义。全面抗日战争爆发后,万青试验学校被迫停止办学。尽管仅办学三年有余,艾伟却很欣慰,因为这里曾是天才儿童的乐园。

首创教育心理研究所

1937年初,艾伟出任国立中央大学教育学院院长。全国抗战爆发后,中央大学西迁重庆,教育学院改为师范学院。为了不受行政事务的干扰和拖累,艾伟辞去师范学院院长之职,专任师范学院研究部主任和研究院教育心理学部主任。在此期间,艾

---

① 《天才儿童的乐园》,《中央日报》,1936年7月17日,第3张第4版。

伟创办了教育心理研究所并任所长。该所是中国历史上最早招收和培养教育心理学硕士的研究所。艾伟亲自为研究生系统讲授教育心理学研究、学科心理学、高级统计学和心理与教育测量研究等课程。他还创办了《教育心理研究》季刊,用来刊载师生的研究成果。

以往的教育心理研究主要是以猫、狗等动物在实验室控制下的行为表现为依据测出规律,加以演绎,最终应用于教育教学。但艾伟认为,人与动物的学习过程并非完全相同,教室与实验室的条件也存在较大的差异,所以实验室中通过动物行为获得的结果并不能完全适用于儿童教育。因此,艾伟在指导研究生时都选用真实的案例,通过教学刺激,观察和比较儿童的行为表现。

在抗战时期的艰难环境下,艾伟仍坚持学术研究。每次空袭要跑警报的时候,别人手提包里装的多是金条或贵重物品,而艾伟的手提包里装的都是统计资料。后来,艾伟在自己办公室内特别砌一小石库,专藏各种资料及书籍,而他自己居住的地方却无任何安全防护措施。

(胡天银)

中国现代数学先驱熊庆来

熊庆来(1893～1969)，云南弥勒人。1921～1926 年创办国立东南大学数学系并任系主任，被公认为"中国现代数学的先驱"。20 世纪 30 年代初熊庆来在法国研究函数论，获巴黎大学理学博士学位，他定义的"无穷级函数"被国际上称为"熊氏无穷数"。

"三个意外"

1921 年熊庆来从法国留学归来。半年后，他受东大校长郭秉文之聘，从云南来到东大创办数学系，同时担任南京高等师范学校的教授。郭秉文的雄心壮志是引进近代科学，建立新式大学，将熊庆来聘来东大，就是为创建一个现代数学系，它将不同于以往的"算学系"，并且还能与欧美大学数学系"说得上话"。

正是在这里，熊庆来把近代数学引进国内，聚集了高鲁、段调元、钱宝琮、杨武之（杨振宁之父）等老一辈数学家，大大推进了数学学科在中国的发展。因此，熊庆来被公认为中国现代数学的先驱。曾任清华大学理学院院长的叶企孙曾经说过"没有东大，便没有清华"，意思是说清华在改建大学的过程中，最早一批数学、物理等学科的当家教授，如熊庆来、叶企孙、吴有训、杨武之等，便是由东大调过去的；清华的一些青年骨干教师，如后来当选为中国科学院院士的赵忠尧、施汝为、陆学善等人，也均是东大毕业后即到清华任教的。

追根溯源，似乎可以这样说：如果没有熊庆来引进近代数学，便没有声誉鹊起的东大数学系；如果没有东大数学系提供舞台，熊庆来可能也很难施展其数学才华。后来每当提及此事，熊庆来都会动情地说，郭秉文当年曾经给了他"三个意外"：第一，他在云南意外地收到了南京的聘书；第二，他原以为来了至多也不过做一个讲师，却意外地被聘为教授；第三，对于他这样一个刚刚回国、未及而立的年轻人，如果说做教授还不是绝无仅有的话，那么担任国立大学的系主任可能真的是"匪夷所思"了。

熊庆来后来因发现了华罗庚等人而被赞誉为我国数学界的"伯乐"，其实他本人就是被另一位伯乐——郭秉文当成"千里马"来量才重用的。

一件皮袍

熊庆来发现他所在的数理化部一个叫刘光的学生极有才华，便经常有意指导他读书、研究，待到他毕业时，又和教过刘光、也同样赏识他数理天赋的另一位教授，共同资助他出国深造，并且按时寄生活费给他。有一年冬天，因手头一时缺钱，熊庆来便卖掉了正穿着的皮袍，如期将钱汇出。家人不无埋怨地说他："你不该这样，冻坏了身体怎么办！"他却说："刘光到期收不到钱，就会猜想我是不是遇到什么问题啦，那样便影响他的学业了。"讲得家人连连点头。

后来成为著名物理学家的刘光只要一提到熊庆来为他卖掉皮袍的事便激动不已："这件事对我是刻骨铭心的，永世不会忘怀！"

（王运来）

美学大师宗白华

宗白华(1897～1986),安徽安庆人。1920年赴德留学,先在法兰克福大学哲学系学习,后转至柏林大学学习美学和历史哲学。1925年回国,先后任国立东南大学、国立中央大学、南京大学哲学系教授。1952年院系调整后至北京大学哲学系任教。著有《流云小诗》《美学散步》等。

佛头宗

20世纪30年代中期,宗白华逛夫子庙时,在一家古董店偶尔发现一尊雕刻精美的隋唐石佛头,爱不释手。店主见顾客十分喜爱,也没出高价,买卖就这样谈成了。宗白华设法将之运回中大寓所。佛头重数十斤,低眉瞑目,秀美慈祥。他曾对学生说:"我回家只要一看见它,就什么烦恼都消失了。"此事在同事中传开,大家纷纷到宗白华家观赏。徐悲鸿、胡小石等好友亦交口称赞,爱抚不已。为此,宗白华就有了"佛头宗"的雅号。

不久,抗日战争爆发,南京沦陷,宗白华跟随中央大学仓促西迁,临行前只得将佛头埋在院中的小枣树下。抗战胜利后,复员回到南京,宗白华家中所有书画古玩都荡然无存,唯有此佛头因深埋地底得以幸存。望着幸存的佛头,宗白华感到由衷的慰藉。

1952 年全国高校院系调整,宗白华调至北京大学哲学系任教,佛头亦携往北京。数十年来,他将这尊雕刻精美的佛头一直置于案头,朝夕共处。

《三叶集》

说起宗白华,就会联想到郭沫若和田汉,以及他们三人的通信集——《三叶集》。

1919 年夏,22 岁的宗白华应上海《时事新报》主编张东荪的邀请,编辑文艺性副刊《学灯》。他在这个副刊以及《少年中国》上编发了田汉的许多诗歌、戏剧作品和文艺评论文章。

在编辑《学灯》时,宗白华以非凡的胆识发现并扶持了年长自己 5 岁的郭沫若。当时郭沫若正在日本福冈九州大学医学部学习,经常阅读上海的《时事新报》。一天,郭沫若在"新文艺"栏上读到康白情的白话诗《送慕韩往巴黎》,唤起了自己的胆量,他立即把以前写的诗作《鹭鸶》与《抱和儿浴博多湾中》投寄《学灯》,没有想到很快便刊出了,这令其惊喜若狂。在此之前,郭沫若虽有创作或翻译,却难觅知音,寄回国内,屡屡碰壁。这次变成铅字,给他的生活道路和创作历程带来了决定性的转折。

闸门一经打开,诗人的才华之泉终于迸发奔流了!宗白华以敏锐的洞察力判断出诗人胸中蕴藏着不可估量的创造力,遂以惊人的气度将这"无名小辈"的作品接二连三地发表。从该年的九月到次年的三月,短短半年间,宗白华刊登郭沫若的新诗数十首,有时甚至用上《学灯》的整个篇幅,这在《学灯》的编辑史上,甚至在当时中国报刊史上也是绝无仅有的。

后来，郭沫若将刊发在《学灯》上的新诗加以增删，结集为《女神》出版。闻一多读后指出："若讲新诗，郭沫若君的诗才配称新呢，不独艺术上他的作品与旧诗词相去甚远，最紧要的是他的精神，是时代的精神——二十世纪的时代精神。有人讲文艺作品是时代的产儿，《女神》真不愧为时代的一个肖子。"[①]郭沫若的《女神》开启一代诗风，对新诗的发展有着深远的影响。对于宗白华的扶植和帮助，郭沫若是永志不忘的，他说："但使我的创作欲爆发了的，我应该感激一位朋友，编辑《学灯》的宗白华先生。"甚至由衷地称宗白华为"我的钟子期"。

独具慧眼的宗白华发现了郭沫若的天才后，马上把他介绍给在日本东京留学的好友田汉。宗白华在给田汉的信中写道："我又得了一个像你一类的朋友，一个东方未来的诗人郭沫若。"接着又连去三信给郭沫若，介绍他与田汉相识，并大有预见地说："我很愿意你两人携手做东方未来的诗人。"就这样，他在未来的文坛巨人间架起一座桥梁。

从此，三人鱼雁往还，正像郭沫若后来回忆说："当时三人都不曾会面，你一封，我一封，就像陷入了恋爱状态的一样。"他们也和当时的青年人一样，受到时代潮流的冲击，苦闷、探索、反抗，互相倾诉心中的不平，追求着美好的理想，自我解剖，彼此鼓励。后来，三人的通信经过整理，于1920年5月出版，题名为《三叶集》。郭沫若认为此书"要算是在五四潮流中继胡适的《尝试集》之后，有文学意义的第二个集子"。

---

① 闻一多：《〈女神〉之时代精神》，《闻一多全集》第三卷，武汉：湖北人民出版社，1993年，第191页。

散步的美学

"行到水穷处,坐看云起时……"是求学时代的宗白华常常挂在口边,尤其是在他独自一人散步的时候吟诵的唐人诗句。

散步是自由自在、无拘无束的行动,但并非没有计划、没有系统,散步和逻辑并不是绝对不相容的。宗白华是中国散步美学的创始人。

宗白华原来是学医的,但他觉得"终究不适于拿手术刀解剖人的形体,而适于用理性去探索人的内心,就改行钻进了美学"。1920 年他到德国留学,又专门学习美学和历史哲学。"回过头来再研究中国的东西,似乎进展就快一点了",后来在谈到美学问题时宗白华如是说。

宗白华认为中国美学应以生意盎然的气韵、活力为主,"以大观小",不拘之于模拟形似。他说:"中国人不像浮士德'追求'着'无限',乃是在一丘一壑,一花一鸟中发现了无限。"所以,他的态度是悠然意远而又怡然自足的,他是超脱的,但又不是出世的。这样的人生态度是"天行健,君子以自强不息"的儒家精神,以庄子的哲学对待人生的审美态度为特色,以及并不放弃生命的中国佛学——禅学,加上屈骚传统,构成了中国美学的精英和灵魂。

（袁李来）

中国生理科学奠基人蔡翘

蔡翘(1897～1990)，广东揭阳人。1919 年赴美留学，先后在加利福尼亚大学、印第安纳大学、芝加哥大学求学，1925 年获博士学位。1927 年任国立中央大学医学院生理学教授。1948年代理中大医学院院长，同年当选为中央研究院院士。

发现"蔡氏区"

在美国芝加哥大学读书期间，蔡翘师从实验心理学家哈维·卡尔(Harvey. A. Carr)。当时，哈维教授正在进行一个全面探究美洲负鼠(Opossum)脑的课题。蔡翘负责研究美洲负鼠视束及视觉中枢，其中牵涉到脑干内极为重要、但又不大为当时人们所注意的一些结构，如内侧前脑束和被盖网质。在实验中，蔡翘发现负鼠下丘脑和中脑被盖间存在一个从未被认识到的微小核团，它可以揭示视觉与眼球运动功能的关系。蔡翘基于自己的研究发现撰写了一篇长达 75 页的论文，发表在 1925 年的《比较神经杂志》上。

这篇论文是关于美洲负鼠视觉系统的研究，但其内容却大大超出了视觉系统的研究范畴。内侧前脑束的细胞起源、纤维连结和功能意义，向来被视为神经解剖学上的重大难题，让不少学者望而却步。蔡翘迎难而上，勇于探索。最终，他的研究发现澄清了多年来人们对于这一纤维连结系统的模糊认识。此后，从事神经递质中枢途径和痛觉神经机理研究的科学工作者们，更清晰地认识到中脑被盖网质、中央灰质区和内侧前脑束在痛觉调制过程中的作用。后来，学界把蔡翘当年所着意描述的中脑内盖网质——一个他在论文中称之为"顶盖前核"（nucleus pretectalis）的地方叫作"蔡氏区"（Tsai'area），以铭记他的贡献。

倾尽心血育新花

　　1937年1月，蔡翘离开上海赴中大任生理学教授兼科主任。当时中大医学院建院不满两年，条件差、月薪少。有人对此不解，问他为何做此选择。他回答道："在上海是为外国人工作，来南京是为中国培养医学人才，义不容辞！"来到中大后，蔡翘自掏腰包购置仪器、设备、图书，筹建动物房及研究室，用于肝糖代谢的慢性实验研究。此外，他还与助教吴襄共同编著《生理学实验》教科书。

　　全面抗战爆发后，中央大学西迁重庆沙坪坝。重庆当时并不具备医学教学、实习的基本条件，校长罗家伦遂派蔡翘、郑集二人与位于成都的华西协和大学磋商迁校事宜。1937年10月，蔡翘带着中大医学院和农学院畜牧兽医系师生，护着仪器设备，辗转至成都华西坝，连一颗钉头、一支竹签都没有丢下。在成都和蔡翘共事的还有朱壬葆、周金黄、匡达人、蔡纪静等人。他们先借用华西协和大学医学院部分校舍，后又租用城内一所中学校舍用于教学。抗战时期，中大医学生第一年在重庆柏溪分校学习，剩余时间皆在华西坝。1938年秋，蔡翘联合中央大学医学院、华西协和大学、齐鲁大学发起成立中国生理学会成都分会，此后创办《中国生理学会成都分会会志》。1941 年，蔡翘创办中央大学生理学研究所，招收研究生。蔡翘培养出来的学生像一把种子，在全国各地开花结果。

战时工作条件异常艰苦，蔡翘依然为教学科研尽心尽力。他犹如一个强大的磁场，在炮火连天的岁月里，吸引和汇聚了各方人才。经过蔡翘培养或指点的学者，后来很多都成为生理学科的巨擘，名冠中华、蜚声海内外。蔡翘以一腔热血，保全文脉，弦歌不辍；倾尽心血，培育新花！

中国航天生理学创始人

新中国成立后，为建设强大的空军和海军，蔡翘受中央卫生部嘱托，开展中国航空航海医学以及劳动生理领域的研究。尽管缺少经验，他也义无反顾。他说："只要是祖国需要的，我就有义务去学习、去钻研，组织队伍，进行开拓。"①

1951 年起，蔡翘及其团队在航空医学领域开展了一些初步的实验。他们跑遍了东北、华北地区的航空部队、飞行学校和医院，和飞行员朝夕相处，开展调查研究，希望解决在高空高速飞行中保证飞行员的安全与战斗力的问题。同年，他们还编著《航空医学入门》。1953 年，蔡翘及其团队建成中国独创的第一座混凝土人用低压舱，于 1953 至 1955 年间写出《航空生理研究总结初步报告》。为学习国外先进经验与技术，1956 至 1957

---

① 蔡翘：《困难・信念・力量——从事生理学科研及教学 60 周年回顾》，《生理科学进展》，1982 年第 3 期。

年,蔡翘先后赴苏联、波兰、捷克等国考察。

蔡翘是我国特殊环境生理学、军事劳动生理学、航天航空医学和航海医学等学科的开创者。为了纪念蔡翘在人体视觉、神经生物学、航天航空医学等领域的诸多贡献,2011 年 10 月 14 日,中国科学院将紫金山天文台盱眙观测站于 2007 年 8 月发现的国际编号为 207681 的小行星正式命名为"蔡翘星"。

（谢　雯）

"中国克隆之父"童第周

童第周(1902~1979)，浙江鄞县人。1927年毕业于复旦大学生物系，后赴国立中央大学动物学系任教。1930年留学比利时并取得博士学位。1938年任中大医学院教授。1955年当选中国科学院学部委员(院士)。

"决定性的一步"

1927年童第周从复旦大学毕业，经人介绍先后在国民党总司令部下属的政治部宣传处、浙江桐庐县建设科任职，但是他对做官并不感兴趣。后来，童第周给在复旦大学求学时的老师蔡堡写信，请求帮忙找一个合适的工作。当时蔡先生已转任国立第四中山大学自然科学院生物系主任，他收到童第周的信后立刻邀请其来中央大学做助教。在中大，童第周找到了自己为之奋斗一生的事业。他曾这样写道："我一生决定性的一步是从做蔡堡先生的助教开始的，从此进入了教育和科研的领域。"

赌气留洋

1929年，中大新盖了一座生物馆。由于标本、仪器等正在陆续购进,学校决定划出空置的房间让青年教师居住。童第周接到事务长刘藻彬教授的通知后便兴高采烈地准备搬家。可当童第周兴冲冲地搬进新楼时,却遭到了一位刚刚留学归来的教授的阻拦。他质问童第周:"是谁让你搬到生物馆来住的?你凭什么搬进来?!"正在兴头上的童第周也没怎么在意,幽默地说道:"咱是响应校长的号召来啦。"然而,这位教授却不接童第周的话茬,冷冷地说道:"我等留洋博士尚未搬入新居,你们倒笨鸟先飞、捷足先登了!"

这几句话深深刺痛了童第周的心。"出国有什么了不起,我也要到国外去学几年,让这种人好好地看一看!"性格倔强、外柔内刚的童第周在心中暗暗立下了誓言。一方面是为了争一口气,另一方面他也确实想要去国外学习最尖端的科学技术。1930年,在哥哥和嫂子的资助下,童第周登上了开往比利时的列车,时年28岁。1934年,童第周顺利获得博士学位回国。当他再度执教中大并成为医学院的教授时,曾略带自嘲地说:"那个时候出国,还真有点赌气哩。"

"中国克隆之父"

新中国成立后,童第周一方面忙着组织教学工作,一方面继续进行科研工作。20世纪50年代初,童第周开始对在生物进化中占重要地位的文昌鱼的卵子发育等课题进行研究,在对核质关系的研究中取得重大成果,享誉国内科学界。童第周还倡议在青岛建立国家海洋研究机构:中国科学院海洋研究所。

1952年,美国科学家罗伯特·布里格斯(Robert Briggs)与同事托马斯·约瑟夫·金(Thomas King)成功完成科学史上著名的青蛙核移植实验。这种"细胞核移植"也就是今天妇孺皆知的克隆技术。在得知实验成功后，童第周决定从鱼类着手，自主研究胚胎细胞的核移植实验。最初童第周及其团队选用金鱼和鳑鲏鱼（又称四方皮、镜鱼、彩圆儿，为一群小型淡水鱼）做同种核移植实验，即"同种克隆"。1963年，两种鱼的同种克隆都大获成功，这使中国成为继美、英之后在20世纪五六十年代就成功开展细胞核移植的国家。

　　然而童第周并不满足于当下的成绩，他带领团队开始挑战不同物种间的细胞核移植实验，即"异种克隆"。1965年，他们成功完成了金鱼和鳑鲏鱼这两种不同亚科间的异种克隆实验，但其研究成果直到1973年才得以在《动物学报》上发表。动乱时期，童第周依旧坚持克隆研究工作，他与美国坦普恩大学华裔科学家牛满江教授合作，一起用鲫鱼和金鱼、鲤鱼和金鱼、蝾螈和金鱼分别克隆出具有特异形状的金鱼，它们被人们赞誉为"童鱼"。"童鱼"的诞生，开创了人类按需人工培养新物种的先例，对今后培育动植物新品种具有重大意义。童第周在简陋的条件下开创了中国"克隆"技术之先河，被誉为"中国克隆之父"。

（王运来　谢　雯）

语言学大师吕叔湘

吕叔湘(1904～1998)，江苏丹阳人，著名语言学家、语文教育家。1926年毕业于国立东南大学外文系，后赴牛津大学、伦敦大学求学。先后在金陵大学、国立中央大学等校执教。曾任中国社会科学院语言研究所所长、中国语言学会首任会长。1948年入选中央研究院院士，1955年当选中国科学院学部委员（院士）。

东南大学走出的"杂家"

吕叔湘在东大就读的经历为他日后的发展奠定了基础。当时，东大实行学分制，学生修足160个学分方可毕业，具体学习的课程只作部分大类的要求，不作硬性规定，给学生留足了自由选择的空间。因此，当时主修外文的吕叔湘，还修了历史、地理、数学、物理、教育、哲学、政治等学科的课程。

东大很重视学生跨院系修读课程，即使是面向外系学生的课程也都由大名鼎鼎的教授来主讲。得益于此，吕叔湘曾选修柳诒徵、竺可桢、王琎等名师大家的课程，受益良多。东大课程设置齐全，力求严谨务实，例如化学课程理论与实践相结合，采用讲授课、辅导课、实验课等多种形式教学。教师授课不仅认真负责,还能因地制宜,开发课程资源。一次地学课,竺可桢带着吕叔湘等学生实地考察,一大早从成贤街步行到燕子矶,再到下关,最后走回学校,走了一整天。大家边走边听竺可桢的讲解,对沿途的岩石地貌自然就都清楚了。

此外,东大十分支持学生的自主学习,学生入学后便可自由进入书库。吕叔湘很是喜欢读书,仅一两年他便对学校的藏书有了一个大致印象。东大自由的学习环境造就了吕叔湘的博学多才、通才达识。他在晚年回忆时说:"由于大学里是这样学习的,我就什么都知道一点,变成一个杂家"①。吕叔湘不仅苦心钻研语言文字,在遇到数理化、生物、心理、地学等方面的问题时,往往也能借助自身掌握的常识来解决。多学科的知识基础培养了他开阔的视野与思维,使他能够不囿于传统语言研究的窠臼,创作出了许多极具开创性的语言学作品。

"我深知其中的甘苦"

翻开《现代汉语词典》,相信每个人都不会对扉页上的"吕叔湘"这个名字感到陌生。吕叔湘一生孜孜不倦地从事研究工作,耄耋之年仍辛勤笔耕,留下了众多学术巨著。这位人民的语言学大师在我国语言学研究、语文教学和语文知识普及等领域的卓越贡献值得所有人铭记。

1956 年 2 月 6 日,周恩来总理签发《国务院关于推广普通话的指示》,要求语言研究所编写一部以确定词汇规范为目的的

---

① 北京市语言学会编:《语言研究与应用》,北京:商务印书馆,1992 年,第 1～13 页。

中型现代汉语词典,为推广普通话和促进汉语规范化服务。7月,语言所词典编辑室成立,吕叔湘兼任室主任和词典主编,主持编写工作。

词典是促成语言规范化的最重要的工具。吕叔湘清楚地知道"一部好词典在人民群众的语言生活中所起的作用是难以估计的";编写《现代汉语词典》是一项前无古人的事业,既非一日之功,也非一人之力所能及,其所需人力物力之巨,实难轻易达成,需要学界通力合作,共同完成。编写工作"不但要学习近代的科学的词典编纂法,吸收先进经验,还要解决编纂汉语词典时所遇到的一些特殊问题。"个中艰辛自难与他人言,他在日记中写道:"这东西真吃功夫,外人不得知。"

自开始编词典起,吕叔湘每天都到词典编辑室上班,焚膏继晷。他白天在研究所看稿,晚上还要把稿子带回家里去看,甚至星期天都风雨无阻地到所里加班。吕叔湘患有胃病,但由于编写时间紧、任务重,他只好每天自带馒头充饥。在吕叔湘的带领下,编纂人员从各个领域的文献资料中摘录规范的词语和用例。天道酬勤,无数个不辞辛劳的日夜撒下的种子终于结出累累硕果。1978年,《现代汉语词典》问世。作为一本原创性辞书,它开辟了我国辞典编纂理论、方法和工艺等诸多方面的先河,为推广普通话、促进汉语言的规范做出了重要贡献,成为千家万户最常用的语言工具书之一,是中国最具社会影响的词典。

吕叔湘从事语文教学与研究70余年,共出版专著和编译著作20余部,发表论文和其他文章600余篇,作品涉及汉语语法、汉语规范化、语文教学等方面。1987年,香港中文大学授予吕叔湘先生名誉博士学位,对他赞誉有加:"英语世界中,英文之用字造句法度遇有争议,常以佛勒之意见为准则。在中文领域中,我们则惯于以吕叔湘先生之意见为依归。"吕叔湘作为中国现代汉语研究的开拓者和奠基人之一,是当之无愧的"汉语泰斗"。

(周　璇)

社会学一代宗师孙本文

孙本文(1892～1979),江苏吴江县人。1915 年考入北京大学哲学门,1925 年在纽约大学获博士学位。1928 年担任国立中央大学教授。曾任中大社会学系首任系主任、国民政府教育部高等教育司司长、中大教务长。1942 年被聘为"部聘教授",1949 年后一直担任南京大学教授。

对台戏

20 世纪 30 年代初,中大教育学院和理学院同时开设了"社会心理学"的课程。不管是偶然的巧合,还是有意的安排,对台戏的局面是形成了。理学院由心理学系的一位著名心理学家主讲,教育学院则由社会学系的著名社会学家孙本文担纲,两位大师的学术声望国内齐名,旗鼓相当,引起众人的关注,大家都想看看会不会上演一出当代"三盈三虚"的故事。

孙本文衣着简单、自然,夏天常穿白色或灰色长衫,冬季则是深色长袍马褂,看上去像是一位饱受旧式教育的国学老师,实际上他却是曾经求学于伊利诺伊大学、纽约大学、芝加哥大学的留洋博士。讲起课来,孙本文从来都是面带笑容,有条不紊,有同学曾私下议论说,孙先生训起学生来恐怕也会是笑眯眯的。孙本文讲课声音不够洪亮,但由于讲得不紧不慢,头头是道,整个教室鸦雀无声。更难得的是,他从不照讲义宣读,而是娓娓道来,循循善诱,不知不觉便使学生徜徉于社会心理学的场域之间。结果是,有许多心理学系以及其他院系的学生来听孙本文的课,却没听说有人去选读心理学系的同一门课程。

"教育为我终身的事业"

孙本文长期担任中大教授并从事社会学的教学工作。他为人处事谦和敦厚,在教学上却有着自己的规矩,十分严格。在授课时,孙本文通常会为学生指定数量众多的中外文参考书,大量的社会学专著阅读给学生打下了坚实的知识基础,使其终身受益。从迈进社会学大门,中大的学生们就在孙本文的高标准、严要求中领悟到了学术的严谨与庄严。

孙本文在学术上对学生严肃、严格不止于此。每当学生带着疑问前来时,他总是以温和的态度耐心指导,并加以鼓励,使学生如沐春风。孙本文的弟子陈定闳回忆道,即使已经成为教授的学生去请孙本文审阅讲课提纲,孙本文依然不会推辞,认真帮学生审阅修改。学生评价孙本文的教学风格是"严而不苟,循循善诱",严格中自有一股温和的暖流,严肃的表象下足见其对学生的诚挚与爱护。学生毕业时请他题字,孙本文最爱写下孟子的这句话:"得天下英才而教育之。"

兢兢业业,递薪传火,是孙本文对教育的热爱与坚守;伏案写作,著书立说,是孙本文对中国社会学的开拓与奋斗。孙本文在 1951 年的自传中写道:"教育为我终身的事业"。① 这简短的一句话,远无诉说尽他对教育与学术的衷情。他心中的坚持与赤诚,令无数人为之动容。

社会学泰斗

孙本文与中大有着不解之缘。作为中国社会学的一代宗师,他为社会学的中国化作出了不可磨灭的贡献。他的学术著作闪耀于中国社会学的学术宝库之中,他的谆谆教诲也长存于万千桃李心中。

孙本文曾任中国社会学社(后更名中国社会学会)理事长,兼任该社《社会学刊》主编。孙本文是最早把文化学派介绍到中国来的学者之一,并建立了"系统社会学体系",有"中国社会学界的泰斗"之誉。他早期编辑出版的社会学通俗读物《社会学ABC》风靡当时,久盛不衰。他写于 20 世纪三四十年代的三部代表性著作,被学界认为是"同类书籍中无出其右者"。《社会学原理》是社会学的入门书,被当时教育部定为大学教学用书,到1949 年已发行了 11 版,时至今日仍为大学普通社会学课程的重要参考书。《现代中国社会问题》(共四册),是我国第一部对社会问题进行综合研究的不朽之作。《社会心理学》在学界至今仍属扛鼎之作,有学者认为,"其他同类著作,实难与其比拟"。其他代表性论著还有《当代中国社会学》《社会思想》《近代社会学发展史》《世界社会学之派别及其现状》等。这大大充实了中

---

① 孙世光编:《开拓与集成:社会学家孙本文》,南京:南京大学出版社,2001年,第 38 页。

国社会学宝库，奠定了中国社会学的基础。

20世纪40年代初，教育部曾试行"部聘教授制"，即在全国范围内各学科领域分别选出一位最杰出的教授，由教育部直接聘任。公布的名单中自然有孙本文，而且是首批入选者。

（王运来　周　璇）

文理大师顾毓琇

顾毓琇(1902～2002),江苏无锡人。1928年获麻省理工学院博士学位。1931年任国立中央大学工学院院长。后任教育部政务次长。1944～1945年任中大校长。曾任中国电机工程学会会长,是国际联合桂冠诗人组织加冕的"国际桂冠诗人"、中国现代话剧的先驱和中国黄钟标准音的制定者。学贯中西、文理兼长,被公认为一代文理大师。

一代戏剧宗师

1919年,适逢"五四"运动及新文化运动,正在清华学校读书的顾毓琇以极大的热情投入到白话文的学习和创作中,并用白话文译出戏剧两部,一是柴霍夫著的《悲剧者》,一是洛斯著的《一个囚犯》。有感于戏剧极具艺术感染力,顾毓琇自此喜欢上了戏剧。1921年11月20日,顾毓琇和同学闻一多、梁实秋等组织创办清华文学社,顾被选为戏剧社社长、小说组织员兼戏剧组主席。1922年顾毓琇的戏剧处女作《孤鸿》四幕剧刊载于《小说月报》1922年第14卷第3号及第4号上。次年,他又编成三幕剧《张约翰》,于同年6月17日在清华学校公演,由梁实秋、吴文藻、赵敏恒等演出。1923年8月17日,顾毓琇和梁实秋、吴文藻、孙立人、赵敏恒等登上美国杰克逊号邮船赴美留学，并在船上认识了燕京大学留学生冰心等人。抵美后，这批中国留学生大都就读于波士顿各高校。顾毓琇进入麻省理工学院攻读电机工程。

学习之余，顾毓琇与洪深、余上沅和熊佛西等人一起倡导"国剧"。顾毓琇先后写出了《荆轲》《西施》《苏武》《项羽》等一系列历史剧。1925年3月28日，一向被认为是音乐戏剧中心的波士顿美术剧院公演了顾毓琇编导的四幕话剧《琵琶记》。顾毓琇自饰宰相，冰心饰宰相之女，梁实秋饰蔡中郎，谢文秋饰赵五娘，闻一多负责绘画布景与化妆。中国现代戏剧以其独特的形式和缠绵感人的内容在美国出现，博得当地各报一致好评，由此点燃了我国国剧运动的"引子"。不久，英文《琵琶记》在纽约由美国人演出，饰赵五娘的南茜·里根（Nancy Reagan）后来成为美国总统里根的夫人。闻一多特为《琵琶记》赋诗一首：

> 一代风流薄幸哉，钟情何处不优俳？
> 琵琶要作诛心论，骂死他年蔡伯喈。

"九一八"事变后，顾毓琇立即在《每日时事新报》和《中央日报》上发表《抗日救国办法》，呼吁国人奋起抗日。次年一月，淞沪之战爆发后的第二天，他即率领中大学生到南京车站恭送十九路军将士开赴上海抗击日寇。从车站回来后，他马上翻出昔日所作的《荆轲》剧本，"风萧萧兮易水寒，壮士一去兮不复还"的慷慨悲歌，让他热血沸腾，豪气顿生。顾毓琇不分昼夜，伏案挥毫，写成了四幕历史剧《岳飞》，并请张静江题签，连同由吴稚晖题签的旧作《荆轲》印成一个单行本，及时推向社会。《岳飞》热情讴歌了为收复失地、精忠报国的民族英雄岳飞与所向披靡的"岳家军",鞭挞了认贼作父、里通外国的大汉奸秦桧等卖国贼。顾毓琇用《满江红》唱出了人民奋起抗敌的共同心声,激起了广大军民的同仇敌忾:

> 上国衣冠,沦夷狄,风凄雨歇;执干戈,龙腾虎啸,牺牲壮烈。寸寸黄金长城土,团团白雪燕京丹,好河山,终不让人占,心长切。
>
> 偏安耻,犹未雪,失地恨,何时灭? 要从头完整金瓯残缺! 民众同仇拼骨肉,将士敌忾涂膏血。到最后胜利定属我,弥前阙!

到了全面抗战的第四个年头,人们愈加认识到了《岳飞》的重要现实意义。这年春季,在著名剧作家曹禺的导演下,国立剧专在陪都重庆的国泰大戏院公演了《岳飞》,连演四天,场场爆满,极大地激发起中国人民锄奸抗日的爱国热情。第五日,国民外交协会又招待美、苏、英、法驻华大使及其他外交使节观看,并向他们各赠"还我河山"旗帜一面,以向世界表明中国人民抗战到底的决心。

文理融通一奇人

顾毓琇一生以科研为正业,把戏剧和诗词始终作为"业余爱好",尽管他在诗、词、曲、剧等领域亦均是自成一派,堪称大家。他应用运算微积以分析电机瞬变的变数,被称为"顾氏变数",享誉国际科学界。他首倡"非线性自动控制",其对人类认识宇宙及其星球,作用巨大,受到美苏等国科学家们的高度重视。时任国家主席江泽民以"微分运算功无比"的诗句相赠,便是对老师巨大科学成就的精当概括。

顾毓琇世代书香,祖母是北宋大词人秦观的后裔,母亲是王昆仑的姑母。他国学根底深厚,诗词造诣精湛,从 1938 年开始写诗填词,一生共创作新旧体诗词、诗歌 6000 余首,词曲 1000 余首,一些专家认为这"几可逼近南宋多产诗人陆游 8000 余首之水平"。顾毓琇已出版《蕉舍吟草》《樵歌集》《海外集》《松风集》《莲歌集》《太湖集》《育眉集》《耄耋集》等诗词集 20 余部,在海内外享誉甚高。台北中国文哲研究所出版的《词学论著总目》共列举了 26 位"近现代词学家",从于右任、吴梅到柳亚子、毛泽东、唐圭璋等均在其上,顾毓琇名列第 21 位。1977 年,国际联合桂冠诗人组织在巴尔的摩召开第三届世界诗人大会,会长余松博士赠予顾毓琇"国际桂冠诗人"的称号。著名学者周谷城称其诗是"思飘云物外,诗入画图中",赞其词为"横笛弄秋月,长歌吟松风",实在是精当之论。1990 年南京大学 88 周年校庆前夕,时任校长曲钦岳致书顾毓琇,邀请他回校参加庆典。顾毓琇由于身体原因未能成行,随信寄来了他于 3 月填写的《水调歌头·金陵怀古》词作一首,以表达自己对学校、对南京的无限怀恋之情:

回溯六朝事,寂寞紫金山。劲松挺立千载,仰视翠云端。犹忆秦淮河畔,彻夜笙箫歌舞,觞饮共言欢。王谢堂前燕,春去便飞还。

鸡鸣寺,玄武月,莫愁栏。台城路上残照,踯躅耐时艰。闲赏栖霞红叶,游乐孝陵驰马,菊酒送秋残。灵谷高僧在,星斗耀峰峦。

　　说来也巧，顾毓琇与南京大学同岁。南大 88 周年、90 周年、97 周年校庆时，他都欣然题词祝贺："八八欣逢米寿，百年乐育英才"；"九十年乐育英才，廿一纪振兴中华"；"智者不惑，勇者不惧，诚者有信，仁者无敌"。从中不仅能体味出大诗人浑然天成、返璞归真的妙笔神韵，还能感觉到老校长挚爱教育事业，期盼中华腾飞的爱国情怀。2001 年 8 月 3 日，时任南京大学校长蒋树声率团访美，登门拜访已岁登期颐的顾毓琇老校长，受到了热情招待。这位既是南京大学校友总会名誉会长，又是南京大学名誉教授的老校长，在为南大近年来所取得的引人瞩目的业绩表示欣慰以及提出了对学校进一步发展的建议之后，又为南京大学百年校庆挥毫题词："文理并重进入廿一世纪，乐育英才共庆百龄寿辰。"寥寥 20 个字，深深表达了这位与学校同龄的老校长对南大的美好祝愿与殷切期望。

（王运来）

中国电化教育奠基人孙明经

孙明经(1911～1992)，山东掖县人。1927年入金陵大学理学院，1934年毕业后留校任教。1936年，在金陵大学创办电影与播音专修科，开中国高等电化教育之先河。

开中国电化教育之先河

受家庭的熏陶，孙明经儿时便对照相和电影产生了极大的兴趣。他的父亲孙熹圣是中国最早和电影结缘的知识分子，也是第一个把"cinema"翻译为"电影"的中国人。青年孙明经立志成为一个研究电影的学者，但当时的中国并无专门教授电影的高等院校和系科。在父亲的引荐下，孙明经来到金大。时任金大校长陈裕光告诉孙明经："电影本是科学成果，今天在美国的发展已无孔不入，明经小弟欲求这个发展方向实在很好。今天中国无此专门学校和专业，正待将来由明经小弟开创。"陈裕光建议他"从化工入手、再电机、再物理"，待学成之时便可留校开创电影教育的新纪元。1927年，孙明经顺利考入金大，研修多个专业，逐渐形成了自己的电影观："电影是记录和传播文化的媒介，是教育和建设的利器，是促进国际和平的桥梁，是促进世界大同的媒介，电影最重要的功能是传播与教育。"

"纯粹从事电影教育为目标的电影事业者,在国内首推美国驻华商务参赞、柯达公司,以及金陵大学。"[①]1930 年,金大引进并翻译美国柯达出品的教育电影。1934 年,理学院院长魏学仁开始主持拍摄我国的教育电影,孙明经当年毕业并受聘为魏学仁的专职助手。1936 年,魏学仁在理学院成立"金陵大学教育电影部",此后交由孙明经负责。孙明经主讲《动片摄制》(电影)、《静片摄制》(图片摄影)、《教育电影与摄制》三门课程。1938 年,孙明经主持创办"电影与播音专修班",并开设"影音稿本""摄影初步""摄影机"等新课。1942 年,孙明经创办我国第一本电影学术杂志《电影与播音月刊》。此外,孙明经先后完成《首都风景》《上海》《防空》等系列影片,在拍电影的同时还拍摄了大量照片,开启了"用电影和照片纪录国情调查和地理调查的先河"。

拿着摄影机写游记

据《金陵大学理学院影音部摄制十六毫米动片目录》记载,截止 1947 年,金大理学院共拍摄教育电影 98 部、121 本,总长46570 尺。[②] 其中,孙明经的作品占了绝大多数。

大学和课堂之外,孙明经奔波于全国各地进行拍摄。为拍摄教育电影,孙明经一生外出摄影行程超过万里,留下了数万张照片。其中大部分的地理风光片,来自拍摄《中华景象》的华北

---

① 魏学仁:《中国之教育电影与教学电影》,《中国教育电影协会第五届年会特刊》,1936 年第 5 期。

② 孙明经:《中华文化大革命中的一个小插曲》,《电影与播音》,1947 年第7~8 期。

之行、1937 年的绥远之行和 1939 年、1944 年的两次西康之行。蔡元培在看了孙明经拍摄的影片和照片后,称赞孙明经是"拿摄影机写游记的今日徐霞客"。

1935 至 1936 年间,受教育部和中国教育电影协会的委托,孙明经先后拍摄了《苏州园林》《崂山》《醉翁亭记》《西湖风景》《广东省》《广西省》《福建省》等一批影片。1937 年,孙明经开启了一场行程超过万里的考察之旅,足迹遍布华东、华北和西北地区。这次考察,孙明经电影、照片、文字记录三管齐下,后来写成《1937——万里猎影记(中国百年影像档案)》,该书记录了七七事变前后长城内外广袤大地上的芸芸众生,为后人留下了丰富的、宝贵的影像史料。

同一时期,孙明经还摄制了一批记录手工业和现代工业的影片。如《竹器》《景德镇》等记录了中国传统制作工艺,《电机制造》记录了电机制造和使用的过程,《灯泡制造》介绍了人类照明从豆油灯、煤油灯、蜡烛、汽灯到电灯的发展历程。在这批以手工艺和现代工业为题材的电影中,出现了大量工人、农民等普通劳动者形象。孙明经通过摄影、摄像的方式记录和赞美这些普通劳动者。同时,一部部介绍现代技术的电影,也饱含着孙明经对中国现代化进程的期待。这些带有"金陵大学"标志的教育电影是中国电影史上第一批广泛放映的纪录电影和科教电影。

(谢 雯)

"当代李清照"沈祖棻

沈祖棻(1909～1977)，江苏苏州人。1930 年考入国立中央大学上海商学院，次年转入文学院中文系。1934～1936 年在金陵大学国学研究班研究古典文学，1942～1945 年任金陵大学教授。她是格律体新诗的先驱，有"当代李清照"之誉。

"易安而后见斯人"

一天，在诗词课上，中大文学院院长兼中文系主任汪东布置学生填词。一位女学生所赋的《浣溪沙》吸引了他的注意：

> 芳草年年记胜游，江山依旧豁吟眸。鼓鼙声里思悠悠。
> 三月莺花谁作赋？一天风絮独登楼。有斜阳处有春愁。

这首词层次分明、章法严密，意境深远，流露出作者对民族危难深深的忧愁。汪东读后十分惊叹，这位少女竟把"九一八"事变后的民族危机刻画得如此委婉深刻，令人动容。课后汪东找到她谈话，并加以勉励。这位女学生便是沈祖棻，《浣溪沙》一词也为她赢得"沈斜阳"的美号。此后，伴随着时代的艰难和个人的不幸，忧国的愁思便成为沈祖棻诗词的一贯特色。

求学时，沈祖棻受汪东、吴梅两位老师的影响较深，逐渐确定了她今后创作的方向。她不吟风弄月，而是在创作中寄托国家兴亡之感，在教学中一贯地宣传民族意识、爱国主义精神。①沈祖棻一生创作了诸多新诗、散文、小说。1940 年，她选出部分新诗辑为《微波辞》，在重庆出版，其中多首曾被谱曲，传唱一时。此外，她还留下了 516 首词作，其中近 400 首作于抗战时期。她的创作才华在民族苦难中孕育成熟，飘零辗转，眺望乡关，词作中处处萦绕着对半壁江山和危亡时事的忧思。

谈起女词人，不得不提李清照。同样是才华横溢的词人，沈祖棻和李清照二人有很多相似之处。她们都出身书香门第，有志同道合的夫君；她们也有相似的经历，前半生安定，后半生在战乱中颠沛；她们的词风也多委婉、含蓄，心忧国难、慨叹人生。正因如此，朱光潜曾题诗称赞沈祖棻：

> 易安而后见斯人，骨秀神清自不群。
> 身经离乱多忧患，古今一例以诗鸣。

陈永正给沈祖棻丈夫程千帆的信中更是称赞道："时人每谓涉江为易安而后一人。窃以为其才情之富，学养之深，题材之广，似更凌而上之，谓为千古以来第一女词人亦无不可。"程千帆在《宋词赏析》的后记中称沈祖棻"首先是一位诗人、作家，其次才是一位学者、教授。她写短篇小说、写新诗和旧诗，主要的写

---

① 徐有富编著：《程千帆沈祖棻年谱长编》，南京：南京大学出版社，2013 年，第 71 页。

词,这是她的事业,而教文学则只是她的职业"。

深谙中国古典诗词的沈祖棻在创作现代诗歌时,也是驾轻就熟。除唐诗宋词外,沈祖棻还创作了一系列现代诗、小说、散文等。其中,《别》是其最为人知的一首现代诗:

别

我是轻轻悄悄地到来

象水面飘过一叶浮萍

我又轻轻悄悄地离开

象林中吹过一阵清风

你爱想起我就想起我

象想起一颗夏夜的星

你爱忘了我就忘了我

象忘了一个春天的梦

"昔时赵李今程沈"

1934 年,沈祖棻结识程千帆。那一年,她 24 岁,是金大国学研究班的研究生;程千帆 21 岁,是金大中文系三年级学生。当时的沈祖棻在诗坛早有名气,程千帆是她的"超级粉丝"。她的诗句,程千帆尽数收集,熟记于心。国学研究班的同学因学习昆曲的需要,经常在同学高文的宿舍里集合。无巧不成书,程千帆和高文同住一个宿舍。机缘之下,沈祖棻、程千帆二人逐渐熟识。后来,程千帆和孙望、常任侠等人成立土星笔会,创办了一份名叫《诗帆》的刊物,程千帆在上面写诗,沈祖棻在上面写小说,他们的作品常在刊物上聚首。才子才女惺惺相惜,两人顺其自然地走到了一起。

在给程千帆的信中,沈祖棻曾这样写道:"你用颤抖的手指敲响我的门环,惊醒我蛰伏的冬夜安静的睡眠。"好风常与月相偕,但是,他们的恋爱并不顺利,双方父亲都不同意他们的婚事。程千帆的父亲希望他和一个银行经理的女儿在一起;而沈祖棻的父亲也嫌程家清寒,怕她日后吃苦。与家长激烈抗争无果,这对佳人选择了逃婚。1937 年,他们来到安徽屯溪,借来一间简陋民房作为新房,草草举办了婚礼。纵使家徒四壁,但有爱饮水饱,二人的婚后生活不乏甜蜜和温馨。

"梳洗罢,独倚望江楼。过尽千帆皆不是,斜晖脉脉水悠悠。肠断白蘋洲。"温庭筠的这首《望江南》曾是沈祖棻好友调侃她的"武器",因为沈祖棻在"过尽"芸芸众生后,一眼看中了湖南才子程"千帆"。"出当代大师之门,为世间才子之妇"。诗人沈尹默更以"昔时赵李今程沈,总与吴兴结胜缘"的诗句,来称誉这一对文坛佳偶。

(谢 雯)

"科学之光"严济慈

严济慈(1900～1996)，浙江东阳人。1923年毕业于南京高等师范学校暨国立东南大学并获学士学位。后留学巴黎大学，专攻物理，1927年获博士学位。同年归国，任国立中央大学等校教授。1948年当选中央研究院院士。1955年当选中国科学院学部委员（院士）。历任中国科学院副院长、中国科技大学校长、全国人大常委会副委员长、中国科协副主席及名誉主席、九三学社中央副主席及名誉主席。

南高"末代弟子"和东大"首届学生"

严济慈自幼聪颖好学，小学、中学毕业考试，他是全县第一名；浙江省教育厅举行全国6所高等师范学校联合入学考试，他是全省第一；被南高录取复试时，他还是第一。这一年是1918年，严济慈18岁。

严济慈跨入这所与北大齐名——时人好以"北大南高"并称的高等学府，先进商业专修科，一年后转到工业专修科。1920年又转到数理化部二年级学习，受教于熊庆来、何鲁等名家，并在这两位留法教授的影响下开始学习法文。当时的南高在留美博士郭秉文、刘伯明、陶行知的主持下，分出一部分系科成立了我国第二所国立大学——国立东南大学,其余系科仍归南高办理,双轨并行,直到 1923 年高师归并入东大。严济慈在转入高师数理化部(后改为文理科)之后,还同时兼修东大学分,所以当他 1923 年 6 月从南高毕业时,也同时拿到了东大的毕业证书并获学士学位。很有意思的是,南高与东大的"双轨制",使严济慈成了南高的"末代弟子"和东大的"首届学生"。求学期间,才华过人、勤奋异常的严济慈在熊庆来、何鲁等教授的指导下,于 1923 年编写并出版了《初中算术》和《几何证题法》两部著作,尤其是《几何证题法》成为风行一时的重要的几何教学指导论著。靠着这两本书的稿酬,严济慈得以支付后来赴法国留学的费用。出类拔萃、品学兼优的严济慈不仅获得了老师的赞赏、同学的钦佩,还赢得了一位美丽贤淑的姑娘的青睐。她就是东大学生、后来成为严济慈终身伴侣的张宗英。

科学之光

严济慈留学法国仅仅一年,就获得了数理硕士学位,这在巴黎大学历史上是很罕见的,被人传颂一时。两年后,他又以创造性的研究大大突破了导师法布里(Charles Fabry)原先为他拟定的博士论文课题,以《石英在电场下的形变和光学特性变化的实验研究》的毕业论文获得法国国家科学博士学位。法布里在当选为法国国家科学院院士后举行的仪式上,自豪地宣读了他的这位中国学生的论文。第二天,《巴黎晨报》就在显著位置刊登了法布里和严济慈的大幅照片。一时间,严济慈名声大振,成为巴黎学界的新闻人物。对此,许多旅法华人都备受鼓舞。在分享这一荣誉的中国人中,就有在国立巴黎最高美术学校学习、后来成为大艺术家的徐悲鸿。

1927年夏,严济慈学成归国。在船上,他遇到一位比他年长三五岁的同胞,那人热情地向他打招呼:"您好,严济慈博士,我在《晨报》上看到过您的玉照和大名。对了,我叫徐悲鸿。"两人虽是初遇,却是一见如故,特别投缘。途中,徐悲鸿为严济慈画了一张肖像素描,并写了一行法文小字:"科学之光,1927年,徐悲鸿"。这既寓含着严济慈研究的光学和他的字号(字慕光),又表达了徐悲鸿希望严济慈成为科学之光,去照亮黑暗的中国的心愿。

回国后,他俩又先后受聘为中大的教授,严济慈在物理系,徐悲鸿在艺术科(系)。从此以后,两人的关系更加密切了。

(王运来)

"物理女王"吴健雄

吴健雄(Chien-Shiung Wu，1912～1997)，美籍华裔物理学家。1934年毕业于国立中央大学物理系，获学士学位。后入加州大学伯克利分校，师从物理学界巨擘欧内斯特·劳伦斯、奥本海默，获博士学位。是美国物理学会的第一位女性会长，有"中国的居里夫人"之美誉。

居里夫人是典范

吴健雄1930年初进中大时，念的是数学系。吴健雄资质优异，学习游刃有余，在求知欲的驱动下，她翻阅了一些有关X光、电子、放射性、相对论等方面的书籍，没想到一下子便被伦琴、贝克勒尔、居里夫妇、爱因斯坦等科学巨匠深深地吸引住了。于是，她第二学年便申请转到了物理学系。

中大物理系有许多名师，有研究光学的系主任方光圻，有天文学家张钰哲，有教电磁学的专家倪尚达，后来又来了一位教授近代物理的施士元。这位施士元，在法国巴黎大学镭研究所跟随居里夫人做研究多年，是居里夫人培养的唯一一位中国博士。教学之余，他还向同学们讲述了居里夫人的种种逸事，这使正崇拜着居里夫人的吴健雄感到格外亲切。那个时候，不管是在教室,还是宿舍和饭堂,吴健雄会经常说到居里夫人如何如何,就好像居里夫人是一位她所景仰的长辈似的。"那时,居里夫人是吴健雄的典范",数十年后吴健雄的许多同学还是众口一词地这么说。

后来在施士元的指导下,吴健雄撰写了一篇题为《证明布喇格定律》的优秀毕业论文。1934年,吴健雄带着师友的殷切厚望赴美继续深造。数十年后,她以对物理学的杰出贡献,赢得了全世界的赞誉,也为自己赢得了"世界物理女王""中国的居里夫人"的桂冠。

"曼哈顿计划"

1943年,哥伦比亚大学一项战时秘密研究项目吸引了吴健雄的目光,当时哥大战争研究部门的两名物理学家花了一天时间面试吴健雄,但始终不透露项目的具体工作。面试结束后,他们让吴健雄猜测工作的内容,吴回答道:"抱歉,如果你们不想让我知道你们在做些什么,本应把黑板上写的东西擦干净"。[①] 于是,她被当场雇佣。

1944年,吴健雄以中国女科学家的身份加入美国"曼哈顿计划"(Manhattan Project)。"曼哈顿计划"是美国政府在1942~1945年间研发原子弹的项目,汇聚了来自世界各地的顶尖科学家,吴健雄在其中的工作是研究铀原子核分裂。在研究中吴健雄开发出了一种用于隔离在核裂变中产生的放射性同位素氙-135的装置,可以把消失的中子找回来,使原子弹能够顺

---

① Jada Yuan:*Discovering Dr. Wu*,Washington Post,2021(12).

利爆炸,这帮助解决了核反应堆连锁反应无法延续的难题。1945 年,世界上第一枚原子弹研制成功。由于在"曼哈顿计划"中的贡献,吴健雄常被媒体誉为"原子弹之母",形容她是"穿着旗袍造原子弹"。1945 年,吴健雄获得美国政府授予的第二次世界大战研究贡献奖。

"我并不是为了争得荣誉才去做学问和实验的"

吴健雄最突出的贡献并不是在制造原子弹上面,而是用实验验证了杨振宁和李政道提出的"宇称不守恒"的假设,让这两位科学家获得了华人的第一个诺贝尔奖。在微观世界里,有一条被全世界科学家认定的金科玉律——"宇称守恒定律",通俗地说就是左右对称原理,但是杨振宁和李政道却对此产生了怀疑。没有实验支持的假设只是一副空壳。杨李二人想通过物理实验验证自己的假设,由于当时科学界认为"宇称守恒定律"是不可能推翻的,加之这个实验极具挑战性,很多科学家都不愿意与他们二人合作。最终,杨李二人找到了同是华人老乡又是"β衰变的权威"的吴健雄。

当时吴健雄的老师沃尔夫冈·泡利(Wolfgang Pauli)也极力劝阻,认为她的才能不应该浪费在这些不可能被验证的实验上。他认为"上帝不可能是个软弱的左撇子",甚至还跟别人打赌吴健雄的这个实验不会成功。吴健雄却顾不得这么多,一头扎进了实验室。她设计了一个极化核钴 60β 衰变的实验去检验宇称是否守恒,这个实验在技术上是相当困难的,不单要进行 β衰变,还需要在极低温的环境下才能进行观察。当时她住在纽约,拥有制造极低温环境设备的国家标准局却在华盛顿,于是她在做实验期间一直来回穿梭于华盛顿和纽约之间,一天只睡三四个小时。皇天不负有心人,经过多次尝试和验证,吴健雄的实验取得了初步成功,她发现"β射线的不对称现象非常明显"。为了证明这个实验结果万无一失,她还设计了多个方案来否定自己已经取得的结果。在多次"否定"无果后,吴健雄才在美国物理学会上正式公布了自己的实验结果。

  1957年,瑞典皇家科学院将诺贝尔物理学奖颁发给杨振宁和李政道,却把应当之无愧与杨、李二人共享此誉的吴健雄拒之门外,很多人对此都感到非常意外和不满。然而,吴健雄本人却淡然地说道:"虽然这件事情深深地伤害了我,但是我并不是为了争得荣誉才去做学问和实验的,何况我还得到了很多承认我的奖誉。"提起诺贝尔奖,吴健雄的女儿曾在一篇报道中如此说道:"她从未获得过诺贝尔奖,但她的名字经常与居里、爱因斯坦、费米和费曼等物理学巨头一起被提及。"①吴健雄不仅证明了微观世界中的"宇称不守恒",同时还证明了在科学世界中男性与女性的"宇称守恒"。

(王运来 谢 雯)

----

① Jada Yuan:Discovering Dr. Wu,Washington Post,2021(12).

中国配位化学奠基人戴安邦

戴安邦(1901～1999)，江苏丹徒人，中国配位化学奠基人。1919～1924年就读于金陵大学农科，获理学学士学位。1928年赴哥伦比亚大学化学系深造，1931年获博士学位后归国。1933年发起创建中国化学会。先后任教于金陵大学、南京大学。1980年当选为中国科学院学部委员(院士)。

半工半读，弃农从理

1901年4月，戴安邦出生于镇江丹徒南部的一个小村庄，父亲靠着帮洋人看教堂支撑家用。一次教堂发生骚乱，洋人都跑了，等到事件平息后，洋人回来发现教堂毫发无损。为了报答看门人守护有功，他们便开始资助戴安邦上学。读完私塾后，戴安邦进入美国基督教长老会创办的镇江私立润州中学读书。1919年9月，戴安邦考入金大农科。

由于家中务农，积蓄不多，第二学年下学期时，戴安邦已经无力支付学费，几近辍学。幸运的是，当时南京成美中学招聘化学、物理教员，成绩优异的戴安邦得以去该校兼课，半工半读，以支持自己的学业。预科毕业后，农科的学习需要学生频繁下田实习，而这样就无法保证兼课的时间，于是戴安邦放弃农科，改学化学。在半工半读中，戴安邦于 1924 年 6 月顺利毕业。因成绩优异，金大聘请他留校任职。1928 年，戴安邦获中国医学会奖学金，赴美国哥伦比亚大学化学系深造。1931 年，戴安邦获得博士学位后归国，回母校金大继续任教。1932 年，戴安邦发起、参与了中国化学会的成立，1934 年创办中国化学会《化学》杂志。

创立国内配位化学学科

在哥伦比亚大学求学期间，戴安邦进行了题为《氧化铝水溶胶性研究》（A Study of Aluminum Oxyiodide Hydrosol）的配位化学课题研究，在瑞士化学家阿尔弗雷德·维尔纳（Alfred Werner）研究的基础上描述并解释了氢氧化铝胶体溶液的形成和反应。当时的配位化学是在无机化学基础上发展出来的一门新兴边缘学科。这篇文章发表后，被国外研究者多次引用。到了 20 世纪 50 年代，因石油、航天等工业的需求，配位化学在国外得到快速发展。美、苏等国都开始将配位化学列入大学课程，而国内配位化学教学和科研几近空白。此时，戴安邦敏锐地观察到国外化学学科的发展趋势，开始在国内发展配位化学。

为了尽早、尽快让中国配位化学事业发展壮大，戴安邦邀请苏联专家在南京大学开办铬合物化学研究生班，[①]为全国高等学校培养了一批优秀的化学师资。1963 年，戴安邦创建南京大学铬合物化学研究室，1978 年扩建为配位化学研究所。戴安邦

---

① 罗勤慧：《我国配位化学的开拓者和奠基人——戴安邦先生》，《化学进展》，2011 年第 12 期。

一直持续关注国际配位化学学科的发展动向,每年都要派遣配位化学研究所的同事参加国际配位化学学术会议。后来,他为南京大学争取到在 1987 年主办第 25 届配位化学研讨会的机会,使国内配位化学的发展成功与国际接轨。戴安邦一生致力于化学教学和研究工作,是中国配位化学领域的开拓者和奠基人,是中国化学史上的一座丰碑。

"授人以鱼,不如授人以渔"

戴安邦治学严谨,在授课讲学时,重视实验教学和教学理论方法的研究。他的课程内容丰富、深入浅出。一位学生曾经写信回忆道:"每当回忆自己的青年时代,都会想起 1937 年您教授无机化学课的情景。您只带一支粉笔,在黑板上写一个化学方程式,然后提问题让我们思考,启发大家自己讨论,这使我们终身受益。"

1985 年,根据自己的教学经验,戴安邦针对国内大学化学教学存在的缺点,发表《基础化学等教学启发式八则》一文,提出应废止注入式教学法,倡导启发式教学。他将启发式教学归纳为:引导学生有学习要求;诱导和启发学生始终专心;以学生为主体的学习;使教学符合认识规律举一反三;学思结合;重视实验教学;重视教学的思想性;发挥教师主导作用。[1] 化学是一门以实验为基础的学科,学生在科学探究活动之中培养兴趣和创造力。戴安邦深谙"授人以鱼,不如授人以渔"的道理,既传授知识和技术,也训练科学思维和方法。

---

[1] 戴安邦:《基础化学教学的启发式八则》,《化学通报》,1985 年第 9 期。

"立身首要是品德，人生价值在奉献"

> 富国之策，虽不止一端，要在开辟天然富源，促进生产建设，发达国防工业，而待举百端，皆须化学家之努力。
>
> ——戴安邦

戴安邦不仅是化学家，也是教育家。他十分重视培养后学。1985 年，他将自己的奖金、稿费以及赠礼作为基金，在南京大学化学系设立了"学生实验优秀奖"和"化学实验教学先进奖"，以此表彰南大化学系本科毕业生中的实验优秀者和化学教师中的实验教学先进者。从 1987 年到 1993 年，共有 91 位优秀师生获奖。戴安邦对青年教师和学生，既严格要求，又呵护备至，他常常付出大量的时间为他们修改论文和书稿。戴安邦用自己的心血和精力点燃知识和道德的火炬，将一批又一批的后生带入化学的殿堂。

"立身首要是品德，人生价值在奉献"，这是戴安邦一生立身处世的格言，小到随手捡起垃圾、劝阻不道德行为，大到要求记者多宣传年轻人、婉谢各种荣誉奖励。为了鼓励和发扬这样的"戴安邦精神"，匡亚明校长在 1984 年曾专门为他书赠条幅，赞誉"此人如碧梧翠竹，其志在流水高山。"[1]

（谢　雯）

---

[1]　朱怡中，王耀南，徐兆文：《立身首要是品德　人生价值在奉献——忆戴安邦院士》，《江苏政协》，1999 年第 6 期。

华南花岗岩研究的开拓者徐克勤

徐克勤(1907~2002)，安徽巢县人。1930~1934 年就读于国立中央大学地质系，获学士学位。1939 年赴美留学，先后获得硕士、博士学位。1946 年后历任国立中央大学、国立南京大学、南京大学教授、地质系主任；1980 年当选为中国科学院学部委员(院士)。曾任中国地质学会副理事长、中国矿物岩石地球化学学会副理事长。

赤子之心

徐克勤怀有一颗赤子之心，他热爱祖国，热爱地质科学，热爱南京大学，堪称终生不渝。我作为他的学生，有几件事令我终生难忘。

1945 年抗日战争取得胜利，徐克勤先生抱着科学救国之志从美国留学归来。到了上海，他看到黄浦江上停靠着许多外国军舰、轮船，挂着形形色色的各国国旗，不禁感慨万千。他曾不止一次地对我们班的同学说："日本帝国主义虽然被打败了，中国名义上列为四强之一，实质上外强中干，半殖民地位并未根本改变"。他对蒋介石独裁政权发动全面内战深表不满，同情学生运动，是全校知名的进步教授之一。

　　1948年下半年,国民党军队在战场上节节败退,国民政府的教育部妄图把中大迁到台湾去。校长周鸿经在教授会上提出迁校方案,遭到强烈反对。徐先生在会上慷慨陈词,是激烈反对者之一。迁校图谋最终未能得逞。

　　20世纪50年代初期,全校投入知识分子思想改造运动,那时我已担任地质系助教。中央的知识分子政策是"团结、教育、改造",政策本身也许无可厚非,但执行政策时却往往出现偏差。这场运动主要在教师中进行,师生混合编组,要求"自我教育,自我批判"。徐克勤先生在美国留学6年,成为这场运动的重点帮扶对象。他用英文写成的一厚本博士论文《钨矿床地质》被拿到全校思想改造展览会上展出,旁注是:"请看洋奴的嘴脸!"这显然搞过头了,但徐克勤先生却淡然处之,并未计较。

　　1952年全国进行院系调整,以南京大学的文理学院和金陵大学的文理学院为主体,成立了新的南京大学。由于国家建设的需要,地质系暂停招收本科,主要招收专科,设立了两个专业:金属与非金属矿产地质专业和水文地质与工程地质专业。学生人数一下从几十人激增至数百人,最高时达到近千人,成为全校的第一大系。当时徐克勤任系主任,张祖还任副系主任,我和俞剑华任系秘书,我们全力以赴,夜以继日地工作。徐先生作为一系之长,更是夙兴夜寐,殚精竭虑。徐克勤从1947年起担任中央大学地质系主任,后又长期担任南京大学地质系主任,前后达30年之久,他为南大地质学科的发展几乎贡献了毕生的力量。

　　20世纪50年代初,教育部对全国高校的教授进行评级,对一级教授的数目控制极严,且需得到教育部批准。在全校教授评级中,徐克勤被评为一级,而他的老师李学清被评为二级。徐先生深感不安地说:"把我定为一级,李学清先生是我的老师,却定为二级,这无论如何不妥当"。徐先生让我和俞剑华立即向党委反映,甘愿降为二级。党委的答复是:"教授级别的评定主要按学术水平,不搞论资排辈,徐先生主动要求降级,说明他的思想觉悟高,但他作为一级教授已获教育部批准,不能更动了"。李学清先生姿态也很高,对此并无异议,而是坦然面对。

1956年,中央召开全国知识分子会议,号召向科学进军,同时在高级知识分子中有重点地发展党员。徐克勤心情激动,夜不能寐,半夜从床上起来写入党申请书,党委书记陈毅人同志为徐克勤对党的一片深情所感动,鉴于徐的一贯表现并积极靠拢党,陈书记亲自介绍徐克勤入党,徐先生成为南京大学首批入党的七位教授之一。

在1959年反右倾斗争中,我成为地质系的重点批判对象,主要批判我"严重右倾"和"走白专道路"。反右倾斗争结束后,浮夸风刮得更加厉害,吹嘘地质系要搞什么"母鸡生蛋",除华东区外,要为其他五个大区各生一个"蛋",即办五个新的地质系。徐克勤作为系主任,坚持实事求是,他说:"办五个新的地质系,谈何容易?"对此我有同感,后来事实证明,一个"蛋"也没有生出来,是典型的浮夸。

"文革"初期,徐克勤先生成为地质系的资产阶级反动学术权威,遭受批斗,受尽折磨,后又下放农场走"五七道路"。"文革"后期,工农兵学员进校了,学校的科研工作也开始复苏,徐先生从农场回到学校,立即投身到科研工作中去,整日在图书馆内研读国内外文献资料,决心要把失去的时间补回来。1972年徐克勤写成了《论成矿物质来源问题,兼论花岗岩类及其成矿关系》一文。1973年在冶金部举办的地质干部培训班上,他以该文为主要教材讲学一个月,为我国地质事业迅速走出低谷、赶上世界地质科学先进水平做出了重要贡献。

师恩难忘

人世间的真情除了亲情而外，就算师生情来得珍贵了，这是一种终生难忘的感情。徐克勤先生是我的恩师，我与徐先生的师生情谊超过半个世纪。有趣的是，我第一次见到徐先生不是在课堂里，而是在学校的校车上。1946年10月，我进入中大地质系学习，中大校园分为本部和分部，本部在四牌楼，分部在丁家桥。一年级学生在分部，一百多人住一个大统舱，教室、图书馆也一律是平房。本部与分部之间每天开几班交通车，交通车是用卡车改装的，敞篷，车厢里放几条长板凳，这和今天的豪华型校车有天壤之别。记得有一次，我乘校车到四牌楼图书馆借书，上来一位风度翩翩、四十岁左右的教授，和我坐在同一条板凳上，他问我："你是哪个系的?"我答说："地质系。"他微笑着说："那我们是同系呢!"我不敢贸然询问他的姓名，后来才知道他就是刚从美国留学归来的徐克勤教授。那时徐先生住在丁家桥的教师宿舍，每天早晨乘校车去四牌楼校园上班。

徐克勤教授是著名钨矿专家，自1947年起担任地质系系主任。我先后听过他讲授的三门课程：光性矿物学、变质岩石学和高等矿床学。徐先生讲课有个特点，喜欢用中英文混合着讲，我们记笔记也采取中英文混合着记，我们称这种教学法为"雨夹雪"教学法。在中大地质系读书期间，有一件最令人感动的事，那就是徐克勤作为系主任为了保证野外实习而"囤积"汽油这件事。野外地质实习是地质系学生最重要的基本功，但在国民党的统治之下，教育经费奇缺，地质系每月的行政经费只够订几份报纸，根本谈不上提供实习经费，让人只能望"山"兴叹。在这种情况下，徐克勤作为系主任绞尽了脑汁，亲自带领几位青年教师为一些私营矿山填地质图，得到一点报酬，又担心通货膨胀，不得已买了一桶桶汽油"囤积"起来，利用学校提供的汽车，在附近的宁镇山脉进行实习，这才保证了学生野外基本功的训练。

记得在大学二年级时，徐先生为我们讲授"光性矿物学"课，这是一门重要的基础课，没有中文教材，主要靠课堂上记笔记。徐先生指定了三本英文参考书，培养我们的英文阅读能力。期末考试时，徐先生在我的光性矿物学试卷上，批了99分，是全班最好的成绩。后来我留校任教，接过徐先生的衣钵，长期讲授"光性矿物学"和"岩石学"课程，前者是后者的先行课。我认真领会徐先生的讲课笔记，同时参考国外教材，撰写出版了《晶体光学》和《光性矿物学》两本教材。饮水思源，这完全得益于学生时代徐先生为我打下的坚实基础啊！

华南花岗岩研究的开拓者

1957年，徐克勤先生率领青年教师刘英俊等在江西南部考察花岗岩与钨矿时，凭着慧眼独具的观察力、雄厚的地质理论基础和丰富的野外实践经验，发现了南康龙回和上犹陡水两个加里东期花岗岩体。这是南岭地区也是整个华南首次发现四亿年左右形成的加里东期花岗岩，而传统观点认为华南仅存在1亿年左右的燕山期花岗岩。徐克勤将发现加里东期花岗岩的事实在地质界透露后，引起了轩然大波。有人专门开吉普车去现场考察，武断地说："徐克勤的发现是在错误的地点，进行错误的观察，得出错误的结论"。有人甚至说："在华南，要想找到加里东

260

期花岗岩简直是异想天开"。徐克勤是一个不服输的人。1958
年他派我与季寿元、胡受奚去江西南部对加里东期花岗岩开展
进一步的调查研究,我们在野外整整工作了4个月,首先对陡水
和龙回两个花岗岩体进行了细致的研究工作。

陡水是上犹河旁的一个小镇,在上犹河的上游建了一座水
电站,开出了一条人工剖面,清晰地展示了泥盆系与花岗岩的不
整合关系。不久,中国地球化学研究所李璞研究员公布了一批
同位素年龄数据,证实上犹陡水花岗岩确实属于加里东期,与地
质证据完全一致。后来,我和舒良树指导博士生张芳荣对江西
南部五个加里东期花岗岩体(其中包括徐克勤最初发现的两个
花岗岩体)进行了精细的年代学研究,它们的同位素年龄为4
亿~4.5亿年,属于加里东晚期,是陆内造山作用的产物。所有
这些,均证实徐克勤所作的科学论断是完全正确的。

继发现加里东期花岗岩之后,1958年徐克勤、郭令智和俞
剑华在皖南又发现了时代更老的雪峰期(8亿多年)花岗岩。在
此基础上,以徐克勤为首的研究集体将华南花岗岩划分为四个
旋回,引起国内地质界的极大关注。1965年,国家科委以科学
技术专报的形式专门出版了徐克勤等撰写的70余万字的《华南
不同时代花岗岩及其与成矿关系》专报。同时,在北京举办的全
国高校科研成果展览会上,华南花岗岩研究成果被作为重点成
果展出,获得了一致好评。

1982年10月,南京大学开风气之先,主办了"国际花岗岩
地质与成矿关系学术会议",这是由我国教育系统独立主办的首
次国际学术会议。会议由时任南京大学副校长高济宇任主席,
我担任组织委员会秘书长。参加会议的中外学者共170多名,
其中有不少世界著名的花岗岩研究专家。会议共收到论文130

篇,经过评定,有 58 篇论文在会上宣读。徐克勤作了首场主题报告,题目是《华南花岗岩的成岩与成矿》。这次国际学术会议取得了圆满成功,中外学者均感到满意,认为"南京大学地质系是当之无愧的国际花岗岩研究中心之一"。

1978 年由徐克勤先生领衔的"华南不同时代花岗岩与成矿关系"研究成果获全国科学大会奖,1982 年获国家自然科学二等奖。1980 年,中国科学院增选学部委员(后改称院士)时,南京大学有 8 位当选为学部委员,徐克勤先生即是其中之一,奠定了他在国内地质学界的崇高地位。

传承与创新

徐克勤先生是华南花岗岩的开拓者,郭令智、孙鼐、张祖还代表各自学科与徐克勤长期合作,我与胡受奚、周新民、朱金初、刘昌实等则是花岗岩研究的传承者,但传承并非简单的继承,而是传承之中有发展,有创新。一批充满活力的中青年教师和研究生不断充实到花岗岩的研究队伍中来,使"华南花岗岩"这朵奇葩开得越发鲜艳,长盛不衰。

长期以来,花岗岩与火山岩是两个并行不悖的研究领域。上世纪 80 年代初,我们发现二者具有内在联系,提出"次火山花岗岩"理念,将花岗岩与火山岩贯通起来进行研究。在时间、空间、物质来源近于一致的条件下,花岗岩实质上是流纹岩、英安岩所构成的中心式火山机构的"根",形成了花岗质火山侵入杂岩。接着,我们又对中国东南部晚中生代花岗质火山侵入杂岩成因与地壳演化进行了深入研究,建立了由双峰式侵入岩、双峰式火山岩、A 型花岗岩和变质核杂岩所构成的陆缘伸展构造岩浆组合,并将花岗质火山侵入杂岩的成因归结为洋壳俯冲消减、玄武岩浆底侵和中、下地壳深熔三方面综合作用的结果,这一综合的构造岩浆模式立论有据,富有创新思想。

徐克勤先生为南京大学地质学科的发展贡献了毕生力量,做出了卓越的贡献。我们要学习他胸怀祖国、心系母校的爱国、爱校精神,学习他热爱地质、终生不渝的奉献精神,学习他追求真理、勇于创新的科学精神。让我们继承徐克勤先生的遗志,群策群力,为把南京大学的地质学科早日建成世界一流的地质学科而努力奋斗!

（王德滋）

"大地之子"郭令智

郭令智（1915～2015），湖北安陆人。1934～1938年就读于国立中央大学地质系，毕业后留校任教。1951年起历任南京大学地质系教授、南京大学副校长、代校长及校务委员会主任等职，是我国板块构造和地体构造研究的主要开拓者之一。1993年当选为中国科学院院士。

历经坎坷回大陆

1939年8月，郭令智自中央大学转到云南大学矿冶系任教；1940年8月，调任新成立的中国地理研究所（四川北碚）任助理研究员。1946年3月，郭令智应台湾大学地质系主任马廷英之聘，告别了新婚妻子侯学焘奔赴台湾，担任台湾大学地质系副教授和台湾海洋研究所副研究员。在台湾大学和台湾海洋研究所，郭令智专心从事教学与研究工作。1948年初，郭令智将妻子接到台湾。1949年8月，经李承三、马廷英推荐，郭令智获公费赴英国伦敦大学皇家学院（又称帝国理工学院）深造，从事研究工作。

郭令智对祖国深怀感情，对中国共产党久怀仰慕之心。1949年10月1日，中华人民共和国成立，这让郭令智激动不已。他经常收听国内新闻报道,阅读《人民日报》,经与留英同学会进步人士商议,决定研修结束后回大陆工作。可是,妻子还在台湾,怎么办?郭令智与妻子秘密联络,相约在当时英国管辖下的香港会合,然后再一道回大陆。1951 年 9 月 24 日,郭令智自伦敦乘飞机抵达香港,并预先拜托英国文化委员会驻港代表斯科蒂向香港移民局申请侯学焘的香港入境证,但是入境证直到10 月 15 日才拿到。经过周密安排——因为稍有不慎,就有可能被"嗅觉灵敏"的特务发现而酿成祸患——夫人侯学焘终于带着 3 岁的儿子郭德维与郭令智在香港会合,随后一家人抵达广州。回到大陆后,郭令智赶赴北京教育部报到,选择回到母校南京大学工作。1951 年,怀着时不我待的心情,郭令智终于重新跨进了母校的大门。

自此,郭令智一直担任南京大学地质系(后更名地球科学系、地球科学与工程学院)教授,时间跨越了一个甲子。1959年,郭令智加入中国共产党,同年 9 月作为先进工作者赴北京参加国庆观礼,受到毛泽东主席、周恩来总理等中央领导的亲切接见。他在心中默默立下誓言:把自己的一切都献给党!

大地求索七十载

作为著名的大地构造学家,郭令智在长达四分之三个世纪的科学生涯中,把大智大爱洒向了广袤的神州大地。中国科学院院士王鸿祯曾这样赞扬他:"西国问业,东瀛切磋,功推板块,学称地体;七秩历程,五纪执教,泽被华夏,誉满海疆。"

自 20 世纪 50 年代以来,根据南京大学地质系制定的华南花岗岩成因和地壳演化研究总体目标,郭令智带领青年教师和研究生奔赴广阔的华南大地,跋山涉水,风餐露宿,在极其困难的条件下开展系统的野外地质调查。他们获得了大量的第一手资料,发表了众多具有开拓意义的学术论文,开创了华南大地构造研究的新局面。经过多年耕耘,郭令智及其研究团队建立了一个全新的华南构造框架,最早提出了江南古岛弧的观点,还与施央申一起,带领团队运用当时先进的继承与上叠理论诠释华南构造与矿产分布的成因关系,提出"在继承构造区寻找煤、石油、天然气等非金属资源、在上叠区寻找金属矿床"的新见解。

　　一位杰出科学家的魅力,不仅在于他的科研才干和业绩,而且在于他对科学新生事物的敏锐性和洞察力,以及对国内外前沿研究信息极强的捕捉能力。上世纪 70 年代,随着板块构造理论在国外的迅速传播,郭令智领导南京大学地质系开始了从固定论槽台观向活动论板块构造科学思维的转化,成为我国南方最早系统介绍板块构造学说并倡导把板块构造理论与地体构造应用于华南地质实践的学者,享有"南郭北李(李春昱)"之誉。郭令智及其研究团队提出了古大陆内部鉴定古板块运动和鉴定古海沟岛弧系的 8 项重要地质标志,率先在国内提出华南 10～8 亿年前板块构造和活动大陆边缘沟-弧-盆体系的观点,为阐明地球演化早期阶段存在板块构造机制提供了重要证据。

　　20 世纪 80 年代初,随着地质学新进展——地体构造理论的提出,板块理论进入了新的发展阶段。郭令智、施央申等及时抓住这一科学新动态,最早在国内引进地体构造理论并倡导应用于地质实践。郭令智在华南、秦岭、天山以及日本列岛等地进行了系统研究,廓清了许多大陆造山带内部长期难以解释的问题,进一步阐明了地体构造对大陆地壳增长的特殊作用,丰富和发展了地体构造理论。20 世纪 90 年代以来,他又将板块构造、地体构造研究从几何学和成因学发展到碰撞运动学和动力学研究的新方向，填补了国内相关领域的空白，并跻身世界先进水平。

直到耄耋之年，郭令智仍然博览群书，刻苦学习，紧盯国际最新学科信息，敦促弟子们及时关注学界最新动态，这使南京大学地质学科始终保持世界先进水平。20 世纪 80 年代末，日本名古屋大学水谷伸治郎教授来南大访学，其间与地球科学系孙岩教授交谈，询问其是否了解板片（flake）块构造学说。孙答曰："郭令智先生从英国《自然》杂志（Nature）上已经读过这篇文章，前几天还介绍我阅读。它是奥格斯贝夫（Oxburgh）提出来的最新理论，也是自创立板块构造理论以来，板块理论的第三个发展阶段。"水谷教授很惊讶，南大竟然这么快就掌握了国际上的最新信息！他热情赞叹郭老乃是一位"博览群书，信息灵通的著名学者！"孙岩教授也经常借此勉励南大学生：中国地质学的发展水平，可以和外国相媲美；你们不必漂洋过海去深造，有郭老这样的著名教授，我们可以和先进国家在同一条起跑线上前进。①

1993 年 12 月，郭令智当选中国科学院院士。他的朋友、学生纷纷来电祝贺。郭令智在接受采访时非常平静，跟来访记者说道："我这一辈子都是和地球打交道，我是属于黄土地的！"②后来，南京大学前校长陈骏院士在为《大地求索谱华章——庆贺郭令智院士百岁华诞》作序时如此称赞郭令智："学贯中西智仁

① 朱煊：《苦难与辉煌 体坛巨将与文坛明星纪实》，北京：团结出版社，2017年，第 247～248 页。

② 方延明主编：《与世纪同行 南京大学百年老新闻 1902～2001》，南京：南京大学出版社，2002 年，第 430 页。

勇,立德立言复立功。翰林祭酒期颐寿,江南大地有令公。"

滋兰树蕙育英才

郭令智不仅是一位地学研究者,还是一位地学教育家。他长期讲授地质学基础课,主编"普通地质学""中国地质学"等课程。他治学严谨,为人师表,严于律己,尤为重视人格和道德在学术研究过程中的重要性。尽管在我国地学界有很高的声望和地位,但郭令智对待所有人都格外地谦和。凡是和他一起工作过以及了解他的人,无不尊他为良师益友。

郭令智对学生和青年教师既严格要求,又热情指导,以诚相待。他认为科研队伍不能老化,老专家要当引路人,帮助年轻人尽快成长起来,不要做挡路人。他在学术思想上发扬民主精神,支持不同学术观点互相争鸣,鼓励学生在学术上超过自己。

郭令智为我国培养了大批品学兼优的构造地质学专业人才,指导培养了 60 位研究生。"文革"前培养的研究生童晓光于2005 年当选为中国工程院院士。他和施央申教授共同培养的中国第一个地质学博士杨树锋,于 2015 年当选为中国科学院院士;他和施央申教授共同培养的贾承造博士在 2003 年当选为中国科学院院士。在郭令智培养的研究生中,有 4 名获得国务院表彰,大多数已经晋升教授或研究员,有的在重要学术单位担任领导,有的已成为著名学者和国家重大项目的负责人。

杨树锋赞其师郭令智"学为人师,行为世范",并将其教书育人之道归结为十点:总是强调做人是首位;总是强调做学问需要广博的知识;总是强调"学科交叉";提倡"团队式培养";强调"重点培养研究生发现问题、提出问题的能力";重视"科学史"的教育;非常重视国际交流;非常关注最新高科技的研究手段;对研究生的专业外语教育有独特方法;以及采取有放有收的指导方式。他曾说:"人无完人在郭先生这里不适用,郭老师就是完人。在他身边长了,想不高尚都做不到。"①

鹤发童颜映天山

郭令智一生从事地质工作,足迹踏遍祖国大地。早年他曾参加西康科学考察团,登上有"世界屋脊"之称的青藏高原;也曾亲临巨浪排空的南海,踏上荒无人烟的南沙群岛;还在建造三门峡水库和长江大桥之前考察两地水文地质,甚至远赴英国南部,勘查侵蚀面与河流发育情况。

1987年,郭令智率领地质考察队到新疆的东天山开展地质研究。实际上,西天山的地质现象更为典型。郭令智有着"不登西天山非好汉"的愿望,他想在有生之年完成登上西天山的夙愿。1994年,虚龄八十的他终于实现了这一愿望。从8月21日到9月8日,他和马瑞士、孙家齐、舒良树一起,进行了从塔里木塔克拉玛干(维语,意为死亡之海)沙漠腹地向南横穿整个西天山的野外考察,翻越了海拔3611米的铁力买提山口与2728米的那拉提山口,夜宿海拔2430米的巴音布鲁格高山草原。当时,他的塔里木沙漠和西天山考察计划遭到了家人与同行人的一致反对。他的夫人侯学煐劝他:"你老了,血压又高,千万不能登高山的!"同事们也再三嘱咐:"耄耋老人,不能做力不从心之

---

① 刘德良主编:《师承》,安徽:中国科学技术大学出版社,2017年,第107~112页。

事。"他的得意弟子——时任塔里木石油指挥部副总地质师贾承造爱师心切，直言劝阻："登上高山，万一发生情况，无法抢救。"郭令智知道此行有风险，但他还是信心满满，毅然决定登天山。

在库尔勒市石油勘探研究院做完学术报告，并考察完塔格拉玛干（维语，意为死亡之海）沙漠之后，郭令智就带领考察队从南疆的库车县往西天山出发了。用一周时间，他们横穿了整个天山地质大剖面，观察了20余处重要地质现象和构造剖面，据此阐释了天山地区在5～3亿年前的板块构造和洋陆演化。一路上，郭先生水土不服，难以消化当地的食物，腹泻不止，营养不良，且体力消耗极大，但他毅然决然地一路向前。最终，考察队一行成功翻越巍巍天山，踏着皑皑白雪顺利到达天山脚下的独山子。郭令智平生夙愿得偿，感到无限快慰，兴致勃勃地对夫人说："古人讲人寿七十古来稀，我却能在八十之龄考察塔里木死亡之海，翻越西天山山脉，且身体无恙，真是太高兴了。"郭令智先生把他的一生都献给了中国的地质事业。

（裴　聪　舒良树　王运来）

高才硕学

　　中央大学学子曾有这样一副对联:"南高之高,高于日月之上;中大之大,大乎天地之外。"

　　南大百廿,人才辈出,灿若群星。在这漫天繁星中,有一群人的名字熠熠生辉,光耀夺目,那就是中国科学院院士与中国工程院院士。凭借严谨求实、格物致知的南大科学精神,他们在学术领域昂霄耸壑,力学笃行,彪炳史册,人间流芳。

南京大学两院院士概述

　　中国科学院院士和中国工程院院士,是中华人民共和国设立的科学技术和工程方面的最高学术称号,为终身荣誉。中国科学院自 1955 年以来共评选出院士 1558 名,外籍院士 188 名;中国工程院自 1994 年以来共评选出院士 1300 名,外籍院士 146 名。截止到 2024 年 1 月,"两院"共评选出院士和外籍院士 3192 名。

　　本书编撰人员通过全面、细致的统计,欣喜地获知在南京大学及其前身求学或工作(不含兼职教授)过的校友中,有 250 人先后当选为中国科学院院士(中国科学院学部委员于 1993 年改称院士),有 57 人当选为中国工程院院士,合计有 307 人(含中国科学院和中国工程院"两院"的外籍院士,未统计"两院"以外的院士;1948 年中央研究院院士如未选聘为"两院"院士,亦不统计)。由于 6 人是"两院"的"双院士",因此,自 1955 年以来,南京大学被遴选为中国科学院院士和中国工程院院士的校友共 301 人,占全部"两院"院士的十分之一。其中,曾经在此求学的院士校友为 229 位:国立中央大学及其前身时期入学者 114 人,44 人还有过在母校执教的经历;金陵大学时期入学者 27 人,20 人有过在母校执教的经历;更名南京大学后入学者 88 人,26 人有过在母校执教的经历。过去常说金陵大学的制胜法宝之一是"校友治校",从当选为院士的校友中 74% 的人有过在母校执教的经历来看,似乎也能得窥堂奥。现在在南京大学执教的院士共有 35 人。

作为一所具有百年历史的综合性研究型大学,南京大学一直强调科学研究与本科教学融通,以雄厚的学科基础支撑扎实的专业学术培养。南京大学在本科教学教育改革和创新人才培养方面一直走在全国高校前列,本科就读于南大的院士数量在一定程度上能够反映学校的办学水平和人才培养质量。本书编撰人员另对 1955～2021 年评选出来的 1494 名中国科学院院士(实际共 1499 名院士,其中 5 位院士所读本科院校信息缺失)就读的本科高校进行统计,结果显示占前三的学校分别为北京大学、南京大学和清华大学,分别培养了 162 位、150 位和 138 位院士,总计 450 位,占院士总人数的 30.1%,三所院校的院士数量遥遥领先于其他高校。除此之外,浙江大学、复旦大学、中国科学技术大学、西南联合大学、吉林大学、上海交通大学和武汉大学位居 4～10 名。由此可见,培养院士数量前十位的高校共培养了 770 位院士,占院士总数的 51.6%。

1955—2023 年当选中国科学院院士本科毕业高校统计

名次	院校	人数	占比
1	北京大学 (含并入北京医学院 3 人)	164	10.59%
2	南京大学	152	9.82%
3	清华大学	141	9.11%
4	浙江大学 (含并入 7 人)	68	4.39%
5	复旦大学 (含并入 12 人)	66	4.26%

名次	院校	人数	占比
6	中国科学技术大学	48	3.10％
7	西南联合大学	41	2.65％
8	吉林大学 （含并入 13 人）	38	2.45％
9	上海交通大学	35	2.26％
10	武汉大学	34	2.20％
合计		787	50.78％

注：入学时学籍为"西南联合大学"的两院院士单独计算，若将其分别计入北大、清华或南开，前三名排序也许会有变化。

需要说明的是，虽然这是本书编撰者逐一统计的结果，但是由于对院士们的经历不是百分之百的掌握，这一数据以后可能会有所增加。兹将中国科学院院士和中国工程院院士中的南京大学校友简介如下，按姓氏笔画排序；限于篇幅，学历原则上只写南大部分。

南京大学校友中的两院院士[*]

（301人，按就读/工作时间排序）

姓名	就读/工作时间	就读/工作院系	当选类别名称（时间）
周　仁	1908～1910	两江师范学堂	中国科学院学部委员(1955)
陈　桢	1914～1918	金陵大学农林科	中国科学院学部委员(1955)
吴有训	1916～1920	南京高等师范学校	中国科学院学部委员(1955)
恽子强	1917～1924	南京高等师范学校数理化部、国立东南大学化学系	中国科学院学部委员(1955)
金善宝	1917～1926	南京高等师范学校农业专修科、国立东南大学农科	中国科学院学部委员(1955)
王家楫	1917～1921	南京高等师范学校农业专修科	中国科学院学部委员(1955)
伍献文	1917～1922	南京高等师范学校农业专修科	中国科学院学部委员(1955)
李继侗	1918～1921	金陵大学农林科	中国科学院学部委员(1955)
杨惟义	1918～1921 1924～1925	南京高等师范学校农业专修科、国立东南大学农科	中国科学院学部委员(1955)
冯泽芳	1918～1925	南京高等师范学校农业专修科、国立东南大学农科	中国科学院学部委员(1955)

---

* 此统计表中共301人，按在南京大学及其前身就读或工作时间分别排序。既在此求学后又执教于此者，仅录就读经历，以免重复统计。

姓名	就读/工作时间	就读/工作院系	当选类别名称（时间）
向　达	1919～1924	南京高等师范学校、国立东南大学	中国科学院哲学社会科学学部委员（1955）
戴安邦	1919～1924	金陵大学化学系	中国科学院学部委员（1980）
秦仁昌	1919～1925	金陵大学农林科	中国科学院学部委员（1955）
严济慈	1920～1923	南京高等师范学校、国立东南大学物理系	中国科学院学部委员（1955）
赵忠尧	1920～1927	南京高等师范学校、国立东南大学物理系	中国科学院学部委员（1955）
施汝为	1920～1925	南京高等师范学校工艺专修科、国立东南大学物理系	中国科学院学部委员（1955）
吴学周	1920～1924	国立东南大学化学系	中国科学院学部委员（1955）
俞大绂	1920～1924	金陵大学农林科	中国科学院学部委员（1955）
柳大纲	1920～1925	南京高等师范学校数理化部、国立东南大学化学系	中国科学院学部委员（1955）
张肇骞	1920～1926	金陵大学、国立东南大学生物系	中国科学院学部委员（1955）
李方训	1921～1925	金陵大学化学系	中国科学院学部委员（1955）
吕叔湘	1922～1926	国立东南大学外文系	中国科学院哲学社会科学学部委员（1955）
王葆仁	1922～1926	国立东南大学化学系	中国科学院学部委员（1980）
陆学善	1924～1928	国立东南大学、国立中央大学物理系	中国科学院学部委员（1955）
袁见齐	1924～1929	国立东南大学物理系、国立中央大学地质系	中国科学院学部委员（1980）
赵宗燠	1924～1930	国立东南大学、国立中央大学化学系	中国科学院学部委员（1957）
魏　曦	1928～1932	国立中央大学医学院（上海）	中国科学院学部委员（1955）
戴松恩	1925～1931	金陵大学农学院农业专修科、农艺系	中国科学院学部委员（1955）

姓名	就读/工作时间	就读/工作院系	当选类别名称（时间）
黄文熙	1925～1929	河海工科大学、国立中央大学土木工程系	中国科学院学部委员（1955）
余瑞璜	1925～1930	国立东南大学、国立中央大学物理系	中国科学院学部委员（1955）
王应睐	1926～1929	金陵大学化学系	中国科学院学部委员（1955）
汪猷	1926～1931	金陵大学化学系	中国科学院学部委员（1955）
盛彤笙	1928～1932	国立中央大学动物学系	中国科学院学部委员（1955）
狄超白	1930～1931	国立中央大学政治系（肄业）	中国科学院哲学社会科学学部委员（1955）
吴征铠	1930～1934	金陵大学化学系	中国科学院学部委员（1980）
高怡生	1930～1934	国立中央大学化学系	中国科学院学部委员（1980）
蔡旭	1930～1934	国立中央大学农艺系	中国科学院学部委员（1980）
任美锷	1930～1934	国立中央大学地理系	中国科学院学部委员（1980）
吴健雄	1930～1934	国立中央大学物理系	中国科学院外籍院士（1994）
徐克勤	1930～1934	国立中央大学地质系	中国科学院学部委员（1980）
黄耀曾	1930～1934	国立中央大学化学系	中国科学院学部委员（1980）
朱壬葆	1931～1932	国立中央大学心理系	中国科学院学部委员（1980）
汪菊渊	1931～1934	金陵大学园艺系	中国工程院院士（1995）
徐冠仁	1931～1934	国立中央大学农艺系	中国科学院学部委员（1980）
裘维蕃	1931～1935	金陵大学植物病理学系	中国科学院学部委员（1980）
杨澄中	1933～1937	国立中央大学物理系	中国科学院学部委员（1980）
侯学煜	1933～1937	国立中央大学农化系	中国科学院学部委员（1980）
魏荣爵	1933～1937	金陵大学物理系	中国科学院学部委员（1980）
任新民	1934～1937	国立中央大学化学工程系	中国科学院学部委员（1980）
郭令智	1934～1938	国立中央大学地质	中国科学院学部委员（1993）
庄巧生	1935～1939	金陵大学农艺系	中国科学院学部委员（1991）

姓名	就读/工作时间	就读/工作院系	当选类别名称（时间）
阳含熙	1935～1939	金陵大学森林系	中国科学院学部委员（1991）
鲍文奎	1935～1939	国立中央大学农艺系	中国科学院学部委员（1980）
陈学俊	1935～1939	国立中央大学机械工程系	中国科学院学部委员（1980）
陈俊愉	1935～1940 1941～1943	金陵大学园艺系（本、硕）	中国工程院院士（1997）
张涤生	1935～1941	国立中央大学医学院	中国工程院院士（1996）
吴汝康	1936～1940	国立中央大学生物系	中国科学院学部委员（1980）
王德宝	1936～1940	国立中央大学农化系	中国科学院学部委员（1980）
吴中伟	1936～1940	国立中央大学土木工程系	中国工程院院士（1994）
朱显谟	1936～1940	国立中央大学农化系	中国科学院学部委员（1991）
朱　夏	1936～1940	国立中央大学地质系	中国科学院学部委员（1980）
陈鉴远	1936～1940	国立中央大学化学工程系	中国科学院学部委员（1993）
黄纬禄	1936～1940	国立中央大学电机工程系	中国科学院学部委员（1991）
吴中伦	1936～1941	金陵大学森林系	中国科学院学部委员（1980）
童宪章	1936～1941	国立中央大学物理系	中国科学院学部委员（1991）
吴传钧	1936～1943	国立中央大学地理系（本、硕）	中国科学院学部委员（1991）
业治铮	1937～1941	国立中央大学地质系	中国科学院学部委员（1980）
陆元九	1937～1941	国立中央大学航空工程系	中国科学院学部委员（1980） 中国工程院院士（1994）
嵇汝运	1937～1941	国立中央大学化学系	中国科学院学部委员（1980）
朱尊权	1937～1941	国立中央大学农艺系	中国工程院院士（1997）
陆孝彭	1937～1941	国立中央大学航空工程系	中国工程院院士（1995）
陶诗言	1937～1942	国立中央大学地理系	中国科学院学部委员（1980）
冯元桢	1937～1945	国立中央大学航空工程系（本、硕）	中国科学院外籍院士（1994）
杨立铭	1938～1942	国立中央大学机械工程系	中国科学院学部委员（1991）

姓名	就读/工作时间	就读/工作院系	当选类别名称（时间）
颜鸣皋	1938～1942	国立中央大学机械工程系	中国科学院学部委员（1991）
戴念慈	1938～1942	国立中央大学建筑系	中国科学院学部委员（1991）
刘有成	1938～1942	国立中央大学农化系	中国科学院学部委员（1980）
林同骥	1938～1942	国立中央大学航空工程系	中国科学院学部委员（1980）
曾德超	1938～1942	国立中央大学机械工程系	中国工程院院士（1995）
郑国锠	1938～1947	国立中央大学博物系（本、硕）	中国科学院学部委员（1980）
薛社普	1938～1947	国立中央大学博物系（本、硕）	中国科学院学部委员（1991）
汤定元	1938～1942	国立中央大学物理系	中国科学院学部委员（1991）
汪闻韶	1938～1943	国立中央大学水利工程系	中国科学院学部委员（1980）
高　鸿	1938～1943	国立中央大学化学系	中国科学院学部委员（1980）
陈家镛	1939～1943	国立中央大学化学工程系	中国科学院学部委员（1980）
钱　宁	1939～1943	国立中央大学土木工程系	中国科学院学部委员（1980）
冯　康	1939～1944	国立中央大学物理系	中国科学院学部委员（1980）
高由禧	1939～1944	国立中央大学地理系	中国科学院学部委员（1980）
黄宗道	1939～1945	金陵大学农艺系	中国工程院院士（1997）
吴良镛	1940～1944	国立中央大学建筑系	中国科学院学部委员（1980） 中国工程院院士（1995）
夏培肃	1940～1945	国立中央大学电机工程系	中国科学院学部委员（1991）
田在艺	1940～1945	国立中央大学地质系	中国科学院院士（1997）
朱光亚	1941～1942	国立中央大学物理系	中国科学院学部委员（1980） 中国工程院院士（1994）
胡聿贤	1941～1944	国立中央大学土木工程系	中国科学院学部委员（1991）
李德生	1941～1945	国立中央大学地质系	中国科学院学部委员（1991）
周　镜	1942～1944	国立中央大学土木工程系	中国工程院院士（1994）
黄葆同	1942～1944	国立中央大学化学系	中国科学院学部委员（1991）

姓名	就读/工作时间	就读/工作院系	当选类别名称（时间）
刘东生	1942～1945	国立中央大学地质系	中国科学院学部委员（1980）
冯　端	1942～1946	国立中央大学物理系	中国科学院学部委员（1980）
闵恩泽	1942～1946	国立中央大学化学工程系	中国科学院学部委员（1980） 中国工程院院士（1994）
赵仁恺	1942～1946	国立中央大学机械工程系	中国科学院学部委员（1991） 中国工程院院士（1994）
梁晓天	1942～1946	国立中央大学化学工程系	中国科学院学部委员（1980）
楼南泉	1942～1946	国立中央大学化学工程系	中国科学院学部委员（1991）
胡海涛	1942～1946	国立中央大学地质系	中国工程院院士（1994）
张广学	1942～1946	国立中央大学农艺系	中国科学院学部委员（1991）
陆婉珍	1942～1946	国立中央大学化学工程系	中国科学院学部委员（1991）
胡宏纹	1942～1946	国立中央大学化学系	中国科学院院士（1995）
郭燮贤	1942～1942	国立中央大学电机工程系	中国科学院学部委员（1980）
陈　彪	1943～1946	金陵大学物理系	中国科学院学部委员（1980）
李　玶	1943～1947	国立中央大学地质系	中国工程院院士（1999）
尹文英	1943～1947	国立中央大学生物系	中国科学院学部委员（1991）
朱起鹤	1943～1947	国立中央大学化学工程系	中国科学院院士（1995）
卢良恕	1943～1947	金陵大学农艺系	中国工程院院士（1994）
文伏波	1943～1948	国立中央大学水利工程系	中国科学院院士（1994）
任继周	1943～1948	国立中央大学畜牧系	中国工程院院士（1995）
李季伦	1943～1948	国立中央大学生物系	中国科学院院士（1995）
张存浩	1944～1947	国立中央大学化学工程系	中国科学院学部委员（1980）
王业宁	1945～1949	国立中央大学物理系	中国科学院学部委员（1991）
程镕时	1945～1949	金陵大学化学系	中国科学院学部委员（1991）
刘大钧	1945～1949	金陵大学农艺系	中国工程院院士（1999）
黄熙龄	1945～1949	国立中央大学土木工程系	中国工程院院士（1995）

姓名	就读/工作时间	就读/工作院系	当选类别名称(时间)
陆熙炎	1946～1947	金陵大学化学系	中国科学院学部委员(1991)
陆钟武	1946～1949	国立中央大学化学工程系	中国工程院院士(1997)
王德滋	1946～1950	国立中央大学、国立南京大学地质系	中国科学院院士(1997)
童秉纲	1946～1950	国立中央大学、国立南京大学机械工程系	中国科学院院士(1997)
蒋亦元	1946～1950	金陵大学农业工程系	中国工程院院士(1997)
戴元本	1947～1952	国立中央大学、国立南京大学、南京大学物理系	中国科学院学部委员(1980)
孙曼霁	1948～1951	国立中央大学、国立南京大学、南京大学医学院	中国科学院学部委员(1991)
齐　康	1948～1952	国立中央大学、国立南京大学、南京大学建筑系	中国科学院学部委员(1993)
张本仁	1948～1952	国立中央大学、国立南京大学、南京大学地质系	中国科学院院士(1999)
章　综	1948～1952	国立中央大学、国立南京大学、南京大学物理系	中国科学院学部委员(1980)
乔登江	1948～1952	金陵大学物理系	中国工程院院士(1997)
钟训正	1948～1952	国立中央大学、国立南京大学、南京大学建筑系	中国工程院院士(1997)
戴复东	1948～1952	国立中央大学、国立南京大学、南京大学建筑系	中国工程院院士(1999)
经福谦	1948～1952	国立中央大学、国立南京大学、南京大学物理系	中国科学院学部委员(1991)
袁道先	1948～1952	南京地质探矿专科学校(南京大学地质系承担主要教学任务)	中国科学院学部委员(1991)
刘广润	1948～1952	南京地质探矿专科学校(南京大地质系承担主要教学任务)	中国工程院院士(1999)

姓名	就读/工作时间	就读/工作院系	当选类别名称（时间）
时铭显	1948～1952	国立中央大学、国立南京大学、南京大学化学工程系	中国工程院院士(1995)
何凤生	1948～1955	国立中央大学、国立南京大学、南京大学医学院	中国工程院院士(1994)
朱森元	1949～1952	国立南京大学、南京大学航空系	中国科学院院士(1995)
丁衡高	1949～1952	国立南京大学、南京大学机械系	中国工程院院士(1994)
冯宗炜	1950～1952	国立南京大学、南京大学森林系	中国工程院院士(1999)
王士雯	1950～1951	国立南京大学、南京大学医学院	中国工程院院士(1996)
茆 智	1950～1952	南京大学水利系	中国工程院院士(2003)
江 龙	1950～1953	南京大学化学系	中国科学院院士(2001)
孙 枢	1950～1953	南京大学地质系	中国科学院学部委员(1991)
沈韫芬	1950～1953	南京大学生物系	中国科学院院士(1995)
周志炎	1950～1954	南京大学地质系	中国科学院院士(1995)
刘振兴	1950～1955	南京大学气象系	中国科学院院士(1995)
伦世仪	1950～1952	南京大学化学工程系	中国工程院院士(1995)
徐寿波	1951～1952	金陵大学动力系	中国工程院院士(2001)
许绍燮	1951～1954	南京大学无线电系	中国工程院院士(1999)
陈 懿	1951～1955	南京大学化学系	中国科学院院士(2005)
陈毓川	1952～1953	南京大学地理系	中国工程院院士(1997)
巢纪平	1952～1954	南京大学气象系	中国科学院院士(1995)
刘守仁	1952～1955	南京农学院	中国工程院院士(1999)
伍荣生	1952～1956	南京大学大气科学系	中国科学院院士(1999)
郑绵平	1952～1956	南京大学地质系	中国工程院院士(1995)

姓名	就读/工作时间	就读/工作院系	当选类别名称（时间）
王　颖	1952～1956	南京大学地理系	中国科学院院士（2001）
张淑仪	1952～1960	南京大学物理系（本、硕）	中国科学院学部委员（1991）
李吉均	1953～1956	南京大学地理系	中国科学院学部委员（1991）
曲钦岳	1953～1957	南京大学天文系	中国科学院学部委员（1980）
孙钟秀	1953～1957	南京大学数学系	中国科学院学部委员（1991）
郑有炓	1953～1957	南京大学物理系	中国科学院院士（2003）
都有为	1953～1957	南京大学物理系	中国科学院院士（2005）
陈联寿	1953～1957	南京大学气象系	中国工程院院士（1999）
孙义燧	1954～1958	南京大学天文系	中国科学院院士（1997）
黄　宪	1954～1958	南京大学化学系	中国科学院院士（2003）
游效曾	1955～1957	南京大学化学系（硕）	中国科学院学部委员（1991）
方　成	1955～1959	南京大学天文系	中国科学院院士（1995）
苏定强	1955～1959	南京大学天文系	中国科学院学部委员（1991）
闵乃本	1955～1959	南京大学物理系	中国科学院学部委员（1991）
金玉玕	1955～1959	南京大学地质系	中国科学院院士（2001）
童晓光	1955～1964	南京大学地质系（本、硕）	中国工程院院士（2005）
王　水	1956～1961	南京大学气象系	中国科学院学部委员（1993）
吴培亨	1956～1961	南京大学物理系	中国科学院院士（2005）
张裕恒	1956～1961	南京大学物理系	中国科学院院士（2005）
陈洪渊	1956～1961	南京大学化学系	中国科学院院士（2001）
戴金星	1956～1961	南京大学地质系	中国科学院院士（1995）
章　申	1957～1958	南京大学化学系修读研究生课程	中国科学院学部委员（1993）
符淙斌	1957～1962	南京大学气象系	中国科学院院士（2003）
安芷生	1958～1962	南京大学地质系	中国科学院学部委员（1991）
方家熊	1958～1962	南京大学物理系	中国工程院院士（2001）

姓　名	就读/工作时间	就读/工作院系	当选类别名称（时间）
夏德全	1958～1963	南京大学生物系	中国工程院院士（2001）
章基嘉	1960～1962	南京大学气象学院	中国工程院院士（1994）
许健民	1960～1963	南京大学气象学院	中国工程院院士（1997）
吴国雄	1961～1963	南京大学气象学院	中国科学院院士（1997）
徐祥德	1961～1963	南京大学气象学院	中国工程院院士（2009）
李济生	1961～1966	南京大学天文系	中国科学院院士（1997）
邢定钰	1962～1967 1978～1981	南京大学物理系（本、硕）	中国科学院院士（2007）
王广厚	1963～1968	南京大学外语系（修习）	中国科学院院士（2011）
刘云圻	1972～1975	南京大学化学系	中国科学院院士（2015）
杨树锋	1972～1984	南京大学地质系（本、硕、博）	中国科学院院士（2015）
郭华东	1973～1977	南京大学地质系	中国科学院院士（2011）
陈　骏	1977～1985	南京大学地质系（本、硕、博）	中国科学院院士（2013）
田　刚	1978～1982	南京大学数学系	中国科学院院士（2001）
刘丛强	1978～1982	南京大学地球科学系	中国科学院院士（2011）
吴岳良	1978～1982	南京大学物理系	中国科学院院士（2007）
张　经	1978～1982	南京大学地质系	中国科学院院士（2007）
陈晓亚	1978～1982	南京大学生物系	中国科学院院士（2005）
郑永飞	1978～1985	南京大学地质系	中国科学院院士（2009）
吕　建	1978～1988	南京大学计算机系（本、硕、博）	中国科学院院士（2013）
李　林	1979～1983	南京大学生物系	中国科学院院士（2011）
陈德亮	1979～1983	南京大学气象系	中国科学院外籍院士（2017）
张　荣	1979～1993	南京大学物理系（本、硕、博）	中国科学院院士（2023）
王贻芳	1980～1984	南京大学物理系	中国科学院院士（2015）

姓名	就读/工作时间	就读/工作院系	当选类别名称（时间）
朱　敏	1980～1984	南京大学地质系	中国科学院院士（2021）
周成虎	1980～1984	南京大学地理系	中国科学院院士（2013）
张　翔	1981～1988	南京大学物理系（本、硕）	中国科学院外籍院士（2015）
陈志明	1982～1986	南京大学数学系	中国科学院院士（2017）
周忠和	1982～1986	南京大学地质系	中国科学院院士（2011）
于　全	1982～1986	南京大学物理系	中国工程院院士（2009）
谈哲敏	1982～1989 1996～2000	南京大学气象系、大气系（本、硕）南京大学大气系（博）	中国科学院院士（2021）
余　刚	1982～1989	南京大学化学系（本）南京大学环境科学系（硕）	中国工程院院士（2023）
蒋华良	1983～1987	南京大学化学系	中国科学院院士（2017）
贾承造	1983～1987	南京大学地质系（博）	中国科学院院士（2003）
赵沁平	1984～1986	南京大学计算机系（博）	中国工程院院士（2013）
杨为民	1984～1988 1991～1994	南京大学化学系（本、硕、博）	中国工程院院士（2021）
祝世宁	1985～1996	南京大学物理系（硕、博）	中国科学院院士（2007）
何宏平	1985～1989	南京大学地质系（本）	中国科学院院士（2023）
赵　刚	1986～1990	南京大学天文系（博）	中国科学院院士（2023）
鲍哲南	1987～1990	南京大学化学系	中国科学院外籍院士（2021）
丁奎岭	1987～1990	南京大学化学系（博）	中国科学院院士（2013）
张　平	1987～1996	南京大学数学系（本、硕、博）	中国科学院院士（2021）
马余强	1990～1993	南京大学物理系（博）	中国科学院院士（2021）
张小曳	1992～1995	南京大学大地海洋科学系（博）	中国工程院院士（2019）
樊春海	1992～2000	南京大学生物化学系（本、硕、博）	中国科学院院士（2019）

姓名	就读/工作时间	就读/工作院系	当选类别名称（时间）
宋保亮	1993～1997	南京大学生物科学与技术系	中国科学院院士（2021）
熊仁根	1994～1996	南京大学配位化学研究所博士后	中国科学院院士（2023）
钱崇澍	1919～1922	金陵大学、国立东南大学教授	中国科学院学部委员（1955）
马寅初	1920～1922	国立东南大学教授	中国科学院哲学社会科学学部委员（1955）
秉　志	1920～1922 1946～1949	南京高等师范学校、国立中央大学教授	中国科学院学部委员（1955）
竺可桢	1920～1925 1927～1928	南京高等师范学校、国立东南大学、国立中央大学教授	中国科学院学部委员（1955）
陆志韦	1920～1926	南京高等师范学校、国立东南大学教授	中国科学院学部委员（1955）
陈焕镛	1920～1927	金陵大学、国立东南大学教授	中国科学院学部委员（1955）
胡经甫	1922～1923	国立东南大学教授	中国科学院学部委员（1955）
茅以升	1922～1924	国立东南大学教授	中国科学院学部委员（1955）
汤用彤	1922～1926 1927～1930	国立东南大学、国立中央大学教授	中国科学院哲学社会科学学部委员（1955）
赵承嘏	1923～1925	南京高等师范学校、国立东南大学教授	中国科学院学部委员（1955）
戴芳澜	1923～1927	国立东南大学教授	中国科学院学部委员（1955）
郑万钧	1924～1929 1944～1952	国立东南大学、国立中央大学助教 国立中央大学、国立南京大学、南京大学教授	中国科学院学部委员（1955）
叶企孙	1924～1924	国立东南大学教授	中国科学院学部委员（1955）
张景钺	1925～1931	国立东南大学、国立中央大学教授	中国科学院学部委员（1955）

姓名	就读/工作时间	就读/工作院系	当选类别名称（时间）
曾昭抡	1926～1931	国立东南大学、国立中央大学副教授	中国科学院学部委员（1955）
汪胡桢	1927～1927	国立中央大学教授	中国科学院学部委员（1955）
童第周	1927～1930 1938～1941	国立第四中山大学、国立中央大学助教，国立中央大学教授	中国科学院学部委员（1955）
蔡　翘	1927～1930 1936～1952	国立第四中山大学、国立中央大学、国立南京大学、南京大学教授	中国科学院学部委员（1955）
刘敦桢	1927～1932 1943～1952	国立第四中山大学、国立中央大学、国立南京大学、南京大学教授	中国科学院学部委员（1955）
潘　菽	1927～1956	国立中央大学、国立南京大学、南京大学教授，南京大学校长	中国科学院学部委员（1955）
邓叔群	1928～1931	金陵大学、国立中央大学副教授	中国科学院学部委员（1955）
张钰哲	1929～1941	国立中央大学教授	中国科学院学部委员（1955）
汤飞凡	1929～1932	国立中央大学教授	中国科学院学部委员（1957）
高济宇	1931～2000	国立中央大学、国立南京大学、南京大学教授，南京大学副校长	中国科学院学部委员（1980）
李四光	1932～1932	国立中央大学代校长	中国科学院学部委员（1955）
庄长恭	1933～1934	国立中央大学教授	中国科学院学部委员（1955）
袁翰青	1933～1939	国立中央大学教授	中国科学院学部委员（1955）
罗宗洛	1933～1940	国立中央大学教授	中国科学院学部委员（1955）
梁　希	1933～1949	国立中央大学、国立南京大学教授	中国科学院学部委员（1955）
周同庆	1936～1943	国立中央大学教授	中国科学院学部委员（1955）
王世真	1939～1940	国立中央大学研究助理	中国科学院学部委员（1980）

姓名	就读/工作时间	就读/工作院系	当选类别名称（时间）
张钟俊	1939～1940	国立中央大学教授	中国科学院学部委员（1980）
俞建章	1939～1940	国立中央大学教授	中国科学院学部委员（1955）
翁文波	1939～1940	国立中央大学教授	中国科学院学部委员（1980）
张致一	1940～1941	国立中央大学助教	中国科学院学部委员（1980）
严　恺	1940～1943	国立中央大学教授	中国科学院学部委员（1955） 中国工程院院士（1995）
张宗燧	1940～1945	国立中央大学教授	中国科学院学部委员（1957）
杨廷宝	1940～1952	国立中央大学、国立南京大学、南京大学教授	中国科学院学部委员（1955）
方　俊	1941～1943	国立中央大学教授	中国科学院学部委员（1980）
姜泗长	1941～1954	国立中央大学、国立南京大学、南京大学教授	中国工程院院士（1994）
时　钧	1946～1952	国立中央大学、国立南京大学、南京大学教授	中国科学院学部委员（1980）
胡世华	1943～1946	国立中央大学教授	中国科学院学部委员（1980）
涂长望	1943～1949	国立中央大学、国立南京大学教授	中国科学院学部委员（1955）
徐芝纶	1944～1946	国立中央大学教授	中国科学院学部委员（1980）
陈荣悌	1944～1947	国立中央大学助教	中国科学院学部委员（1980）
周惠久	1946～1946	国立中央大学教授	中国科学院学部委员（1980）
钱临照	1946～1947	国立中央大学教授	中国科学院学部委员（1955）
钱钟韩	1946～1952	国立中央大学教授、国立南京大学、南京大学教授	中国科学院学部委员（1980）
毕德显	1947～1949	国立中央大学教授	中国科学院学部委员（1980）
方光焘	1947～1964	国立中央大学、国立南京大学、南京大学教授	中国科学院哲学社会科学学部委员（1955）
张文佑	1948～1949	国立中央大学教授	中国科学院学部委员（1955）
叶笃正	1951～1954	南京大学教授	中国科学院学部委员（1980）

姓名	就读/工作时间	就读/工作院系	当选类别名称（时间）
薛禹群	1952～2021	南京大学教授	中国科学院院士（1999）
程开甲	1952～1960	南京大学副教授	中国科学院学部委员（1980）
龚昌德	1955～今	南京大学教授	中国科学院院士（2005）
陆　埮	1978～2014	南京大学教授	中国科学院院士（2003）
江元生	1992～2014	南京大学教授	中国科学院学部委员（1991）
张全兴	1993～今	南京大学教授	中国工程院院士（2007）
黎介寿	1993～2023	南京大学教授	中国工程院院士（1996）
刘志红	1997～今	南京大学教授	中国工程院院士（2003）
郭子建	1999～今	南京大学教授	中国科学院院士（2017）
任洪强	2001～今	南京大学教授	中国工程院院士（2019）
邹志刚	2004～今	南京大学教授	中国科学院院士（2015）
阿龙·切哈诺沃	2008～2015	诺贝尔奖得主,南京大学教授	中国科学院外籍院士（2013）
许志琴	2008～今	南京大学教授	中国科学院院士（1995）
陈　颙	2016～今	南京大学教授	中国科学院学部委员（1993）
沈树忠	2018～今	南京大学教授	中国科学院院士（2015）
杨经绥	2019～今	南京大学教授	中国科学院院士（2017）
徐祖信	2020～今	南京大学教授	中国工程院院士（2019）
谭铁牛	2022～今	南京大学教授	中国科学院院士（2013）
顾　宁	2022～今	南京大学教授	中国科学院院士（2021）
郑海荣	2024～今	南京大学副校长	中国科学院院士（2023）

南京大学时期教授中的两院院士简介

（57位，按姓氏笔画排序）

马余强 1964年生，浙江宁波人。软凝聚态物质物理学家。2021年当选为中国科学院院士。1990～1993年就读于南京大学物理系，获博士学位；现任江苏省政协副主席，南京大学物理学院教授、博士生导师，南京大学物质科学前沿理论研究中心主任。在活性物质的非平衡统计物理、纳米材料与生物界面作用、软物质可控组装的机理方面取得了系统性、原创性成果。

王　颖 1935年生，女，河南信阳人。海岸海洋地貌与沉积学家。2001年当选为中国科学院院士。1956年毕业于南京大学地理系，获学士学位；现任南京大学地理与海洋学院教授、博士生导师，曾任南京大学大地海洋科学系主任、地学院院长、海岸与海岛开发国家重点实验室主任，中国南海研究协同创新中心主任，中国海洋学会名誉理事长。

王广厚 1939年生，安徽合肥人。原子分子与团簇物理学家。2011年当选为中国科学院院士。1963～1968年在南京大学外语系修习英文，修习结束后留南京大学任教；现任南京大学物理学院和固体微结构物理国家实验室教授、博士生导师。在国际上首先提出区分异同位素团簇和相同同位素团簇，证明团簇的形成与构成簇的同位素性质有关。曾获国家自然科学二等奖、教育部科学技术进步一等奖。

王业宁 （1926～2019），女，安徽六安人。凝聚态物理学家。1991 年当选为中国科学院学部委员（院士）。1945～1949年就读于国立中央大学物理系，获学士学位；1950～1981 年在南京大学物理系任教；主持建立了中国第一台压电组合振子离频内耗仪；设计并研制了我国第一台声光调 Q‐YAG 激光器。曾获国家自然科学二等奖、国家教委科学技术进步一等奖、全国科学大会奖、何梁何利基金奖。

王德滋 1927 年生，江苏泰兴人。岩石学家。1997 年当选为中国科学院院士。1946 年考入国立中央大学地质系，1950 年毕业于国立南京大学地质系。现任南京大学地球科学与工程学院教授、博士生导师。曾任南京大学副教务长兼科研处长、副校长、南京大学发展与政策研究委员会主任、地学院院长。长期从事火山岩与花岗岩研究，率先提出次火山花岗岩的新概念，建立了完整的花岗质火山‐侵入岩体系。曾获国家自然科学二等奖、教育部自然科学一等奖。

方 成 1938 年生，江苏无锡人。天体物理学家。1995 年当选为中国科学院院士，2005 年当选为第三世界科学院院士，主持设计和研制了中国第一座太阳塔。1955～1959 年就读于南京大学天文系，获学士学位后留校任教；现任南京大学天文与空间科学学院教授、博士生导师；曾任中国天文学会理事长、国际天文学联合会副主席。国际编号为 185538 号小行星被命名为"方成星"。曾获国家自然科学三等奖、教育部科学技术进步一等奖。

方光焘 （1898～1964），浙江衢县人。语言学家、作家、文艺理论家、文学翻译家。1955 年当选中国科学院哲学社会科学部委员(院士)。1947年起历任国立中央大学、国立南京大学、南京大学教授,曾任中文系主任。是在中国大学全面系统介绍并辩证评价索绪尔语言学说的第一人。

冯　端　(1923～2020),浙江绍兴人。凝聚态物理学家。1980年当选为中国科学院学部委员(院士),1993年当选为第三世界科学院院士,有"凝聚态物理研究一代宗师"之称。1942～1946年就读于国立中央大学物理系,获学士学位,毕业后留校任教;曾任南京大学研究生院首任院长、固体微结构物理国家重点实验室主任和中国科学院数理学部副主任、主席团成员、中国物理学会理事长。国际编号为187709的小行星被命名为"冯端星"。曾获国家自然科学二等奖、三等奖多次。

邢定钰　1945年生,江苏南京人。凝聚态物理学家。2007年当选为中国科学院院士。1962～1967年就读于南京大学物理系,获学士学位,1981年获南京大学硕士学位;现任南京大学物理学院教授、博士生导师、南京微结构国家实验室(筹)主任、南京大学固体微结构物理国家重点实验室学术委员会主任。在电子输运理论、低维受限的量子系统和超导理论等方面做出一系列创新性贡献。曾获国家自然科学二等奖。

曲钦岳　1935年生,山东烟台人。天体物理学家。1980年当选为中国科学院学部委员(院士),1990年被选为第三世界科学院院士,是我国高能天体物理学的开拓者之一。1953～1957年就读于南京大学天文系,毕业后留校任教。曾任南京大学天文系教授、系主任、博士生导师、南京大学校长兼研究生院院长,国务院学位委员会委员,中国天文学会理事长和全国政协常委、江苏省人大常委会副主任,国家教委直属高校咨询委员会副主席兼综合大学组召集人,江苏省科协主席。国际编号为3513号的小行星被命名为"曲钦岳星"。

吕　建　1960 年生,江苏南京人。计算机软件专家。2013年当选为中国科学院院士。1982 年、1984 年和 1988 年在南京大学计算机系先后获得学士、硕士和博士学位。现任全国人大常委,南京大学教授、博士生导师。曾任南京大学计算机系副主任、计算机软件研究所副所长、重点项目建设办公室主任、副校长、常务副校长、校长。所研究的软件方法学对提高软件生产的效率和质量做出了原创性贡献。曾获国家科学技术进步二等奖(3 次)、教育部科学技术进步一等奖、教育部技术发明一等奖。

伍荣生　1934 年生,浙江温州人。大气科学家。1999 年当选为中国科学院院士。1952～1956 年就读于南京大学气象学系,获学士学位,毕业后留校执教,任大气科学系教授、系主任、博士生导师;曾任国家教委大气科学教学指导委员会主任,中国气象学会理事长,南京大学中尺度灾害性天气教育部重点实验室主任。最早提出共振周期与大气中的中期天气过程相应关系,发展了地转适应与锋生理论。曾获教育部科学技术进步一等奖。

任美锷　(1913～2008),浙江宁波人。地貌学家、海洋地质学家。1980 年当选为中国科学院学部委员(院士)。1934 年毕业于国立中央大学理学院地理系,获学士学位;曾任中央大学理学院地理系教授、系主任。新中国成立后,历任南京大学教授、地理系主任,中国科学院南京地理研究所所长,国际海洋研究委员会中国委员会主席,中国地理学名誉理事长和中国海洋学会名誉理事长。曾获英国皇家学会授予的最高奖"维多利亚奖章"、国家自然科学三等奖。

任洪强　1964 年生,河北保定人。环境工程专家。2019 年当选为中国工程院院士。曾在南京大学环境科学与工程博士后流动站从事研究;现任南京大学环境学院院长、博士生导师,南京大学宜兴环保研究院院长;获授权中国发明专利80余件、美国和欧盟等发明专利20余件。曾获国家自然科学二等奖、国家技术发明二等奖。

刘志红 1958年生,女,新疆库尔勒人。肾脏病学家。2003年当选为中国工程院院士,是国家"973"计划项目首席科学家。1997~2017年任教于南京大学医学院;2012~2017年任南京大学医学院院长。曾被中央军委记一等功、二等功、三等功;曾获国家技术进步二等奖、教育部科学技术进步一等奖。

江元生 (1931~2014),江西宜春人。物理化学家。1991年当选为中国科学院学部委员(院士),2005年当选为国际数学化学科学院院士。1992年起任南京大学化学系教授、博士生导师,南京大学教学委员会主任,创建了南京大学理论与计算化学研究所。曾获国家自然科学奖一等奖。

孙义燧 1936年生,浙江温州人。天体力学家。1997年当选为中国科学院院士。1954~1958年毕业于南京大学天文系,获学士学位,毕业后留校任教;现任南京大学天文与空间科学学院教授、博士生导师。曾任南京大学研究生院院长、南京大学学术委员会副主任委员、中国科学院数理学部常务委员会副主任。国际编号为185640号小行星被命名为"孙义燧星"。曾获国家自然科学二等奖。

孙钟秀 (1936~2013),浙江杭州人。计算机科学家。1991年当选为中国科学院学部委员(院士),是国内最早研究操作系统的学者,主持研制了国产系列计算机DJS200系列的DJS200/XT1和DJS200/XT1P等操作系统。1953~1957年就读于南京大学数学系,毕业留校后在数学系、计算机科学与技术系任教。曾任南京大学技术科学学院院长、南京大学副校长、江苏省科技协会主席。

苏定强 1936年生,江苏武进人。光学工程专家。1991年当选为中国科学院学部委员(院士)。1955～1959年就读于南京大学数学天文系,毕业后留校任教至1962年;2003年至今任南京大学天文系教授、博士生导师,曾任中国天文学会理事长。国际编号为19366的小行星被命名为"苏定强星"。曾获国家科技进步一等奖。

李方训 (1902～1962),江苏扬州人。物理化学家。1955年当选为中国科学院学部委员(院士),中国化学会发起人之一。1925年毕业于金陵大学化学系,毕业后留校任教;1931～1952年任教于金陵大学,历任化学系副教授、教授、理学院副院长、院长、校长;1952年后任南京大学教授、副校长。

杨经绥 1950年生,浙江杭州人。岩石大地构造学家。2017年当选为中国科学院院士。现任南京大学地球科学与工程学院教授、博士生导师;曾任国土资源部大陆动力学重点实验室主任、地质研究所副所长,中国大陆科学钻探工程项目(CCSD)总地质师。曾获何梁何利科技进步奖、李四光地质科学奖。

吴培亨 1939年生,江苏张家港人。超导电子学家。2005年当选为中国科学院院士。1956～1961年就读于南京大学物理系,毕业后留校任教;曾任南京大学研究生院院长、南京大学信息物理系主任,现任南京大学教授、博士生导师、南京大学超导电子研究所所长。曾获国家自然科学三等奖。

邹志刚 1955年生,山东烟台人。材料学专家。2015年当选为中国科学院院士,2018 年当选为发展中国家科学院院士。2004 年任职南京大学,现任南京大学环境材料与再生能源研究中心主任,南京大学昆山创新研究院院长,江苏省纳米技术重点实验室主任。曾获国家自然科学二等奖。

闵乃本　(1935～2018),江苏如皋人。晶体物理学家。1991 年当选为中国科学院学部委员(院士),2001 年当选为第三世界科学院院士。1955～1959 年就读于南京大学物理系,毕业后留校任教;曾任全国政协常委、江苏省政协副主席、南京大学固体微结构物理国家重点实验室副主任、南京大学材料科学研究所所长。国际编号为 199953 号的小行星被命名为"闵乃本星"。曾获国家自然科学奖一等奖、国家教学成果一等奖。

沈树忠　1961 年生,浙江湖州人。地层古生物学家。2015 年当选为中国科学院院士。现任南京大学地球科学与工程学院教授、博士生导师。曾任科技部 973 项目首席科学家。荣获国际地层委员会最高金奖(ICS Medal)、国家自然科学二等奖。

张全兴　1938 年生,江苏常州人。环境工程和高分子材料专家。2007 年当选为中国工程院院士,是中国离子交换与吸附技术的主要开拓者之一、树脂吸附法治理有毒有机工业废水及其资源化领域的开创者。曾任南京大学环境工程教研室主任、环科所副所长,省部和国家工程技术研究中心主任;现任南京大学环境学院教授、博士生导师、院学术委员会主任,南京大学国家有机毒物污染控制与资源化工程技术研究中心名誉主任。

张淑仪　1935 年生,女,浙江温州人。声学家。1991 年当选为中国科学院学部委员(院士)。1952～1960 年在南京大学物理系学习,硕士毕业后留校任教;现任南京大学电子科学与工程系教授、博士生导师;曾任南京大学声学研究所所长。主持研制了我国第一台光声光谱仪、扫描光电显微镜和激光扫描显微镜等设备。

陆 埮 （1932～2014），江苏常熟人。天文学家、物理学家、教育家。2003 年当选为中国科学院院士，是中国伽马射线暴的奠基人。1978 年起先后任南京大学天文系教授、博士生导师，中国科学院紫金山天文台研究员。国际编号为 91023 的小行星被命名为"陆埮星"。曾获国家自然科学二等奖。

阿龙·切哈诺沃（Aaron Ciechanover） 1947 年生，以色列人。2013 年当选中国科学院外籍院士。2008～2015 年任南京大学化学与生物医药科学研究所所长。2004 年，因发现泛素调节的蛋白质降解而获诺贝尔化学奖。

陈 骏 1954 年生，江苏扬州人。地球化学家。2013 年当选为中国科学院院士。1980 年毕业于南京大学地质系，1982 年、1985 年先后获得南京大学硕士和博士学位，现为南京大学地球科学与工程学院教授、博士生导师，江苏省科协主席。曾任全国人大常委、南京大学校长。曾获国家自然科学二等奖、国家级教学成果特等奖。

陈 颙 1942 年生，江苏宿迁人。地球物理学家。1993 年当选为中国科学院院士，2000 年当选为第三世界科学院院士。现任南京大学地球科学与工程学院教授、中国地震局科技委主任；曾任国家地震局副局长、地球物理研究所所长，国际地震学和地球内部物理学协会（IASPEI）地震预报和地震灾害委员会主席。荣获何梁何利科技进步奖。

陈 懿 1933 年生，福建福州人。物理化学家和教育家。2005 年当选为中国科学院院士。1951～1955 年就读于南京大学化学系，后留校任教。现任南京大学化学化工学院教授、博士生导师;曾任中国化学会理事长,1996～1997 年任南京大学代校长。

陈洪渊 1937 年生,浙江三门人。分析化学家。2001 年当选为中国科学院院士。1956～1961 年毕业于南京大学化学系,后留校任教。现任南京大学化学化工学院教授、博士生导师。曾获教育部自然科学一等奖,全国五一劳动奖章。

郑有炓 1935 年生,福建三明人。半导体材料与器件物理专家。2003 年当选为中国科学院院士。1953～1957 年就读于南京大学物理系,后留校任教。现任南京大学电子科学与工程学院教授、博士生导师。曾获国家 863 计划先进工作者一等奖、教育部自然科学一等奖、教育部技术发明一等奖。

郑海荣 1977 年生,安徽长丰人。医学影像与电子学家。2023 年当选为中国科学院院士。现任南京大学党委常委、副校长。曾获国家杰出青年基金资助、国家技术发明二等奖、国家科技进步一等奖。主持完成了国家 973 计划项目(首席)、中科院战略先导项目和国家重大科研仪器专项等多项重大科研项目。2006 年获科罗拉多大学博士学位,后历任加州大学戴维斯分校项目科学家、中国科学院深圳先进技术研究院研究员、副院长。担任国家高性能医疗器械制造业创新中心主任、医学成像科学与技术系统中国科学院重点实验室主任。

胡宏纹 (1925～2016),四川广安人。有机化学家。1995 年当选为中国科学院院士。1946 年毕业于国立中央大学化学系,留校任教至 1950 年;1954～1957 年在南京大学任讲师;1963 年起历任南京大学化学化工学院教授、博士生导师,南京大学有机化学教研室主任。曾获国家教委科技进步二等奖。

祝世宁 1949 年生,江苏镇江人。功能材料学家。2007 年当选为中国科学院院士。1985～1996 年就读于南京大学物理系,1988 年和 1996 年先后获硕士和博士学位,毕业后留校任教;曾任南京大学物理学院院长,现任南京大学教授、博士生导师,江苏省物理学会理事长,江苏省科协副主席,教育部科技委材料学部主任。曾获国家自然科学一等奖。

都有为 1936 年生,浙江杭州人。磁学与磁性材料专家。2005 年当选为中国科学院院士。1953～1957 年就读于南京大学物理系,获学士学位,毕业后留校任教,任南京大学物理系教授、博士生导师;曾任南京大学纳米科学技术研究中心主任。他与科研组的师生共发表 SCI 论文 600 余篇,被 SCI 论文引用 4000 余次,获国家发明专利 20 项。

顾　宁 1964 年生,江苏南京人。生物医用纳米材料学家。2021 年当选为中国科学院院士。现任南京大学医学院教授。已发表 SCI 期刊论文 500 余篇,荣获国家自然科学二等奖、国家科技进步二等奖、教育部高等学校自然科学一等奖、第 46 届"日内瓦国际发明展"特许金奖。

徐克勤 (1907～2002),安徽巢县人。地质学、矿床学家。1980 年当选为中国科学院学部委员(院士)。1934 年毕业于国立中央大学理学院地质系,获学士学位;1946 年起历任国立中央大学理学院地质系教授、系主任;1949 年更名后历任国立南京大学、南京大学地质系教授、系主任;1984 年始任南京大学地球科学系名誉系主任。曾获国家自然科学二等奖、三等奖,全国科学大会奖。

徐祖信 1956 年生,女,江西萍乡人。环境治理专家。2019 年当选为中国工程院院士。现任南京大学苏州校区特聘教授;曾任上海市环境保护局局长、上海市科学技术委员会副主任。两次荣获国家科技进步二等奖。

高　鸿　（1918～2013），陕西泾阳人。分析化学家。1980年当选为中国科学院学部委员（院士）。1943年毕业于国立中央大学化学系，获学士学位；1948年任国立中央大学理学院化学系副教授，1949年国立中央大学更名后历任南京大学化学系副教授、教授，化学系分析化学教研室主任，南京大学环境科学研究所所长，南京大学终身教授。曾获国家自然科学三等奖、全国科学大会奖。

高济宇　（1902～2000），河南舞阳人。化学家。1980年当选为中国科学院学部委员（院士）。1931年起历任国立中央大学理学院化学系主任、理学院院长、教务长，南京大学理学院院长、教务长、副校长，校学术委员会主任委员，校顾问等。

郭子建　1961年生，河北河间人。化学生物学家。2017年当选为中国科学院院士。曾任南京大学配位化学国家重点实验室主任、化学化工学院院长；现任南京大学化学和生物医药创新研究院院长，南京大学新生学院院长，南京大学学术委员会副主任，配位化学国家重点实验室（南京大学）学委会副主任。

郭令智　（1915～2015），湖北安陆人。地质学家。1993年当选为中国科学院院士。1938年毕业于国立中央大学地质系，获学士学位；曾任南京大学教授、博士生导师、副校长、代校长，南京大学地质系区域地质教研室主任。曾获国家自然科学二等奖、全国科学大会奖。

谈哲敏　1965年生，江苏宜兴人。大气动力学家。2021年当选为中国科学院院士。1986、1989、2000年先后在南京大学气象系、大气科学系获学士、硕士和博士学位；1989年起留校任教，现任南京大学校长、党委副书记，南京大学大气科学学院教授、博士生导师。曾任南京大学大气科学系主任、中尺度灾害性天气教育部重点实验室主任、南京大学校长助理、南京大学副校长、南京大学常务副校长、中国气象学会副理事长、国务院学位委员会学科评议组共同召集人。

龚昌德 1932 年生,江苏南京人。物理学家。2005 年当选为中国科学院院士。1955 年起在南京大学物理系先后任助教、讲师、副教授、教授、系主任;1994～2009 任南京大学理学院院长、理论物理研究中心主任。曾获国家教委科学技术进步奖二等奖、国家级教学成果一等奖。

符淙斌 1939 年生,上海人。气候学家。2003 年当选为中国科学院院士,2015 年当选为芬兰科学与人文院外籍院士。1962 年毕业于南京大学气象系,获学士学位;现任南京大学大气科学学院教授,南京大学气候与全球变化研究院院长;曾任国际太平洋科学协会(PSA)主席,中国科学技术协会副主席。荣获国家自然科学二等奖。

梁　希 (1883～1958),浙江湖州人。林学家。1955 年当选为中国科学院学部委员(院士),中国近现代林学和林业事业的杰出奠基人与开拓者之一。1933～1949 年历任国立中央大学农学院森林系教授、系主任,农学院院长,南京大学校务委员会主席;新中国成立后,任林垦部首任部长,九三学社中央副主席,中国科协副主席。

程镕时 (1927～2021),江苏无锡人。高分子物理及物理化学家。1991 年当选为中国科学院学部委员(院士),是我国高分子物理学科的开拓者之一。1945～1949 年就读于金陵大学化学系,获学士学位。新中国成立后,曾任南京大学化学系教授,国家自然科学基金委员会高分子化学学科评审组成员。曾获国家科技进步特等奖。

游效曾 （1934～2016），江西南昌人。无机化学家。1991年当选为中国科学院学部委员（院士）。1955～1957年就读于南京大学化学系，获硕士学位；毕业后留校任教，历任化学系助教、讲师、副教授、教授；在南京大学参与创建了中国第一个配位化学研究所和配位化学国家重点实验室，并任南京大学配位化学研究所所长、南京大学化学化工学院和国家配位化学重点实验室学术委员会主任。曾获国家自然科学奖二等奖、国家教委科技进步奖一等奖。

谭铁牛 1963年生，湖南茶陵人。模式识别与计算机视觉专家。2013年当选为中国科学院院士，2014年当选为英国皇家工程院外籍院士、发展中国家科学院院士。现任全国政协常委、南京大学党委书记。曾任中国科学院自动化研究所所长、中国科学院副秘书长、中国科学院国际合作局局长、中国科学院副院长、中央人民政府驻香港特别行政区联络办公室副主任等职务。荣获国家自然科学二等奖、国家技术发明二等奖和国家科技进步二等奖、国际模式识别领域最高奖——傅京孙奖。

黎介寿 （1924～2023），湖南长沙人。普通外科专家，医学教育家。1996年当选为中国工程院院士，是亚洲小肠移植的开拓者，我国肠外瘘治疗和临床营养支持的奠基人。现任南京大学医学院临床学院副院长，解放军普通外科研究所所长。国际编号为192178的小行星被命名为"黎介寿星"。曾获国家科技进步一等奖、二等奖，教育部自然科学一等奖、教育部科学技术进步一等奖。

潘 菽 （1897～1988），江苏无锡人。心理学家、教育家。1955年当选为中国科学院学部委员（院士），是中国现代心理学奠基人之一。1927年起历任第四中山大学（后为国立中央大学)理学院心理系副教授、教授、系主任。新中国成立后,历任国立南京大学校务委员会常委兼教务长、校务委员会主席。1951年任南京大学首任校长兼心理系主任,后任中国科学院心理研究所首任所长、中国心理学会理事长、九三学社中央副主席。

薛禹群 (1931～2021),江苏无锡人。水文地质学家。1999年当选为中国科学院院士,是我国地下水动力学学科奠基人之一。1952年起任教于南京大学地质系,历任地质系助教、讲师、副教授、教授,南京大学地球科学系水文地质研究室、环科所地下水资源及其保护研究室主任。建立我国第一个三维热量运移模型,并首次建立了潜水条件下的三维海水入侵模型。曾获教育部科学技术进步一等奖。

戴安邦 (1901～1999),江苏丹徒人。无机化学家。1980年当选为中国科学院学部委员(院士),是我国配位化学的奠基人、中国化学会的创始人之一。1919～1924年就读于金陵大学文理科化学系,获学士学位。1924～1928年留校任教。1931年起历任金大理学院化学系副教授、教授。1952年后任南京大学化学系教授兼系主任、南京大学配位化学研究所所长、南京大学校学术委员会副主任委员。曾获国家自然科学二等奖、全国科学大会奖。

魏荣爵 (1916～2010),湖南邵阳人。声学家。1980年当选为中国科学院学部委员(院士),是中国声学事业的开创者之一。1937年毕业于金陵大学理学院物理系,1942～1944年任金大理学院讲师,1951年任国立南京大学教授并在金大兼课,1952～1985年历任南京大学物理系主任、声学研究室主任、声学研究所所长。曾获国家教委科技进步奖一等奖。

(依丽米努尔·那扎麦提　胡天银)

大爱无疆

　　仁爱,是南大的底色,是南大赖以生存、发展、壮大的基因。陶行知所倡导的"爱满天下"是教育者对学生的关怀之爱;刘伯明领袖群贤是以恕待人的君子之爱;邹秉文科学兴农、振兴民族是以农报国之爱;茅以升悉心建桥又挥泪炸桥是深明大义、舍己为国之爱;徐悲鸿海外筹画展赈济抗日是忧国忧民、为国尽责之爱;余光中的乡愁是思亲思乡、思念祖国之爱……

　　南京大学历史上众多的仁人志士以爱为名,书写下人生的壮丽篇章。他们与时代同呼吸,与民族共命运,将一把爱的种子撒播在中华大地上,使仁爱成为南大学子不可或缺的精神底色。

上将军赵声秘密创作《歌保国》

赵声(1881～1911)，字伯先，江苏镇江人。1902年毕业于江南陆师学堂，后赴日考察军政。1903年回国后执教于三江师范学堂。1911年，黄兴与他分任正、副总指挥，策划、领导了"黄花岗起义"。起义失败后，赵声悲愤成疾，病逝于香港。孙中山任大总统的中华民国临时政府成立后，追赠其为"上将军"。

秘密创作《歌保国》

赵声自幼聪敏，能文善武，曾见义勇为，破狱救人，被当地百姓誉为"豪侠少年"。他17岁即考中秀才，亲友登门来贺，他却坦然笑曰："大丈夫当为国效力，使神州复见青天白日，区区一秀才何足道哉！"1900年，"八国联军"攻破北京。面对日益严重的内忧外患，赵声忧心如焚，决心投笔从戎，遂赴南京报考江南水师学堂。学堂监督何居"伟其人，奇其文"，以第一名录取了赵声。入学后赵声每议时势，"辄惊四座"，为同学所钦佩。在一次要求改革校章的"学潮"事件中，众推赵声为代表与校方交涉，赵声性情率直，思想激进，言语中对监督多有"冒犯"，双方都动了真怒，赵声遂自请退学。他的才名也由此而传播于学界。一次偶然的机会，赵声提刀为江南陆师学堂的一位学生写了一篇文章,陆师学堂监督俞明震阅罢大为惊喜,将这位学生叫到跟前问道:"此文系何人所作?"学生答:"是学生苦心思索所得。"俞说:"谅你也写不出这等文章,快将实情讲来。"这位学生不得不将赵声"供"出。俞明震一面命人将这篇文章张布于课堂,一边急召赵声来见。待见到赵声并进行了一番交谈后,俞明震特许他插班就读,与章士钊等人同学。赵声的夙愿由此得偿。

1902年底,赵声从江南陆师学堂毕业,听说国内有志救国之士大多聚集在日本,便决定东渡日本考询军政。1903年2月,赵声启程赴日,同船前往的还有受两江总督张之洞委派赴日考察教育的江楚编译局总纂缪荃孙、即将担任三江师范学堂教习的柳诒徵等人。当时张之洞已有意让缪荃孙出任三江师范学堂的总稽查,所以缪、柳都诚恳地邀请颇有才学、见识不凡的赵声加盟"三江"。赵声只是不置可否地答道:"届时再定不迟。"

在日本,赵声结识了黄兴、何香凝等许多革命同志,眼界大开,信心倍增,多次对人激动地说:"中国事尚可为也。"他觉得"革命贵在实行",所以不久便急匆匆地从日本赶回国内。1903年夏,赵声回到家乡镇江丹徒。为了启迪民智、唤醒民众并强健其体格,他先后开办小学堂,成立阅书报社,组织体育会,奠定了一定的革命基础。此时赴日考察学务归来并已就任总稽查(实即校长)之职的缪荃孙,以及柳诒徵等人未忘前约,盛情邀请赵声来"三江"执教。赵声欣然应诺,就任三江师范学堂教习,教授国文等课。

赵声在三江师范学堂(后更名两江师范学堂)一方面尽其所学教授学生,一方面广泛结交校内教员学生和社会上的有志之士,频频进行革命宣传和串联活动,成为南京地区革命的核心人物。最值得称道的是他在1903年秘密写出的流传于大江南北的七字唱本《歌保国》。

这首《歌保国》，以老百姓所喜闻乐见的七字唱词形式写成，全文共 134 句，辞语犀利、激昂、慷慨，读之令人热血沸腾，荡气回肠。歌词开头，先是满腔热情地召唤全国同胞热爱自己伟大的国家：

> 莫打鼓来莫打锣，听我唱个保国歌；
> 中国汉人之中国，民族由来最众多。
> 堂堂始祖是黄帝，四万万人皆苗裔。
> 嫡亲同胞好弟兄，保此江山真壮丽。①

而横暴专制的清王朝，对内残酷压榨人民，对外一味谄媚列强，所以歌词号召人们挺身而起，万众一心，推翻清王朝的反动统治，创建一个独立的民主国家：

> 我今兴奋发大愿，先行革命后立宪；
> 众志成城起义兵，要与普天雪仇怨。
> 不为奴隶为国民，此是尚武真精神；
> 野蛮政府共推倒，大陆有主归华人。②

赵声的《歌保国》与同年问世的邹容的《革命军》和陈天华的《警世钟》《猛回头》一样，成为当时推翻帝制、创立共和的极有影

---

① 赵声：《歌保国》，章绍嗣，张晓钟主编：《中华百年爱国诗歌》，武汉：武汉出版社，1998 年，第 290—291 页。
② 赵声：《歌保国》，章绍嗣，张晓钟主编：《中华百年爱国诗歌》，武汉：武汉出版社，1998 年，第 292 页。

响的宣传品。由于《歌保国》是赵声匿名写出的,最早只是在学堂师生中秘密传抄。巧合的是,因发表邹容的《革命军》等鼓吹革命的文章而引发轰动一时的"苏报案"的《苏报》主笔,正是赵声在陆师学堂读书时的至交学友章士钊。他想方设法帮助赵声秘密印刷了数十万份传单,派可靠之人四处广为散发,长江上下游的清兵几乎是"人手一纸"。奇怪的是,他们偏偏又都很喜欢这首"谣言惑众"的《歌保国》,不少士兵暗地里把歌词背得滚瓜烂熟。于是,这首具有声讨清王朝的战斗檄文性质的歌谣,便在大江南北广泛流传起来,成为辛亥革命时期革命党人的重要宣传品。

北极阁演说激怒总督

1900 年,沙俄在参加八国联军进攻京津的同时,又单独出兵侵占我国东北三省。在《辛丑条约》签订后,盘踞在我国东北的十几万俄国大军仍拒不撤兵,因利害冲突和帝国主义之间的矛盾,美、日出面干涉。1902 年 4 月,俄国驻华公使雷萨尔与清外务部大臣奕劻在北京签订撤兵条约四款,约定在 18 个月内将俄军分三期全部撤回。但在 1903 年 4 月第二期撤兵期满时,沙俄又违约不撤,并向清政府提出七项新的侵略条件。清廷无能,势将屈从,从而激起中国人民的"拒俄运动"。上海、北京人民纷纷集会抗议,留日学生也在东京举行抗俄会议,并成立"拒俄义勇队",准备上前线挥戈杀敌。

1903 年秋冬之际,赵声主动联络三江师范学堂、江南陆师学堂、江南水师学堂、汇文书院、基督书院、益智书院等校师生,齐集在鸡鸣寺北极阁之下,举行了一场名震四方的"北极阁演说"。赵声登上高台,愤怒声讨沙俄侵占我国领土的强盗行为,历数《辛丑条约》中种种丧权辱国的苛刻条款,并大声疾呼:"非竭力推翻封建专制,无以救中国!"赵声的演讲,"分析之深透,胆气之猛决,令人可惊可愕",听讲的各校师生和南京民众"皆感动涕流,义愤填膺"! 这次"假借俄事,极论革命"的北极阁演说,不仅轰动了金陵古城,而且很快传遍了苏、皖、湘、鄂诸省,赵声的威名一下子远播四方。

这场演说也引起了当局的极大恐慌。两江总督得报后大为震怒,下令:"逮捕赵声,如遇抵抗,格杀勿论!"有同志即刻密报赵声,敦促他火速离开。赵声坚决不肯出走,随口吟出"我自横刀向天笑,去留肝胆两昆仑"的诗句,决意效仿先烈谭嗣同,用自己的鲜血唤醒更多的民众。这位同志声泪俱下,苦苦相劝:"君死事小,革命事大! 君若愿作无谓之牺牲,我便陪君同赴刑场!"赵声大受感动,始允走避,西赴湖南。

1904 年 2 月,日俄战争爆发,由于沙俄战败,撤兵问题随之了结。今天的镇江市有一处由原国家主席宋庆龄题名的"伯先公园",就是为纪念这位中国民主革命的先行者而修建。

(王运来)

爱满天下陶行知

陶行知(1891～1946)，安徽歙县人。1917年后历任南京高等师范学校教授兼教务主任、国立东南大学教育科兼教育系主任、中华教育改进社总干事、生活教育社理事长、民盟中央常委兼教育委员会主任委员。毛泽东称他是"伟大的人民教育家"，宋庆龄称赞他"万世师表"。

秀绝金陵第一声

少年陶行知是在私塾和英国人开办的崇一学堂接受教育的。在这所教会学校读书期间，他非但没有信奉基督教，而且还在该校学生宿舍的墙壁上写下"我是一个中国人，要为中国做出一些贡献来"一行稚嫩大字，引来许多同学钦佩的目光。1908年，志向远大的陶行知独自一人从家乡的水兰桥码头登上了直航杭州的大木船。在杭州，他顺利考入了广济医学堂，这所学堂为教会所办，信教学生可以免费实习两年。对这种歧视性的校规，陶行知深为不满，愤而退学。

1909年，陶行知考入南京汇文书院成美馆，即中学部(今名金陵中学)。次年秋，汇文书院和宏育书院合并为金陵大学，陶行知即从汇文书院直接升入金大文科。

陶行知深知穷人上学不易,又有"要为中国做出一些贡献来"的内在动力,所以学习勤奋,刻苦钻研,国文、英文、法文、数学等诸科成绩门门优秀,全校闻名。陶行知为人热情率直,做事果断干练,演讲口若悬河,著文妙笔生花,是金陵园出类拔萃的人物。在辛亥革命影响下,他开始信仰孙中山的革命学说,坚决拥护民主共和——其毕业论文选定为《共和精义》即是一个明证。1911年,陶行知代表金陵大学学生自治会奔赴苏州,邀请东吴大学学生来南京联合召开运动会——这在当时尚是一件新鲜事。由于宣传有方、组织得力,南京民众情绪高涨,购票踊跃。陶行知他们便用门票收入充作"国民捐",以帮助黄兴领导的南京留守政府解决财政困难的问题,从物质和道义上支持新生的革命政府。

由于是教会大学,金大在1909年创办学报《金陵光》时,只出版英文版。对此,陶行知十分不满,便积极倡议增办中文版,经过据理力争,终于获得包文(A. J. Bown)校长的同意。1913年2月,《金陵光》中文版正式出版,素以文笔优美、隽秀犀利著称的陶行知代表编辑部同仁撰写了《〈金陵光〉出版之宣言》。稍后,陶行知即被公推为《金陵光》中文主笔。《金陵光》是一份影响遍及全国的中英文刊物,张謇、蔡元培、范源濂、黄炎培等著名教育家都对其赞誉有加,先后为之题签。在后两年读书期间,陶行知在《金陵光》上发表文章20余篇,才名远播学界。

1914年6月,陶行知以全校文科第一名的优异成绩从金大毕业。参加毕业典礼并向陶行知颁授文凭的江苏教育司长黄炎培在后来的诗作中,动情地赞颂陶行知是"秀绝金陵第一声"。

"老虎教务长"的三把火

留美三年,陶行知先后获得伊利诺大学政治学硕士学位和哥伦比亚大学都市学务总监资格凭证书。1917年秋,陶行知离美归国,受聘于南高,教授"教育学""教育行政""教育统计"等课程。1918年3月,27岁的陶行知代理南高教务主任,次年10月正式就职教务主任,直至1923年离开学校。由于陶行知精于管理、讲求法度、办事认真、要求严格,师生对他很是敬畏。尽管在生活中他为人随和,但人们还是喊他"老虎教务长"。

而"老虎教务长"上任后的三把火,烧得也的确是虎虎有生气,人人都赞许。

上任伊始,陶行知发现旧日课表在教室、实验室和教学时间的安排上,不够科学和灵活,一旦临时调动,不免牵一发而动全身。众人也知道需要修改,但是迟迟不得良法。陶行知运用统计学原理,科学地制定了新的总课程表,对临时调动,既迅速又方便,解决了长期存在的难题。只此一举,便使全校上下对这位年轻的教务主任刮目相看,顿生好感。此后各校纷纷效法,排课新法遂为全国所采用。

五四运动之前,"教授法"在国内极为时髦。讲到教学上的事,都用"教授"一词。陶行知看到学校里先生只管教、学生只管受教,教师只是贩卖些知识给学生,使"学校"变成了"教校"的情形,就认定有改革必要。于是,在1918年南高的一次校务会议上,陶行知大胆提出要以"教学法"来代替"教授法"。但学监主任陈容等人认为此举纯属"标新立异"、"哗众取宠"。陶行知据理力争道:"好的先生不是教书,不是教学生,乃是教学生学,而教的法子也必须根据学的法子,就是把教和学联系起来,即要教学合一。"虽经两个多小时的辩论,提案仍未通过。陶行知没有灰心,他奋笔疾书,在《新教育》上发表《教学合一》等多篇文章,勇敢地批判传统教育,竭力提倡新教育改革。五四运动之后,各种新思想纷至沓来,反对者亦无暇坚持,这位"老虎教务长"就毅然把南高的"教授法"一律改为"教学法"。由于改得合理,人人悦服,"教学法"之说很快就在全国流行起来了。"教授法"改为"教学法",并非"授"与"学"之争,实质上是教育思想上的一大转变。

在陶行知的主持下,南高还在招生方面做了改革,规定报考南高的学生,除了笔试外,还要经过五分钟的面试,作为录取的一项成绩。面试时,陶行知都要坐在台下亲自听考生的回答。这在历来只重文字取士的我国,不能不说是一个创举。至于陶行知首倡大学招收女生,并促成南高首开"女禁",更是石破天惊。

昆明学校

教学之余,陶行知常和王伯秋等教授去玄武湖漫步。玄武湖中有 5 个岛屿,散住着数百户湖民。陶行知发现,由于这里地处偏僻,湖水阻隔,一二百名学龄儿童几乎无一人入学。时任国立东南大学教育科主任兼教育系主任的陶行知便决定,在其中的长洲岛(今名环洲)创设一所初级小学,一来普及湖民教育,提高其文化水平,二来可作为东大教育系本科学生实施乡村教育之所。

经过积极筹备,这所小学于 1921 年 3 月正式开办,因玄武湖曾名昆明池,学校即命名为"昆明学校",下设社会教育部、儿童教育部和妇女教育部。昆明学校全年经费约 500 元,从教育科经费中支付。教职员均由教育系师生兼任,实行义务授课。学校初办时有 36 名学生入学,三年后增至 59 人。陶行知往来于东大和昆明学校之间,带领同仁、弟子进行乡村教育试验。昆明学校也因此成为陶行知推行平民教育的第一个试验基地,为他 1927 年创办"试验乡村师范"即晓庄学校积累了经验,准备了骨干。

(王运来　龚　放)

领袖群伦刘伯明

刘伯明(1887～1923)，江苏南京人。1915年在美国西北大学获博士学位，回国后历任金陵大学国文部主任、南京高等师范学校训育主任和文史地部主任、国立东南大学校长办公处副主任、文理科主任、学监主任和行政委员会副主任。

倡行朴茂学风

著名地理学家张其昀曾谈到他在南高读书期间受三位教师的影响最深，其一就是刘伯明，原因在于刘伯明以哲学家办学，最注重教育理想。刘伯明对教育理想的重视突出反映在他为南高、东大的学风建设所做的努力上。每逢开学散学、新年元旦及其他特别典礼，刘伯明必亲自出席，对学风问题侃侃而谈。他还撰写了《论学风》《共和国民之精神》等文章，倡导朴茂学风。

刘伯明倡导的朴茂学风，首先强调对科学真理的执着追求。他认为，"吾人生于科学昌明之世，苟冀为学者，必于科学有适当之训练而后可"。所谓科学之精神，即"惟真是求"。何为"惟真是求"？他认为，为学必须能"不为燥湿轻重，不为穷达易节"，并指出"我国古来学者最重节操，大师宿儒，靡不措意于斯"。他在学校集会上常常向学生申明，"我们的校舍尽管破旧，但我们当保持一种朴茂的精神，不要有铜臭，不可有官气"。

怎样树立良好的学风？刘伯明在《论学风》和《共和国民之精神》中提到，"学校中有两种最难调和之精神，一曰自由，一曰训练"。学者必须要有自由的精神和负责的态度。从倡导治学中的自由精神出发，他提出要改变教学管理过于死板的问题，给予学生更多的选择自由，注重促进学生的全面发展。从倡导治学中的负责态度出发，他特别强调学者应有社会责任感："吾侪对于宇宙，须信其永无消灭，继续存在。有此理想，方可支持吾人贡献于社会勇气，而求人类之进化重视办学理想。"

自由精神和负责态度的结合，使南高、东大形成了勤奋、朴实的学风。刘伯明曾说："吾校同学率皆勤朴，无浮华轻薄气习，而其最显著之优点，在专心致力于学。其艰苦卓绝，日进不已，至可钦佩，实纨绔子之学生所不能及者也。"[①]有人因此评价，南高、东大"学风之良，为全国第一"。

南高、东大的"重心所在"

刘伯明在南高、东大工作时间前后仅几年，但在学校中影响却颇深。张其昀评誉"其言论风采，影响所及，至为深远"，是当时南高、东大的"重心"所在。

刘伯明"贤明温雅"，"以恕待人，以诚持己"。在金大教职工中有"三君子"，因其德行而受人称许，他居其首。在南高、东大，他的职务只是校长办公处副主任，但校中日常事务却萃于一身，而他一直任劳任怨，尽心尽力。"高师改为大学"时，他"规划之

---

① 张其昀：《南高之精神》，《国风》，1935 年第 7 卷第 2 期。

力为多",因而"其在校之权威亦日起"。当时校内教师在许多问题上颇多意见纷争,刘伯明常常需要左右周旋,处理多方面的矛盾。由于"其待人接物,无处不以真面目相与,故在全校中可谓无一与之有恶感者"。当时教授中虽有思想冲突和情谊淡薄之处,但暗中倾轧之事绝少。

作为教育家,刘伯明对学生关爱备至。他少时贫寒,因而"遇贫苦力学之士,扶植尤力"。在金大任职期间,他在南高兼课,所得兼课薪水全部捐给金大图书馆购置图书。在东大,为支持贫困学生,他特地创立了贷学金助学法。病重之时,他喃喃所语的总是某系某学生;弥留之际,他竟问他的夫人:"你是哪一个系的学生?"

高标硕望,领袖群贤

刘伯明平素身体瘦弱,患有胃病,加上工作负担繁重,因而体质愈下。胡焕庸在《忆刘师伯明》中曾提到,当年杜威来南高演讲时,刘伯明为其做翻译,"一鹤发童颜,一面黄肌瘦",相形之下他曾为刘伯明老师的身体担忧。刘伯明因身体状况,也曾欲辞去学校一切职务,专一授课,但因他的才干和影响,校长郭秉文一直勉力挽留。1923年夏天,刘伯明代郭秉文主持校务,兼授暑期学校课程;秋初又赴湖南讲学。由于积劳成疾,10月27日,他陡感头痛,被诊断为脑膜炎,当时无法医治,20余天后逝世,享年仅37岁。

刘伯明的英年早逝,引起全校上下一片悲痛。吴宓教授曾撰一长联以表哀悼:

以道德入政治，先目的后定方法。不违吾素，允称端人。几载绾学校中枢，苦矣当遗大投艰之任。开诚心，布公道，纳忠谏，务远图。处内外怨毒谤毁所集聚，致抱郁沉沉入骨之疾。世路多崎岖，何至厄才若是。固知成仁者必无憾，君获安乐，搔首叩天道茫茫。痛当前，只留得老母孤孀凄凉对泣。

合学问与事功，有理想并期实行。强为所难，斯真苦志。平居念天下安危，毅然效东林复社之规。辟瞽说，放淫辞，正民彝，固邦本。撷中西礼教学术之菁华，以立氓蚩成德之基。大业初发轫，遽尔撒手独归。虽云后死者皆有责，我愧疏庸，忍泪对钟山兀兀。问今后，更何人高标硕望领袖群贤。[1]

政治系主任陈逸凡教授当时所撰的挽联是："薪尽火传，君身不死。颜夭跖寿，天道宁论。"胡适当时途经南京，闻讯也送来挽联："鞠躬尽瘁而死，肝胆照人如生。"

为了纪念刘伯明，东大曾将一教室定名为"伯明堂"，这一教室后来成为中央大学"最老的教室"。1932年11月，在刘伯明逝世8年后，由柳诒徵、张其昀和缪凤林等学者编辑的《国风》半月刊曾专门出版了一期《刘伯明先生纪念专集》，以表人们对这位"高标硕望领袖群贤"者的深厚怀念之情。

（冒　荣）

---

[1] 吴宓著，吴学昭整理注释：《吴宓日记 第2册 1917—1924》，北京：生活·读书·新知三联书店，1998年，第254页。

中国"植树节"首倡者裴义理

裴义理(Joseph Bailie，1860～1935)，加拿大籍美国人。1890年来华，任职于苏州长老会。1910年任金陵大学数学教授，先后创办金陵大学农科、林科，开创我国农林高等教育之先河。1915年倡议国民政府设立植树节。

孙中山称赞"此办法甚善"

民国元年，中国经过连年战争，又遭长江大水之灾，哀鸿遍野、民不聊生，南京城里的难民不计其数。目睹此等情景，一位外籍人士陷入痛苦的思考:怎样才能"救世拯民"？他叫裴义理，是金大的算学教习。在"授人以鱼，不如授人以渔"理念的驱使下，裴义理决定成立义农会，采用"以工代赈"的方式，组织灾民垦荒植树，教授改良农事的方法，引导灾民垦荒自救。他希望灾民依靠自己的双手过上比较体面的生活。他找到时任南京临时政府实业总长张謇，陈述改良农业的重要性，期望以农垦实业和农业教育为突破口，实现"招选贫民，开垦荒地，酌给费用，以工代赈，并教以改良农事与园艺之方"的设想。在张謇的支持下，裴义理联合乡绅正式发起义农会。义农会董事会由华洋董事组成，又称"华洋义赈会"。孙中山称赞:"此办法甚善!"于是，他领衔在《成立中国义农会呼吁书》(Endorsement of the Famine Colonization Association by Chinese Officials)上签下了"孙文"之名,表示愿"竭力襄助,速观厥成"。黄兴、宋教仁、黎元洪、蔡元培、伍廷芳、唐绍仪、熊希龄、袁世凯、段祺瑞等 24 位民初政界要人紧随其后,也都在呼吁书上签下了各自的姓名,其中 16 位还加盖了私章,以示重视。[①]

随后,政府向义农会划拨紫金山、青龙山荒地 4000 亩,用于垦荒造林。[②] 裴义理亲自带领灾民开垦荒地,植树造林;以山间碎石子筑路、烧窑、开辟苗圃,营造垦民住宅,以工代赈。此外,裴义理还创办了灾民子弟学校,传授林木种植技术。前人栽树,后人乘凉。如今,紫金山森林覆盖率已达到 70.2%,郁郁葱葱、林相整齐,远看过去就像一片绿色的海,有"金陵毓秀"的美誉。但很少有人知道这是裴义理当年组织义农会、开辟造林事业,才为后人留下了这样一份美好的礼物。

值得一提的是,为解决中国林木种植技术人才缺乏的问题,金大于 1914 年、1915 年在全国率先成立了四年制的农科和林科——次年又合并为农林科,均由裴义理担任科长。后来,裴义理为了专门从事以工代赈事业,便辞去了科长职务。

---

① Central China Famine Relief Committee. Report and Accounts from October 1, 1911, to June 30, 1912, North-China Daily News & Herald, 1912:79.

② 束建民主编:《南京百年城市史 1912～2012(13)人物卷》,南京:南京出版社,2014 年,第 380 页。

倡设"植树节"

民国初年的一个清明节,裴义理乘火车从南京去上海,沿途看见各地村民都在自家的坟地上移栽树木。他感到很奇怪,便向同行的人询问,对方告诉他,中国古代在清明时节有插柳植树的传统。回南京后,裴义理还惦记着这件事情:"他们怎么不在其他地方也种上树呢?"中国水患频发,如果民众能在荒山、河堤以及房前屋后等处种植树苗,不仅可以有效防止水土流失,还能增加收入。于是,裴义理连同凌道扬、韩安等林学家向张謇提议设立"植树节",号召民众在清明前后植树。1915 年 7 月 31 日,北洋政府复函裴义理,告知已通令全国,定清明节为植树节。次年清明,北洋政府在北京西山马金顶举行了中国第一个植树节庆典,同时要求全国各级地方政府部门都要在植树节期间广泛植树造林。

南京国民政府成立后,为了纪念伟大的革命先行者孙中山,也为了利于各种树苗的栽种,将孙中山先生的逝世日——3 月 12 日定为植树节。新中国成立后,为激发民众植树造林的热情,1979 年 2 月,第五届全国人大常委会第六次会议决定将每年的 3 月 12 日定为植树节。1981 年 12 月,第五届全国人大四次会议审议通过了《关于开展全民义务植树运动的决议》。次年,国务院颁布了《关于开展全民义务植树运动的实施办法》。此后,植树节家喻户晓,全民植树在我国普遍开展。

(王运来　谢　雯)

诞生于中国"大地"的诺贝尔文学奖

赛珍珠（Pearl S. Buck，1892～1973），美国旅华作家。1921年任教于金陵大学。1932年凭借《大地》（*The Good Earth*）获普利策小说奖，1938年获诺贝尔文学奖，是同时获得普利策奖和诺贝尔奖的第一位女作家。

"书写"中国

1917年，赛珍珠与农学家卜凯（John Lossing Buck，1890～1975）结婚。婚后，她随丈夫前往安徽宿州考察当地的农业生产情况。在宿州，卜凯夫妇广泛结交了"面朝黄土背朝天"的中国农民，亲眼目睹了农民经历饥荒、战乱等天灾人祸时触目惊心的惨状，这些经历无不触动着赛珍珠。于是，她把自己在宿州的生活经历以及对农村、农民的情感化为文字，着笔"书写"中国。

1921年秋，卜凯到金大任教。赛珍珠随夫迁居南京，任教于金大外文系，并先后在国立东南大学、国立中央大学等校兼课。赛珍珠和卜凯夫妇住进了金大校内一幢单门独院的小洋楼（今南京大学鼓楼校区赛珍珠故居）。就是在这栋小洋楼里，赛珍珠开始了《大地》的写作。赛珍珠在《我的中国世界》一书中回忆道:"每天上午做完家务后,我便坐在打字机前,开始写《大地》。这些故事是久熟于心的,因为它直接来自我生活中种种耳闻目睹的事情,所以写起来得心应手。《大地》前后共花了三个月,我自己用打字机把稿子打了两遍。"[①]在这本书中,赛珍珠塑造了王龙、阿兰等一系列勤劳、善良、淳朴的中国农民形象,生动描绘了他们的家庭和生活,以饱蘸同情心的笔触刻画了"农民灵魂的几个侧面"。

1931年,《大地》三部曲在美国问世,一经出版即畅销全球,有力地改变了西方读者对中国负面的刻板印象。当时中国发生洪灾,美国红十字会致信赛珍珠,表示许多美国人被王龙(《大地》的主人公)一家遭受旱灾的故事深切触动,纷纷慷慨捐款。1938年,赛珍珠因《大地》三部曲荣获诺贝尔文学奖,成为美国第一位获得诺贝尔文学奖的女作家,也是用英语写作中国题材而获奖的第一位西方作家。

后来,赛珍珠常常作为"知名人士"应邀演讲,参加社会活动。她很高兴自己因写作而受人器重,这样她就有机会把中国介绍给西方世界。赛珍珠还积极促进中西方文化交流,如向西方宣传教育家晏阳初在农村开展的平民教育运动,参与艾黎和斯诺夫妇在中国发起的"生产合作运动"等。

---

① (美)赛珍珠著,尚营林等译:《我的中国世界》,长沙:湖南文艺出版社,1991年,第280页。

异乡的"中国人"

赛珍珠出生 4 个月后，就被身为传教士的父母带到了中国，在江苏镇江度过了童年和少年时代。这位蓝眼睛、黄头发的西方女性，自幼受私塾先生教诲，遍读中国典籍。

赛珍珠从不掩饰自己对中国的情感，她曾坦诚地说道："当我生活在中国人世界里时，我是中国人，说话、做事、吃饭、思想、情感和中国人一模一样。"1934 年政局的动乱让赛珍珠不得不返回美国。离开中国前夕，赛珍珠在金陵女子文理学院发表过一次演讲。她以这样一段话开场："我是一个美国人，但是我写的书，却是关于中国的。这一定使人奇怪。我为何不写本国而要写异国，这我可以很简单地说。因为我的过去的生活，可以说全部是在中国的。所以中国对我，比美国对我更要熟悉、接近。所以我不能阻止我要写中国的一种自然愿望。"赛珍珠此次返美竟成了她与中国的永别。回到美国后，她一直关注着中国的形势并在抗战期间为中国人民四处奔走。1941 年，为促进东西方文化的交流与合作，赛珍珠创建了民间团体——"东西方协会"。1943 年，赛珍珠发起成立全国性的人权组织——"废除排华法案公民委员会"，致力于废除排华法案。

赛珍珠在中国生活了 40 余年。她说："我熟悉这里的每一寸土地，就像熟悉我脸上的皱纹一样。"在墓碑上，她只留下了中文姓名"赛珍珠"三个篆体字。她在自传中深情写道：

我一生到老，

从童稚到少女到成年，

都属于中国！

南京大学赛珍珠故居

在南京大学鼓楼校区西南角，有一座黄色的西式洋楼，这里便是赛珍珠故居。灰白的墙砖，配上红漆的门窗，在一片绿意掩映中，端庄而不失格调。大门上方的匾额上写着"赛珍珠纪念馆"几个字，房子外的一侧安置着赛珍珠的雕像。赛珍珠故居坐西朝东，两层，砖混结构，坡顶，屋顶有老虎窗。大门入口处有门廊，有四根西方古典风格的圆柱支撑。

1998 年 10 月 17 日，美国前总统乔治·布什访问南京大学并接受名誉博士学位，次日上午专门参观了赛珍珠故居，表达了他对这位以中国"大地"为作品主要内容的美国女作家的怀念。布什告诉中国朋友，像千千万万美国人一样，他当初对中国的了解，以至后来对中国产生爱慕之情，就是受赛珍珠的影响，这些都是从读她的小说开始的。

2012 年是南京大学 110 周年校庆暨赛珍珠 120 周年诞辰，南京大学将赛珍珠故居修缮一新，并向公众开放。走进赛珍珠故居，你会发现，这座有着 100 多年历史的小楼依旧散发着迷人的光彩，屋内的陈设和有关女主人事迹的展览让参观者流连忘返。赛珍珠塑像矗立在小楼前东南角，她目光坚定地望向远方，仿佛欣慰于回到了她所思念的故乡。

（王运来　谢　雯）

首倡设立"教师节"

谈到教师节，我们会马上想到每年的 9 月 10 日。其实，我国始有教师节，是在 1931 年 6 月 6 日，当时称"双六"教师节。尽管"双六"教师节鲜为人知，最早提倡教师节、为教师权益奔走呼号的邰爽秋、程其保等人也逐渐淡出人们视野，但历史不会忘记他们的努力。

"教师仿若走江湖"

在民国小学教育界里，有几句常能听到的话："人不穷，不当小学教员""最倒霉的是小学教员""蹩脚没路走，才当小学教员"。1921 年，还是南京高等师范学校学生的邰爽秋在《教育汇刊》上发表《小学教员的生计》一文。邰爽秋直言，他在调查暑期学校教员时，看到了小学教员艰辛的生存境遇，所以忍不住写了这篇文章。文章开篇，邰爽秋发出质问："现在教育界里闹得轰轰的，不是说推广义务教育吗？十几年来教育上的美谈，不是说小学教育是各种教育的基础吗？以担任这种基础教育、推广义务教育的人而叫苦连天，教育前途，哪里会有发展的希望？""我要问提倡教育的先生们，小学教员穷苦的状况，我们看见没有？小学教员，叫苦连天的声浪，我们听见没有？就是我们看见听见了,而大声疾呼替小学教员请命的有没有?"①

邰爽秋的调查及呼喊,是当时小学教师生存状况差的真实写照。民国时期,军阀混战,战祸遍及大半个中国,教育经费经常被挪用充当军费,教师的生活陷入困苦之境。不少小学教师连基本生活都难以维持,大学和中学教师亦时常被欠薪。然而,他们要面对的不只是糟糕的经济待遇,还有低下的社会地位,尤其是小学教师得不到社会的尊重。甚至在一些农村地区,还有村民认为私塾才是正经读书的地方,在学校里读洋书是在做新汉奸。此外,当时的教师还要担忧随时被解聘。翻阅民国报纸,我们经常可以看到教师因校长更迭而遭解聘的新闻。邰爽秋在《教师节告同胞书》中提到,教师"地位低微,直等佣雇,招之使来,挥之使去,司空见惯,不以为许"。有人甚至辛辣地讽刺道:"教师仿若走江湖。"

1931年,人民教育家陶行知先生为教师节而作的诗歌,正是当时教师凄惨境地的真实写照。

> 年年六月六,先生自种谷。肚子饿起来,喝碗绿豆粥。
> 年年六月六,先生进地狱。地狱变天堂,众人自成佛。②

工资待遇低下,不被社会认可,工作稳定性差,针对当时我国教师群体普遍存在的职业困境,邰爽秋逐渐从对小学教员的

---

① 邰爽秋:《小学教员的生计》,《教育汇刊》,1921年第1期,第36—42页。
② 华中师范学院教育科学研究所主编:《陶行知全集 第4卷 诗歌》,长沙:湖南教育出版社,1985年,第154页。

同情转向对整个教师群体的关注。他先后发表了《教师之权利与义务》等文章,向教育界大声疾呼:要想真正改良教育,必须改善教师的生活水平,必须提高教师的社会地位,维护其基本的生存权利。

"双六"教师节始末

1931年5月,邰爽秋(时任大夏大学教育学院院长)、程其保(时任国立中央大学教育学院院长)、谢循初(时任暨南大学教育学院院长)、张忠道(时任南京市教育局局长)、许恪士(时任中央大学教授)、汪懋祖、李廉方、彭百川等联络南京、上海及河南教育界三百余位教育工作者共同向社会庄重宣告,拟定6月6日为教师节,并发表《提倡六月六日为教师节敬告同胞》,以唤起全社会对教师的关注,提高教师的地位。

这一宣言明确阐释了设立教师节的初衷:"改良教师待遇,保障教师地位,增进教师休养"。选择每年6月6日为教师节,主要原因是每年8月1日到次年7月31日为一学年,教师任职聘约期满若不续约即为解聘。政府当局往往在这个时期解聘教师。每年6月初正是学年将终未终之际,当局还来不及解聘教师,而到学年结束,政府便会排除异己,安排党羽,任用亲信,导致大批优秀教师失去任教机会。"六六"教师节也是在某种程度上向政府当局施压,以尽可能提高教师职业稳定性。

倡议发起人之一李廉方认为:取"双六"作纪念日,更易记忆,便于号召群众。同时,它恰好处于新旧学年交替之际,在此时举行教师节,便于教师总结得失,勉励其制定更合适的学年计划。

1931 年 6 月 6 日下午,中大致知堂举行了中国第一次教师节庆祝仪式。出席大会的有教师节发起人,300 余名大、中、小学教师,还有一些来自国民党中央党部、监察院、内政部的官方代表,以及来自《时事日报》《申报》等媒体的代表,可谓盛极一时。

1932 年 5 月,南京教育界通过市教育局长向教育部提出请求,希望明令每年 6 月 6 日休息一天。但是该请求遭到教育部的拒绝,仅允许教师在当天自行组织纪念活动。此后,每年的 6 月 6 日,南京、上海、杭州、广州、香港等多地都有盛大的纪念会和庆祝活动,部分政府官员也会参加。会上,许多教育团体、教师纷纷致辞、报告和演说,提出保障教师待遇、提高教师地位的提案。各地报纸还会发行教师节纪念特刊,有的书局还对教师购书给予特殊优惠。1937 年 6 月 6 日,邰爽秋在南京参加教师节集会,倡议成立"教师节实施委员会",并主张将"双六"教师节推向国际,称为"国际教师节"。

自 1931 年起,邰爽秋和教育界人士及地方教育主管部门曾多次呈请教育部明令 6 月 6 日为教师节,但国民政府始终没有接受这一建议。1939 年 5 月,教育部规定,每年以孔子诞辰日——8 月 27 日为教师节,"表彰圣德,振奋群伦",同时规定"原有之'六六'教师节,则自本年起不再举行"。1939 年 8 月,国民党教育部公布《教师节纪念暂行办法》,规定教师节这天各级教育行政机关、学校、团体须举行纪念仪式,要求将教师节纪念仪式与孔子诞辰纪念仪式合并进行。同时将教师节的宗旨定为"鼓励教师服务精神,融合师生情感并唤起社会尊敬教师观念",但是这已完全改变了邰爽秋等人原定的"改良教师待遇,保障教师地位,增进教师休养"的初衷。

岭南大

尽管"双六"教师节没有获得官方认可，但它也并没有因为国民政府教育部的一纸训令而完全废止，民间仍在举行"双六"教师节纪念活动。在中国共产党领导下的各抗日民主根据地均以"双六"为教师节。而由国民党官方主导的"八二七"教师节也未能得到全社会的响应，加之当时战事频仍，不久后即自行废止。

"双六"教师节，作为中国教育史上的第一个教师节，虽没有升格为政府法定节日，带有些许遗憾。但是这一节日的发起，在教育界乃至整个社会都产生了广泛而积极的影响。事实上，民间自发性质或许正是这一节日的动人之处，它体现了近代大学教授对教师群体职业发展的关切，更是民国时期教师群体自我觉醒的有力印证。

（胡天银）

茅以升"炸桥挥泪断通途"

茅以升(1896～1989),江苏镇江人。1922年任国立东南大学工科教授、主任。1934～1949年任浙江省钱塘江桥工程处处长,主持设计并修建中国人自行设计并建造的第一座现代化大型桥梁——钱塘江大桥。1942年被聘为"部聘教授",1948年当选为中央研究院院士。新中国成立后,先后当选为中国科学院院士、美国国家工程院外籍院士,曾任中国科学技术协会名誉主席。

龙舟大赛埋下的种子

在茅以升的少年时期,每逢端午节,南京秦淮河上都会有赛龙舟的盛会。河上面有几座桥,其中之一名曰文德桥。在某年端午节由于龙舟大赛太火热,来的人太多,人群将桥围得水泄不通。当龙舟经过文德桥时,众人一拥而上,你推我搡,挤作一团,而文德桥年久失修,承受能力有限,不仅栏杆被挤断了,而且几块桥面板都坍塌下来,桥上不少人掉进水里,茅以升的一个同学也差点遇险。

这场事故给茅以升带来了极大的冲击,他深刻认识到,桥造得不好就会出大乱子。自此,他对造桥这件事产生了兴趣,只要看到桥,就会跑过去仔细研究半天,看到有关桥的记载或图画就会摘抄、剪贴下来。他暗自下定决心:将来我要造出结实的、踩不塌的、能让千万人过河的大桥。

为了实现这一理想,茅以升发奋读书,考取了留美研究生资格,并于1919年在美国卡耐基梅隆大学获得工科博士学位。回国后,茅以升投身到造桥事业中,并立下了丰功伟绩。少年时龙舟大赛埋下的种子,最终结出了沉甸甸的果实。

"炸桥挥泪断通途"

1933年3月,正在北洋大学任教的茅以升接到浙赣铁路局局长杜镇远和浙江公路局局长陈体诚的来信。信中说由于钱塘江的隔断,省内外铁路、公路无法贯通,对全省和全国的国防及经济发展有不小的阻碍,因此政府决定在钱塘江兴建大桥,请他担此重任。茅以升此前只参加过桥梁的修理工程,还不曾有机会参加造桥工作。接到邀请后,他既兴奋又忐忑,在多方支持下他接下了这一艰巨任务,以之"作为对国家的贡献"。

当时,中国大江大河上的桥梁大多是外国人造的。哈尔滨松花江大桥是俄国人修的,济南黄河大桥是德国人修的,蚌埠淮河大桥则出自美国人之手。中国人还没有独立设计和修建大型桥梁的经验,茅以升及其工程组只得自行摸索。

开创之路绝非一帆风顺。钱塘江历来不是什么风平浪静的地方,这里水深沙厚,江面水流汹涌。如果建出来的桥不够坚固,山洪海浪随时可能将它击垮;遇到台风天,江面辽阔,浊浪排空,风波更为凶险。这给设计者、建造者以极大的考验。在建桥的两年多时间里,茅以升和工匠们相继解决了80多个技术难题,可谓历经"九九八十一难",最终修得正果,成功完成了这个"不可能完成的任务"。

1937 年 9 月,大桥铁路通车;同年 11 月,大桥公路通车。当时正值淞沪鏖战,11 月 16 日下午,茅以升收到军方命令:因日军逼近杭州,为了阻断敌军过江,必须炸毁钱塘江大桥。炸桥的目标是彻底破坏大桥,让日军无法在短期内修复使用。经过商议,茅以升确定了炸桥的办法:先把炸药放进要炸的桥墩的空洞里和五孔钢梁上,然后将炸药的引线连接到大桥南岸的一所房子内。等到要炸桥时,将引线接通雷管,再将雷管通电点火,这样大桥的五孔一墩就立即被同时炸掉。[①]

12 月 22 日,杭州危在旦夕。当天钱塘江大桥上南渡行人很多,往上海、南京的铁路不能通行,大桥成为撤退的唯一后路。据铁路局估计,当天撤退过桥的军用车有 300 多辆,客货车有2000 多辆。

12 月 23 日下午 1 点左右,茅以升接到了炸桥的命令。但是北岸仍有许多难民潮涌般过桥,一时难以下手。到了 5 点,水天雾茫茫连成一片,茅以升隐约看到敌军到达桥头,当机立断启动爆炸器。一声巨响,陡升漫天烟雾,这座雄跨钱塘江的大桥就此中断。

茅以升曾为炸桥赋诗三首,写得慷慨激昂,既有建桥时突破九九八十一难的艰辛,也有挥泪毁桥的决绝与不舍,更有"不复原桥不丈夫"的坚定信念。

---

① 茅以升:《彼此的抵达》,天津:百花文艺出版社,2009 年,第 342 页。

别钱塘

（1937 年 12 月 25 日）

一

钱塘江上大桥横，众志成城万马奔。
突破难关八十一，惊涛投险学唐僧。

二

"天堑茫茫连沃焦，秦皇何事不安桥"。
安桥岂是干戈事，同轨同文无浪潮。

三

斗地风云突变色，炸桥挥泪断通途。
"五行缺火"真来火，不复原桥不丈夫。[1]

抗战胜利后，茅以升受命主持修复大桥，钱塘江大桥重新飞跨在江上，南北成通途。自 1933 年 8 月至 1949 年 9 月，茅以升主持钱塘江大桥工程前后约 16 年，从建桥、炸桥到再度修桥，无不闪耀着茅以升的赤诚忠贞之志和拳拳爱国之心。

（袁李来　裴　聪）

---

① 茅以升：《彼岸的抵达》，天津：百花文艺出版社，2009 年，第 1—2 页。

红色女谍关露

关露（1907～1982），原名胡寿楣，北京延庆人。她先后在上海法学院和国立中央大学学习，是 20 世纪 30 年代著名作家、中共特工，与潘柳黛、张爱玲、苏青并称为"民国四大才女"。

"最有利的战斗武器"

> 春天里来百花香，
> 朗里格朗里格朗里格朗，
> 和暖的太阳在天空照，
> 照到了我的破衣裳，
> 穿过了大街走小巷，
> 为了吃来为了穿，朝夕都要忙
> ……①

1937 年，电影《十字街头》的上映沸腾了整个上海滩，创造了当年最高票房纪录。电影插曲《春天里》也成为脍炙人口的经

---

① 关露：《春天里》，陈惠芬编：《海上文学百家文库 77 安娥、关露、白朗卷》，上海：上海文艺出版社，2010 年，第 319—320 页。

典歌曲，其歌词明快、爽朗，创作者正是本篇的主角——关露。传奇、坎坷、忠诚、坚韧……多少形容词都难以概括关露谜一样的人生。

关露年幼丧父，家道中落，成长过程中遍布艰辛。幸运的是，母亲是新式教育下的知识分子。在母亲的教育和熏陶下，关露好学深思，接触了古文、外语、新文学、哲学、美术等各方面的知识。1928 年，关露考入中央大学哲学系，因热爱文学，后转入中文系。受到时代与身边朋友的影响，她逐步走上文学创作之路。1932 年，关露的创作才华开始显露并加入了中国共产党领导的、以鲁迅为旗手的作家联盟——左联，成为 20 世纪 30 年代诗坛上著名的左翼女诗人。1936 年，关露出版诗集《太平洋上的歌声》，受到一众好评。

关露的诗作朗朗上口，最突出的特点在于明快节奏里洋溢着的热烈、乐观的情绪。从她的诗中，你很难看到那些哀怨、朦胧的少女情怀，也没有顾影自怜的低吟浅唱。她将诗歌当作"最有利的战斗武器"，认为"诗歌创作应该推动历史的发展和人类生活的前进"。在内忧外患的危难之际，关露用铿锵有力的声音唤醒广大群众。她是一位现代革命女诗人，更是一位女战士！

> 你待救的呼声
> 已经把四万万同胞振响。
> 故乡，我曾在你怀中长成，
> 我爱你，好像爱我的
> 父母，兄弟，忠实的朋友；
> 我愿意以我的热血和体温
> 作你战斗的刀枪，

我不能在这破碎的河山里,

重听那

"后庭花"隔江歌唱!

——节选自《故乡,我不能让你沦亡》①

后人在分析关露的诗歌时,总会被她的爱国深情、开阔视野与豪迈气魄所打动。除诗歌外,关露的散文、杂文、评论、小说也都是充满时代气息、反映大众生活的上乘之作。柔弱与美丽只是关露的外在表象,当我们了解她远大的人生志向、泼辣的处事风格以及面对大是大非时的鲜明态度时,我们便知道她是一位当之无愧的革命女战士。在关露跌宕起伏的人生际遇里,她用实际行动践行了自己在诗作中的铮铮誓言。

"76 号"魔窟的红色女谍

1939 年,中华大地在侵华日军铁蹄蹂躏下血迹斑斑,灯红酒绿的上海滩实质上已成为被日军包围的"孤岛"。此时,关露接到了组织指派的一份艰巨又危险的任务——接近李士群。李士群曾是中共党员,被捕后变节投靠国民党,成为国民党政府情报人员;抗战时期又投靠日本,成为汪伪政府特工,有着十分复杂的政治背景。李士群是一个善变的"两面人物",组织上认为可以利用他获取重要情报。然而,要联络李士群,就必须要进入魔窟——"76 号"。

---

① 关露:《故乡,我不能让你沦亡》,陈惠芬编:《海上文学百家文库 77 安娥、关露、白朗卷》,上海:上海文艺出版社,2010 年,第 315—318 页。

极司菲尔路76号（现上海万航渡路）是汪伪特务机关总部，里面设有刑讯室和地牢，无数爱国人士和普通百姓在这里被捕杀。年轻的关露为获取敌人情报，冒着生命危险深入魔窟，逐渐成为李士群家中的座上客。给关露布置任务的潘汉年叮嘱她："'76号'是魔窟，千万要小心，只能用眼睛看，用耳朵听，嘴巴越少动越好。今后要有人骂你汉奸，你不能辩护，一辩就糟了。"潜伏在敌营的那几年里，她必须打扮入时，陪着那些太太小姐们花天酒地、纸醉金迷。过去的同学、诗友都误以为她当了汉奸，纷纷远离她、孤立她。这样的生活让她承受着巨大的精神压力。关露忍辱负重，成功地完成了策反李士群的工作，减少了共产党人员、物资的损失。正如关露曾经的誓言所说："宁为祖国战斗死，不做民族未亡人。"

为妇女觉醒与解放而斗争

"在封建制度中，女性的一切都是处于附属的地位，对于男女的关系，女性也是附属的，被动的，封建制度封锁了女性的一切自由……"作为一名女性作家，关露对于中国广大妇女的悲惨处境极为愤怒、不满。同时，她深受鲁迅新杂文的风格影响，将手中的笔作为揭露与抨击封建传统制度的武器，深刻又尖锐地指向一直被压在最底层的妇女的解放问题。关露再次拿出女战士的姿态，毫不退让。她说："现在的妇女运动还应该是继'五四'、'五卅'以后的反封建和反帝的精神……妇女是要站在救亡的战线上图自己的解放。"于是，关露写了很多杂文来唤醒广大妇女的自我觉醒与解放意识。

1942年春，在完成联络李士群的任务后，关露接到中共地下党组织派遣的新的任务——担任妇女刊物《女声》的编辑。《女声》是日本驻华大使馆和日本海军报道部资助出版的刊物，长期以来都被视为"汉奸"杂志。关露的秘密任务是通过杂志主编、日本左派女作家伊藤俊子，设法与失去联系的日本地下党接头，以搜集日方情报，并借助编辑的身份宣传中国共产党的主张。

刚出魔窟，又入虎穴。关露想方设法地让刊物为中国妇女服务。发刊词由关露执笔，她认为"女声"就是中国妇女的声。关露将内容的重心放在了中国妇女感兴趣的各个方面，包括文学、电影、音乐等，刊物文字通俗易懂，轻松风趣。她以多个笔名创作130余篇论文、杂文、小说、剧本、散文、译作等。《中国的家庭制度与妇女》《结婚以后的妇女与社会关系》《贞操与恋爱至上》《中国妇女的求学问题》《职业妇女与无职业妇女》等文章，深刻地论述了妇女在现实生活中的不平等问题。卓越的才智与过人的胆识，使关露成功地利用敌人创办的刊物宣传进步思想，为中国广大妇女的觉醒服务。

关露才华横溢、忠诚朴实、勇敢刚毅、坚韧不屈。在她的一生里，遇到无数波折与顿挫，但革命的信念与对党的忠诚贯穿她生命的始终。关露在临终前曾说："如果我能再次选择自己的人生，我仍会按党的指示，走我曾经走过的路。哪怕这条路再艰险，再坎坷；哪怕需要在烈火中焚烧我三次，连同我整个的生命和全部的名誉都毁掉，我仍旧会一往无前！"

（吴春宣）

爱国艺术家徐悲鸿

徐悲鸿（1895～1953），江苏宜兴人，中国现代美术教育的奠基者。少时随父刻苦学画，后留欧 8 年。1928 年被聘为国立中央大学艺术科（系）教授、主任。新中国成立后曾任中央美术学院院长。代表作品有《奔马》《愚公移山》《怒猫图》等。

为泰戈尔选画

1940 年春天，徐悲鸿应泰戈尔之邀，到圣蒂尼克坦——印度国际大学所在地访问讲学。

在如霞似火的木棉树下，徐悲鸿凝神谛听泰戈尔朗诵新作；在挂满果实的芒果树下，泰戈尔安详地静坐着，徐悲鸿挥舞着画笔，迅速地勾勒出泰戈尔的素描。他们在一起度过了许多美妙的时光，留下了难忘的记忆。

一天，圣雄甘地来访，圣蒂尼克坦轰动了，到处挤满了欢迎的人群。泰戈尔亲自将中国画家徐悲鸿介绍给甘地。徐悲鸿只用了短短几分钟时间，就为甘地画了一幅速写，甘地十分高兴，在画纸上郑重地签上了自己的名字。

年底，讲学将结束，徐悲鸿向泰戈尔辞行。此时泰戈尔大病初愈，披着一头波浪形的长发，躺卧在长椅上，欠起身说："徐先生,我希望你临行前,能为我选画!"泰戈尔不仅以诗歌闻名于世,也善画。他 60 岁后开始学画,到 80 岁时已作画 2000 多幅,并曾在欧洲等地举办过大型画展。

盛情难却,徐悲鸿用了两个整天,聚精会神地检视了泰戈尔的全部画作,从中挑选出 300 余幅,又经过反复筛选,确定了最佳的 70 余幅精品。泰戈尔十分满意地笑了,病倦的脸上浮现出不忍离别的忧伤。徐悲鸿也依依不舍,与之惜别。[①] 后来,印度国际大学出版的泰戈尔画册,就是由徐悲鸿精选的。

以画笔为刀枪

抗日战争全面爆发后,中央大学西迁,徐悲鸿随之来到重庆。此时的徐悲鸿除在中大任教外,还经常举办画展,筹款支持抗日,救济难民。1938 年至 1939 年,徐悲鸿先后在香港、新加坡、马来西亚举办巡回画展,并将所筹钱财悉数捐出用于抗战。徐悲鸿用美术作品宣传抗日救国。他的孙子徐冀曾说:"爷爷的画笔就是他的'枪'。"[②]

1940 年底,徐悲鸿结束访印行程后来到新加坡。这里的华侨爱国热情高涨,吉隆坡、槟榔屿、怡保三地的华侨均邀请徐悲鸿去举办画展。徐悲鸿被华侨的爱国热情所激励,稍事整顿后,便全心投入创作之中。时值盛夏,徐悲鸿要为在三地同时展览准备大量的新画作。他夜以继日地工作,把对祖国、人民的深沉的爱,酣畅淋漓地表现在他的作品中。在沉重的精神压力和工

---

① 廖静文:《泰戈尔先生与徐悲鸿的友谊》,《南亚研究》,1981 年第 2 期。
② 徐冀:《爷爷的画笔就是他的"枪"》,《光明日报》,2015 年 9 月 3 日,第 14 版。

作重负下，徐悲鸿病倒了，不得不停止作画。但他一想到祖国惨被蹂躏，人民流离失所、生活在水深火热之中，便不顾医生的劝告，又拿起画笔，忍着疼痛继续作画，也因此落下了腰痛的病根。

1941 年，徐悲鸿创作了《牧童》《紫兰》《灵鹫》《奔马》《诗》等杰出的作品。[①] 在吉隆坡、槟榔屿、怡保三地的画展上，华侨们以购得徐悲鸿的画作为荣，为支持祖国抗战慷慨解囊，所有画作被抢购一空。徐悲鸿将画展上筹集的十余万美金全部捐献给了祖国。

1942 年，徐悲鸿回到重庆。尽管徐悲鸿为抗日救国作出巨大贡献，但是国民政府官方却没有人来迎接，只有中大的几个学生到机场迎接他。"徐先生回来"的消息传遍校园，中大的师生蜂拥而来，还有人燃起了鞭炮以示欢迎。第二天一早，徐悲鸿给一年级学生讲课，系里的师生都来听，座无虚席，有的还坐到了窗台上去。

徐悲鸿心怀祖国，无私奉献，把毕生创作的作品 1200 多件、藏品 1200 多件及万余册图书、碑帖全部无偿捐献给了国家。他用自己的一生践行了对祖国、对人民的爱！

（袁李来　杜淑惠）

---

① 　郝怀明：《徐悲鸿》，北京：中国少年儿童出版社，2006 年，第 167 页。

神秘的"红色书箱"

    1945 年,在中共中央南方局的指示下,重庆的国立中央大学在原有"据点"(没有名称、不定型的进步青年组织)的基础上成立了一个由中国共产党领导的、进步青年组成的秘密组织——"新民主主义青年社"(简称"新青社")。在新青社,有一个神秘的"红色书箱",它成为当时很多青年学生走上进步道路的"营养补充站",在黑暗中洒下一粒粒光明的种子。

谁是书箱的主人?

    所谓"红色书箱",其实是藏有进步书籍的"图书馆"。新青社成立后,便将同学们手中的进步书籍聚集在一起统一管理,后来中共中央南方局青年组又请重庆《新华日报》门市部拨发了一部分书籍。可是在白色恐怖的年代,这个具有危险色彩的"红色书箱"要藏到哪里呢?据中大经济系学生、曾任工人出版社社长兼总编辑、《工人日报》社副总编的胡甫臣回忆,他曾一度成为"红色书箱"的主人。1946 年夏,中大复校返回南京,胡甫臣作为新青社核心领导小组成员,被组织要求负责新青社的留守工作,并接手了"红色书箱"。书箱的上一位主人是新青社专门管理书籍的郭玮同学,他一直负责、谨慎地工作,把书按照政治、经济、文艺、历史等分类,按序编码,用复写纸抄写图书目录单。

作为红色书箱的新主人,胡甫臣感到异常兴奋,同时他也想到了一种躲避国民党鹰犬追缉的巧妙办法——循序渐进地出借图书。首先,他将巴金的《灭亡》《新生》,以及一些进步的抗战文艺作品放在同学中间,拉近距离,建立友谊。接下来,他以一些生动形象、受众广泛的文艺作品作为"开路斧",如高尔基的《母亲》、绥拉菲摩维支的《铁流》、法捷耶夫的《毁灭》、邹韬奋的《萍踪寄语》……以此来激发同学们对革命的兴趣。最后,时机成熟之际,马列主义理论的书籍、艾思奇的《大众哲学》、胡绳的《辩证法入门》、苏联米丁的《新哲学大纲》等便被流传出去。当然,还有最为秘密的"终极武器"——毛泽东同志的《新民主主义的政治与新民主主义的文化》等著作。①

胡甫臣通过一套周密的计划,不仅逃过了白色恐怖的追击,还将进步书籍的积极意义发挥到最大。在阅读进步书籍之后,一些原来只顾埋头苦读专业书籍的中大青年了解了一个全新的世界,并且逐渐认识到自身的发展必须要与国家命运紧密结合。

"红色书箱"在不同的主人手中流转、传递,对地下党员宣传革命思想起到了重要作用,让更多的学生能够从中汲取营养,走上进步的道路。中大理学院化学系的学生仓孝和也曾为这些红色书籍的保存与传递默默付出。当时,图书馆只有一本恩格斯的《自然辩证法》,借书的人必须登记姓名,但这相当于暴露自己进步青年的身份。每一本"红书"都是珍贵的,仓孝和冒着被敌人发现的危险将其借来,趁春节大家回家热闹的时候,一个人闷

---

① 胡甫臣:《红色书箱》,共青团江苏省委著:《金陵风雨》,北京:中国青年出版社,1983年,第23—30页。

在屋里,把这本20多万字的著作抄了一遍。原中大地下党总支委员、曾任南京市委党史办副主任的许思灏(又名许在华)是守着"红色书箱"成长的,她着了魔似地读了许多毛泽东、朱德等人的著作,她说是这些书籍让她心中燃起革命星火,她要与前辈们一样,去做"红色书箱"的守护者与传递者。

看"红书"的妙招

即便国民党鹰犬时刻紧盯,许多同学还是想出了不少看"红书"的妙招。管理图书的同学先把书箱放在校外,再一本一本地悄悄带进学校,分散流传,管书和借书的同学之间没有直接往来,而是派专人负责联络。除了负责管理图书的同学,没有人知道"红色书箱"的秘密。整个过程隐秘又谨慎,一本本"红书"被成功地送达追求进步的青年学生手里。

为了安心阅读,有的同学会跑到僻静的嘉陵江畔。当然,有时也会在宿舍看书。为了隐蔽,他们往往选择宿舍上铺,再挂上一个蚊帐,如此"双保险"。还有些同学会给"红书"乔装打扮一番,比如把蒋介石《中国之命运》一书的封皮取下装订在进步书籍上,如此便敢在公共场合拿出来阅读,实在惊险刺激。

"潘菽书籍"

1946年夏,中大要从重庆复员返回南京。"红色书箱"该如何在众目睽睽之下安全运回去呢?这一问题困扰了一众新青社社员。书籍既不可以过分集中引人注目,又不可以太分散至难以掌控。商议过后,众人决定将书混在一位教授的众多书箱中,由学校统一搬运。听起来这是一个非常冒险的决定。而这位被选定的教授是被人们称为"红色教授"的潘菽。在抗日战争期间,潘菽坚守在心理学这块科学阵地的同时,积极投身于爱国民主斗争,成为当时有名的"红色教授"。当大家求助于潘菽时,他一口答应。最后,这个"危险"的皮箱被捆上草绳,贴上"潘菽书籍"的标签,混在一众心理学书箱堆中,成功蒙混过关。

这个充满传奇色彩的"红色书箱",承载了许多进步青年的希望。在那个黑暗的环境中,他们渴求能通过一本本进步书籍带来新的光明。即便白色恐怖使他们随时处于危险的境地,但中大的这支充满力量的队伍,为了革命,为了走上进步的道路,奋勇斗争着。而流传在进步同学手中的"红色书箱",正是他们隐秘而珍贵的思想武器与力量来源。

(吴春宣)

建立"南京安全区"

在南京大学鼓楼校区南园的东南角有一座小洋楼,其入口在珠江路与广州路的交汇点,门牌号是小粉桥 1 号。这里便是南京安全区国际委员会主席——约翰·拉贝(John H. D. Rabe)的故居。

拉贝故居的"昨天"

1937 年,全面抗战爆发,日军攻占南京,11 月中下旬南京失守。随着局势逐渐恶化,美国大使馆通知在宁美国人离开南京。17 日,金陵女子文理学院美籍教师魏特琳(Minnie Vautrin)、长老会米尔斯(W. P. Mills)、金陵大学美籍教师贝德士(M. S. Bates)、史迈士(Lewis S. C. Smythe)分别与美国驻华大使馆联系,建议在南京设立一个安全区。1937 年 11 月 22 日,20 多位西方人士发起成立了"南京安全区国际委员会",推举西门子洋行驻南京代表、德国人拉贝任主席。

南京安全区以美国驻华大使馆所在地和金陵大学、金陵女子文理学院、金陵神学院、金陵中学、鼓楼医院等教会机构为中心,四面以马路为界,占地约 3.86 平方公里。东面以中山路为界,从新街口至山西路交叉路口;北面从山西路交叉路口向西划线至西康路;西面从上面提到的北界线向南至汉口路中段(呈拱形)再往东南划直线,直至上海路与汉中路交叉路口。界内分设交通部大厦、华侨招待所、金陵女子文理学院、最高法院、金陵大学等 25 处难民收容所,拉贝的住宅小粉桥 1 号也是其中之一,被称为"西门子难民收容所"。

南京安全区国际委员会发布《告南京市民书》,引导难民进入安全区躲避祸乱,积极筹备物资,救助难民。面对日军的种种野蛮行为,南京安全区国际委员会不畏艰险、据理抗争,在两个多月的时间里,先后向日本大使馆和日本占领军最高指挥机构递交了 400 多份抗议书。他们在这样一个仅占当时南京 1/8 面积的南京安全区,保护了 20 余万难民。贝德士说:"我们冒着巨大风险,受过一些沉重打击,但还是侥幸取得远远超过目前形势所能允许的许多成绩。"

"南京好人"

"不行! 我绝不能容忍如此野蛮的暴行!"在宁期间,拉贝经常伏案奋笔疾书,向日本驻华大使馆抗诉。"要把所有的日军罪行记录下来!"①拉贝让同事整理出《日本士兵在南京安全区的暴行》材料,交给日方以示谴责与抗议;他还将报告分送英、美等国驻华大使馆,希望借助国际舆论制止日方暴行。此外,拉贝还用日记记录了自己耳闻目睹的日军罪恶行径。1996 年,华裔女作家张纯如在撰写《南京大屠杀》时,发现了长达 2000 多页的《拉贝日记》,这成为揭露"南京大屠杀"的有力罪证。同年,《拉

---

① 何建明:《拉贝先生》,北京:作家出版社,2015 年,第 162、167 页。

贝日记》的中文版、德文版、日文版和英文版相继在多个国家出版。

此外,贝德士撰写、收集的各种宝贵的文字资料也清晰地记录着侵华日军在南京犯下的滔天罪行。1938 年 1 月 8 日,贝德士在发出的秘密函件《有关目前形势对金陵大学的影响的记录》中写道:"这是在强奸、刺刀刺戳和毫无忌惮的枪杀之间仓促写下的简短笔记"。1938 年 1 月 10 日,贝德士发出了题为《南京暴行》的秘密函件:"仅在金大的校园内就有小至 11 岁的女孩和大至 53 岁的妇女遭到强奸。在神学院墙内,17 个兵在光天化日之下轮奸一位妇女……"1941 年 5 月 1 日,南京安全区国际委员会致信贝德士,感谢他自 1937 年 11 月以来对委员会的鼎力支持,并赠予他"名扬南京"的美誉。

拉贝故居的"今日"

历史仍有回响,记忆从未褪色。1932 年夏天,从金大农学院将小桃园 10 号这幢西式花园别墅出租给拉贝之日起,这位可爱的德国人就和中国缔结了深厚的友谊。"患难见真情",我们从未忘记那些对中国人民施以援手的外国友人。2009 年,中国网友票选出"十大国际友人",拉贝名列第二,仅次于白求恩。

1997 年起,南京大学着手对拉贝故居进行保护并修建纪念馆。拉贝故居旧宅内现陈列的各种展品和文字图片介绍着拉贝生平。2006 年 6 月,拉贝故居被江苏省人民政府列为江苏省文物保护单位。2013 年,拉贝故居被国务院列为第七批全国重点文物保护单位。2014 年,拉贝故居被国务院列入第一批国家级抗战纪念设施及遗址名录。2019 年 12 月,拉贝故居被公布为第四批中国 20 世纪建筑遗产。

今天,虽然拉贝先生已经离我们远去,但是他的精神永远留在了南京。身处闹市之中的拉贝故居,恰如时间轴上的一个空间坐标,见证了南京由暗转明,也传递着"永矢弗谖,祈愿和平"的人间心声。

(谢　雯)

邹秉文以农报国

邹秉文(1893～1985)，江苏吴县人，我国著名农学家和农业教育家。1910年赴美国康奈尔大学学习。1916年归国，先后在金陵大学、南京高等师范学校、国立东南大学、国立中央大学任教。曾任国民政府农业部高等顾问兼驻美国代表、中美农业技术合作团中方团长等职。

立志以农为己任

1910年，少年邹秉文以美国驻华使馆实习生名义赴美；1912年秋补为清华学校留学官费生，后考入康奈尔大学机械工程专业。邹秉文认为，中国自古以农立国，历代君王的江山社稷抑或圣贤擘画的蓝图中，农业的支柱性地位不可撼动。然而农民不讲求改进农业的办法，致使农业日趋衰退。于是，邹秉文抱着挽救中国农业的愿望，弃工从农，主修植物病理学，从此走上以农报国的道路。

1916年，邹秉文学成归国，受聘为金大农林科植物病理学教授。1917年，邹秉文发起成立中国农学会。同年，邹秉文应聘到南高筹备农林科并担任主任。1917年至1927年，南高、东大农林科在邹秉文的主持下获得快速发展。他凭借自己的人脉多方引进名师，秉志、胡先骕、钱崇澍、戴芳澜等皆由其聘来。他积极引进现代大学农科办学模式，确立了农科教学、科研、推广三者相辅相成的体系。1923年，邹秉文根据自己从事农业教育的经验，写成了我国第一部农业教育专著《中国农业教育问题》，由商务印书馆出版。

邹秉文是中国近代农业推广与交流的推动者。1918年，他在南高农科成立了棉作改良推广委员会，率先在东大农科开办暑期植棉讲习班。在担任上海商品检验局局长期间，邹秉文力主收回了由外国人把持的商品出口检验大权，为我国农畜产品质量检验事业的发展奠定了基础。1921年，邹秉文筹划成立了中国第一个研究和防治虫害的专门机构——江苏省昆虫局，开展昆虫研究和棉花、水稻害虫、蝗虫等的研究与防治工作，在国内树立了科学治虫的新风。抗战胜利前后，邹秉文出任国民政府驻美农业代表，担任《中国农业》（英文）月刊主编，公开讨论与征集关于战后发展中国农业的意见。他四处奔波，先后为中国争取了200多个美国农业大学的奖学金名额，选派中国各大学农学院优秀学生和青年教师赴美进修。这批农科留学生学成归国后，成为新中国农业教育和农业科技发展的骨干力量。

邹秉文对事业极其深情和执着。为了事业，他敢于舍弃自己的性命。邹秉文出差总是乘飞机往返，他每次上飞机前，都要交给送行的家人一封已封好的信件，并嘱托家人不要拆开，等他回来再原封归还给他。他的夫人知道，这是他留下的遗嘱。

邹秉文曾在一篇自白中这样写道：

余以一介书生，凭其个人所处地位，千方设法，就可能者作最大努力。此之蚁蚁负山，就蚁蚁言，所致力者实已尽

其在我；而所成的，就吾国农业言，则实九牛一毛……①

邹秉文穷其一生致力于中国农业教育，全力以赴，鞠躬尽瘁，如此情怀与精神，实在令人感动和敬佩。

为国购运岱字棉

邹秉文经常对子女讲："一个人只要活着，就要为自己的国家做点事。"邹秉文如是说，亦如是做。1947 年，邹秉文辞去国民政府委任的所有职务，应旅美华侨周松点之邀，于 1948 年底赴美担任和昌公司董事长，协助经营中美两国之间农业方面的贸易。

1949 年 5 月，上海解放。当时国产棉花产量锐减，且纤维短、细度差，全国人民缺衣少被。上海棉纺织界负责人顾毓琇、吴昧经给邹秉文去电，请其为新中国购买几百吨斯字棉种。邹秉文立即与顾毓琇联系，建议新中国不要再种斯字棉，尽早改换美国最新良种岱字棉种。获得批准后，邹秉文便开始采购。当时美国政府对新中国实行封锁政策，棉种亦在禁运之列，采购难度很大，邹秉文辗转美国南方多家棉种公司均无岱字棉。那时邹秉文身患疾病，但他丝毫不敢耽搁，竭尽全力完成祖国托付的重任。为了赶上第二年播种之用，邹秉文带病飞赴美国密西西比州棉产区，每天开汽车到私人农场采购，同时动员当地华侨，挨家挨户购买。经过努力，邹秉文三天内竟然购得岱字棉种

① 华恕：《邹秉文》，中国科学技术协会编：《中国科学技术专家传略 农学编综合卷 1》，北京：中国农业科技出版社，1996 年，第 76 页。

496 吨。为了冲破禁运的限制，邹秉文找朋友帮忙转船绕道南美，经阿根廷再到中国。1950 年初，这批岱字棉种安全抵达青岛港口。

1950 年秋，新中国的棉花产量比上年猛增 55.8%。1951 年初，周恩来总理获知购运岱字棉背后的故事后，非常感动，把岱字棉种视为珍宝，并要求在全国推广。1951 年，棉花产量又继续增长 48.8%，此后连续数年获得丰收。① 邹秉文此举解了国家的燃眉之急，也展现了他的拳拳爱国之心。

多年夙愿成现实

20 世纪 50 年代，邹秉文五个子女陆续从美国回到新中国工作，然而邹秉文自己却无法回到祖国的怀抱。原来在 1953 年，美国情报部门得知新中国的岱字棉是由邹秉文购运的，邹秉文夫妇遂被纽约移民局传唤，护照被扣押，并禁止离开美国。直到 1956 年 5 月，经过多次交涉，邹秉文以赴欧旅游为由从移民局取回了他们的护照。当年夏初，邹秉文悄悄从波士顿飞往伦敦，后转往巴黎。周总理得知此消息后，当即指派有着"红色中国密使"之称的冀朝鼎与之联系。经中国驻瑞士大使、驻苏联大使的协助，邹秉文夫妇先从巴黎到罗马，再经瑞士赴莫斯科，最后从莫斯科飞回北京。几经周折，1956 年 8 月，邹秉文夫妇终于回到祖国的怀抱。归国后，周总理原拟任命他为农业部副部长，但邹秉文不愿担任行政职务，故被聘为农业部高级顾问，周

---

① 胡子昂、茅以升、金善宝等：《纪念我国著名农学家邹秉文先生》，中国农学会，华恕编：《邹秉文纪念集》，北京：农业出版社，1993 年，第 183 页。

总理批示给予副部长待遇。

回国后,邹秉文看到祖国欣欣向荣的景象,很是兴奋。他给在美国的中国友人写了许多信,动员他们早日回国服务,并多次对台湾地区和美国发表广播讲话,介绍新中国的情况。他每年必定抽出一部分时间,去农村和各地农业单位进行考察,回北京后撰写报告,向中央提出有关农业建设和教育的书面建议。此外,邹秉文还非常重视从国外引进新技术和良种。邹秉文去世时,没有留下什么财产——银行存折上只有 1000 多元人民币,但他为国创业的雄心和赤诚的爱国之心,是子孙后代用之不竭的精神财富。

(胡天银)

五星红旗设计者曾联松

曾联松(1917～1999)，浙江瑞安人，中华人民共和国国旗图案设计者。1936年考入国立中央大学经济系。曾任中大学生地下党支部书记、上海市日用杂品公司副经理、上海市第六届政协常委。

32 号应征图案

每当我们仰望国旗，看那五颗金星在天空中舒展开来，内心都会由衷地涌起一股亲切、激动的暖流。五星红旗和南京大学有着解不开的历史渊源，它的设计者正是南京大学1936级校友曾联松。1936年，曾联松考入中大经济系，后入抗日救亡联合会参与革命。1938年，曾联松加入中国共产党，曾担任中大学生地下党支部书记。"皖南事变"后，因白色恐怖形势严峻，曾联松被迫"脱党"。此后他返回故乡瑞安，先后从事经济研究、木刻、历史教师等工作。抗战胜利后，曾联松前往上海，在上海经济通讯社工作。

1949年7月，《人民日报》《解放日报》等报刊陆续刊登了全国政协关于征求国旗图案的通知。一时间，征求国旗图案的消息迅速在国内外传开。7月14日，曾联松刚到单位，便被桌子上的《解放日报》吸引住了,上面醒目地写着"新政协向海内外征集国旗国徽国歌启事"。看到征集通知的曾联松内心激动不已,细读之下,倍受鼓舞,当时便在脑海中产生为新中国设计国旗图案的想法。这个念头一出现便再也无法停止。每天下班后,曾联松便一头钻进自家小阁楼上设计国旗。

万事开头难,曾联松的设计刚开始并不顺利,经常通宵达旦仍毫无头绪。上海的夏夜酷热难耐,曾联松夜以继日,挥汗如雨。为了寻找创作灵感,他阅读了毛主席的许多著作,包括《论人民民主专政》《中国社会各阶级的分析》等。某天夜晚,曾联松坐在阁楼窗前,看到皎洁的月光,突然想起一句民谣:"盼星星,盼月亮,盼来了中国共产党。"此时,星星这个词反复出现在他的脑海里。顺着这个思路,曾联松又联想到每次下班路过小学时,总会听到孩子们在唱"东方红,太阳升……他是人民大救星……"中国共产党就是人民的大救星,曾联松因此有了使用星星元素的想法。很快,他构思出五颗星星的图案:一颗大星星代表中国共产党,周围四颗小星星代表毛主席在《论人民民主专政》里提出的四个阶级——工人阶级、农民阶级、城市小资产阶级和民族资产阶级。有了创意后,曾联松很快完成了草图。以红色象征革命,以一颗内含镰刀斧头的大五角星象征共产党和人民军队,以四颗小星代表人民,即四个阶级;四颗小星星围绕大星星,寓意着共产党领导下的人民大团结。[1] 最后,曾联松用红黄光蜡纸剪成两份试样,一份寄送中国人民政协筹备会评审,另一份自己留存。

---

① 曾联松:《我设计五星红旗》,政协瑞安市文史资料委员会编:《瑞安文史资料第 20 辑 国旗设计者曾联松》,2000 年,第 3—6 页。

1949 年 8 月 22 日，第一次国旗图案评选会在北京召开。从国内外征集到的 2992 幅作品统一接受评选，最终遴选出 38 幅图案制定成册进入最后筛选环节。最初，曾联松的设计稿因画有镰刀斧头"与苏联国旗相仿"而差一点遭淘汰。后在张治中和田汉的力荐下，其设计稿作为第 32 号入选 38 幅图案中。在最后一次国旗定稿会上，大家讨论得十分激烈。在毛主席的倡议下，所有人一致通过了曾联松的设计稿。最终确定的设计稿中去掉了原先的镰刀斧头图案，并调整了五颗星的大小和比例。

共和国不会忘记

1949 年 9 月 29 日，《解放日报》等媒体正式向外界公布新中国的国旗图案。当看到公布的国旗图案后，曾联松内心十分激动：图案中除了没有镰刀斧头，剩余部分和自己的设计稿几乎完全一致。然而，曾联松并未在报纸上发现有关国旗设计者的信息。在此之前，仅有一两位好友知道曾联松在设计国旗，但没有任何人知道他的设计稿是什么样子。尽管很兴奋，但曾联松选择将这件事埋藏在心底。此后，每次看到国旗时，他的内心都激动不已，因为那凝结了他的心血和感情。曾联松曾言，"建立新中国，一直是萦回在我心头的愿望"，"我不是艺术家，也不是从事美术设计的，当时之所以不量力度德，亦不计工拙，想去设计国旗图案，实在是一种欢呼新中国诞生的喜悦，一种热切爱国的激情使然。"

曾联松以为这件事情会逐渐被淡忘，然而一年之后，喜讯传来了。1950 年 9 月，曾联松因公赴北京开会，全国政协派人找到他,向他询问国旗设计情况。他如实介绍了自己的设计思路、设计过程和投稿过程。1950年9月27日,全国政协电话通知上海政协:曾联松作为五星红旗的原创设计者,经国务院领导批准,应邀赴北京参加建国一周年纪念活动。不久后曾联松便收到一张编号为"台右97号"的观礼请柬。参加天安门观礼回家后,他又收到了中央人民政府委员会办公厅1137号信文,内容如下:

> 曾联松先生:
>
> 　　你所设计的中华人民共和国的国旗,业已采用。兹赠送人民政协纪念刊一册,人民币500元,分别交邮局及人民银行寄上,作为酬谢你对国家的贡献,并致深切敬意,收到后希即见复。①

这样一份用稿通知弥足珍贵,仅"你所设计的中华人民共和国的国旗,业已采用"19个字便是一份巨大的荣誉。迟来的荣誉和奖励,让曾联松激动不已,久不能寐。他一直坚信,共和国没有忘记他。以后每逢国庆,曾联松都要将国旗、函件和纪念册拿出来独自欣赏。

代表国家的国旗出自一位普通百姓之手,足以说明中央政府对人民的信任和饱含的敬意。五星红旗印证了它是属于人民的旗帜,代表了人民的意志,飘扬的旗帜就是中国人民站起来的象征。

---

① 王兴东:《举世无双的用稿通知》,政协瑞安市文史资料委员会编:《瑞安文史资料第20辑 国旗设计者曾联松》,2000年,第162页。

　　曾联松的努力没有白费,他不仅完成了自己的梦想,也创造了永载史册的传奇。1949 年 10 月 1 日起,由他设计的中华人民共和国国旗将永远在中国大地上迎风飘扬。2012 年,南京大学建校 110 周年之际,一面曾经高高飘扬在天安门广场的国旗,由专人护送到南大,作为校庆的珍贵礼物。这面国旗被南大档案馆永久收藏。

　　2019 年 5 月,为弘扬国旗文化,纪念中华人民共和国国旗设计者、南京大学校友曾联松先生,南京大学正式成立了国旗护卫队。南大人与五星红旗的故事将在这里传承,也将在这里续写。

(胡天银)

"乡愁"诗人余光中

余光中(1928～2012),福建永春人。1947年入金陵大学外语系。1959年获美国爱荷华大学艺术硕士学位。先后在台湾东吴大学、台湾大学等校任教。出版诗文及译著40余种,斩获"吴三连文学奖""中国时报奖""金鼎奖"等台湾地区所有重要文学奖项。代表作有《乡愁》《白玉苦瓜》等。

"金陵子弟江湖客"

9岁以前,余光中一直住在金陵古城,栖霞山、雨花台都曾留下他的足迹。1947年,余光中同时考取金陵大学和北京大学,虽然一心想要北上,但战火让他留在了南京。同年9月,余光中进入金大外文系学习。

余光中回忆,自己的家就在鼓楼广场的东南角上,正对着中山路口。弄堂又深又狭,里面挤着好几户人家。金大校园就在他家附近,走路上课只要10分钟。后来他的家里盖了一栋新楼,余光中的房间在楼上,书桌旁边的窗口朝东,斜对着远处的紫金山。他坦言,自己年少时的第一首稚气之作,就是对着那一脊起伏的山影写成的。

1949年,余光中跟随父母离开南京,但他依然认定自己是

"金陵子弟"。时光荏苒,2002 年,满头白发的余光中终于得以回到南京,参加母校南京大学的百年校庆活动。佩戴着南大校徽的余光中携夫人范我存,为母校带来了一份特殊的生日礼物——他特意为南大百年校庆新创作的诗《钟声说》。

钟声说
——为母校南京大学百年校庆而作

大江东去,五十年的浪头不回头

浪子北归,回头已不是青丝,是白首

常青藤攀满了北大楼

是藤呢还是浪子的离愁

是对北大楼绸缪的思念

整整,纠缠了五十年

铁塔铜钟,听,母校的钟声

深沉像是母亲的呼声

呼迟归的浪子海外归来

缺课已太久,赶不上课了

却赶上母亲正欢庆百岁

玄武仍激滟,紫金仍崔巍

惊喜满园的青翠,月季盛开

风送清磬如远播的美名

浪子老了,母亲却更加年轻

江水不回头,而大江长在

百年的钟声说,回来吧

我所有的孩子,都回来

回家来聚首共温慈爱

不论你头黑,头斑,或头白①

二〇〇二年五月

离开母校多年,余光中依旧对南京大学怀着深深的眷恋和敬仰。《钟声说》这首诗表达了他对母校的赤子之心。校庆活动现场,余光中亲口朗诵了《钟声说》。致辞中,余光中说道:"过了半个多世纪再回到母校,当日的浪子已经白发。但我发现,我的母校南京大学反而更年轻了,非常有朝气。""我当时没有读完就离开了南京大学,然后又离开了那么久。所以我感觉今日在南京大学校誉蒸蒸日上的时候,而校园又这样美好,有这么多学生在这里求学,我很羡慕他们。我希望他们能把握好时机,好好求学,将来为自己的国家,为民族服务。"不管落脚"江湖"何处,归来的余光中仍是"金陵子弟"。

酝酿《乡愁》20 年

1950 年,余光中随家人迁往台湾,与大陆的联系被一刀斩断。当时回乡无望,漂泊在外的孤独感时时萦绕着他。虽然他在新的家园获得了锦绣前程,成为一名成功的诗人和学者,但和许多流亡在外的国人一样,他始终无法改变自己对祖国的思念,时常忧心祖国命运。余光中在 1966 年发表的诗作《敲打乐》中写道:"我的血管是黄河的支流/中国是我/我是中国"。

1972 年,余光中创作了《乡愁》。他曾说,他因为不确定何时或者有没有可能返回故土,因而感到十分痛苦。"所以(我)是

---

① 余光中:《钟声说》,余光中:《余光中集》,天津:百花文艺出版社,2004 年,第359—360 页。

在这种压力之下写这个《乡愁》的"。"虽然我花了 20 分钟就写好,可是这个感情在我心中已经酝酿了 20 年了。"[①]从邮票,到船票,到坟墓,到海峡,意象不断延伸,情感不断升华。他所书写的已经不是一个人的愁思,而是一代甚至几代游子的共同情愫。这是一份让每一个中国人都立体可感的乡愁,亦是一份超越时空的乡愁。从思亲到念家,从小家到祖国,从地理到时间,从历史到文化,他把自己的生活经历和对祖国的怀念融入诗作当中。后来,这首诗被选入中国大陆和台湾地区的教科书,影响着一代又一代的学子。

乡愁

小时候
乡愁是一枚小小的邮票
我在这头
母亲在那头

长大后
乡愁是一张窄窄的船票
我在这头
新娘在那头

后来啊
乡愁是一方矮矮的坟墓
我在外头
母亲在里头

---

① 《余光中访谈:〈乡愁〉只是我的门牌》,《上观新闻》,2016 年 1 月 1 日。

而现在

乡愁是一湾浅浅的海峡

我在这头

大陆在那头

"已到了收摊年龄，却欲罢不能"

余光中一生从事诗歌、散文、评论、翻译创作，称此四项为自己写作的"四度空间"。他驰骋文坛逾半个世纪，涉猎甚广。然而，由于他的诗作太著名，许多读者忽略了他还是一位优秀的翻译家。迄今为止，他先后出版翻译集共 13 种，译作包括《梵谷传》《老人和大海》等，英译作品《中国新诗选》《中国现代文学选集》等。梁实秋称赞余光中"右手写诗，左手写散文，成就之高，一时无两。"

谈及写作，余光中曾自负又自嘲地说道："我写作，是迫不得已，就像打喷嚏，却凭空喷出了彩霞；又像是咳嗽，不得不咳，索性咳成了音乐。我写作，是为了炼石补天。"①即使已到高龄，余光中仍一边在大学授课，一边从事创作。用余光中自己的话说，"其实已到了收摊的年龄，可是却欲罢不能。"从在金陵城写下第一首小诗开始，余光中"欲罢不能"，用一支笔驰骋文坛，被誉为文坛"璀璨的五彩笔"②。

（谢 雯）

---

① 《余光中访谈:〈乡愁〉只是我的门牌》,《上观新闻》,2016 年 1 月 1 日。

② 黄维樑:《璀璨的五彩笔:余光中作品概说》,《北京大学学报》(哲学社会科学版),1999 年第 3 期。

上下同心

谚曰:"二人同心,其利断金。"

一百二十年的历史中,面对种种危难情境,南大人都能沉着应对,不惧挑战,焕发出师生同心、兄弟同心、全校同心和与祖国同心的精神,用大爱铸就起南大坚如磐石、牢不可破的"同心锁",展现出坚定不移的"南大气节",创造出百年学府的壮美史话。团结,是南大人永恒的法宝。

大蠹坪见证爱国壮举

在今天的南京大学鼓楼校区苏浙运动场南侧，有一处叫"大蠹坪"的小广场，广场上矗立着一根饱经风霜的大旗杆。这根旗杆至南京大学百廿校庆时已年届"米寿"，其来历与南京大学校史上的一次著名爱国事件有关。

金陵大学"旗杆事件"

1931 年 9 月 18 日，日本悍然发动"九一八"事变，此后大片国土沦陷。抗战期间，南京大学前身国立中央大学和金陵大学的师生以各种形式投身到抗日救亡的洪流中，在入侵者的炮弹下淬炼出坚不可摧的民族气节。

1934 年秋，几乎和金大比邻而建的日本驻南京公使馆，兀然立起一根高度与金大北大楼塔楼（当时南京城最高的标志性建筑之一）相齐的钢骨水泥旗杆。该旗杆每日升挂日本国旗"太阳旗"，且日本国旗的高度超过了金大校园里的中国国旗。此时正值全国抗日运动风起云涌之时，望着终日在校园上空招摇的日本国旗，金大广大爱国师生"触目刺心，忿而共慨"。朱恕、沈乃森、黄贻孙、朱联标、郑乃涛、蔡哲傅、赵士赞、郑槐等 30 余名同学联名在《金陵大学校刊》上发表《从速竖立旗杆启事》，发起募捐，筹资建一座更高的旗杆。他们认为，国旗是国家的象征，大学作为国家最高学府竖立旗杆、悬挂国旗，不仅能够识别本校是中国人自办之学府，而且能够增进师生爱国之心，打击日方嚣张气焰。

学生们的倡议得到全校师生的积极响应，时任金大校长陈裕光大力支持学生的爱国行动。经过师生的共同努力，共募集到1700余元。在校方积极支持下，由金大教授、建筑设计师齐兆昌设计，在金大北大楼南侧的大礼拜堂边，建造了一座钢管式的新旗杆。新旗杆于1935年8月落成，地下部分长5米，地上部分由28节钢管套接而成，高40米，足足超过日本领事馆旗杆3米有余，且质量与外观都更胜日本旗杆一筹。

1935年10月14日，金大秘书处发出通告：自14日起，每日上午6时15分、下午5时分别举行升旗、降旗仪式。升降旗时，全校师生听到号音后应立即停止活动，目送国旗徐徐升降，以表达敬爱国旗、尊重国家之意。据旗杆设计者齐兆昌之子齐康院士回忆：新旗杆升旗那天，随着中国国旗缓缓升空，学生们高呼抗日口号，南京全城到处回荡着爱国歌曲，就连齐康这样的小学生也跟着哼唱。校园上空高高飘扬的国旗超出了与之毗邻的"太阳旗"，以示中国人民不可欺辱的气概。

1937年，"旗杆事件"过去两年后，全面抗日战争爆发，首都南京已成为一座危城，金大被迫西迁至四川成都华西坝。旗杆的设计者、时任金大工程处兼校产管理处主任的齐兆昌毅然和其他数十名中西籍教职员一起，留守南京，保护校产。南京城破，金大校园成为南京国际安全区内最大的难民收容所，齐兆昌担任了金大收容所的所长。在惨绝人寰的南京大屠杀中，金大收容所敞开怀抱，庇护南京数万妇孺百姓免遭日寇蹂躏。

大纛坪赓续爱国精神

1964 年 5 月，南京大学因需在旗杆竖立处建造教学楼，遂将旗杆迁至大操场南侧。1995 年，为纪念抗日战争胜利五十周年，弘扬南大师生抗战时期众筹铸旗杆的爱国壮举，特将旗杆设立处开辟为大纛坪，并立碑，作永久纪念。纛，原意为古代军队里的大旗，旗杆屹立的广场便得名大纛坪。南大中文系教授王气中先生为大纛坪作记。尽管时过境迁，但我们从碑文中依旧可以深切感受到那段风起云涌的岁月。

大纛坪碑记（节选）

此坪之设，且以大纛名之，于史有考焉。坪中旗杆，始立于公元 1935 年 8 月……1931 年"九·一八"事变之后，日本侵略者逞其凶狂，铁骑进逼，欲吞我中华。当此危难之际，国人奋起救亡图存，抗日爱国运动风起云涌。恰于此时，日本驻南京公使馆于毗邻我校之鼓楼百步坡上兀然竖立一钢架旗杆，与校内北大楼并高，悬其太阳旗，骄横之气昭昭然横空压来，是可忍孰不可忍！我校师生因慨然筹款，建钢管旗杆一座，巍然蠹立，凌霄升旗，猎猎迎风，高出敌旗之上，以镇其邪，挫其锐，克其霸，示我中华之不可侮也。越十载，抗日胜利。再越四载，新中国诞生。此旗杆虽成史迹，然爱国之魂系焉……将此杆迁立于此，永为爱国精神之标识。旗者，表也；国旗者，一国之象征也，国气民魂之所仰也。今逢抗战胜利五十周年，借此地辟大纛坪，以示我莘莘学子于黉宇宏开之日，当居安思危，永葆爱国之志，高举光辉大纛而前进也。

硝烟弥漫中巍然矗立的是大纛,也是南大师生屹立不倒的民族气概。

大纛坪成为南京大学重要的爱国教育基地之一。每逢节日庆典,广大师生便列队坪上,举行庄严隆重的升旗仪式。世界反法西斯战争胜利六十周年时,升旗仪式便在大纛坪举行。五星红旗在饱经沧桑的大纛上冉冉升起,一名新四军老战士唱起"中国不会亡,中国不会亡……"的革命歌曲,铿锵有力的歌声让人仿佛回到那段不屈抗争的激情岁月。正是因为有万千学子的振臂呼号,有无数国人奋不顾身的英勇斗争,中国才能穿越战火纷飞的年代,迎来来之不易的和平与宁静。朗日晴空下,大纛仍旧巍然矗立,成为南京大学永远的精神丰碑。

（王运来　胡天银）

"动物大军"西迁

在中国上个世纪的历史上，曾有三大长征，分别是"武军"的长征（中国工农红军二万五千里长征）、"文军"的长征（国立浙江大学抗战中四次迁校）和"动物大军"的长征，即抗战时期国立中央大学的动物西迁。

罗家伦"逃得快"

七七事变后，随即而来的是八一三淞沪会战，中国军队舍命拼杀，但因综合国力欠缺，在付出巨大代价后，逐渐呈现败相。南京危在旦夕，中大校长罗家伦连发电函，催促正在休暑假的师生紧急返校，为迁校做准备。

罗家伦的这个决定在当时受到不少人的质疑：战争才发生多久，有必要搞这么大动作吗？时任德国驻华大使陶德曼（Oskar Trautmann）一直在尽力调和中日问题，于是有些人就用他的名字来取笑罗家伦，称他为"陶德快（逃得快）"。事实上，迁校命令背后有着许多不为人知的艰辛。

罗家伦当时已经在重庆沙坪坝找好了一块地作校址，并赶制了大量坚固、大型的木箱，据说有 1000 多个。随后就将图书馆的藏书、杂志以及理工农医四个学院的仪器装箱。接着，他又得到了民生公司卢作孚的鼎力相助。这个公司当时负责运送川军出川抗日，返城免费把中大所有的图书、仪器送至重庆，并不惜割开舱位装入大件器材。到当年 10 月下旬，中大所有的图书仪器已全部装运一空。

不过，罗家伦也有遗憾，那就是从美国和澳洲等地斥巨资引进的美国加州牛、荷兰牛、澳洲马、英国约克夏猪、美国火鸡等动物品种无法全部装箱带走。最后罗家伦与民生公司商量，改造轮船的一层，将好的品种各选一对带上船，可谓"鸡犬图书共一船"。

城破前上路

1937 年 11 月中旬，上海失守，战火向南京蔓延。到了 12 月 9 日，南京已成围城之势。中大农学院畜牧场的职工王西亭带人到南京城西北的三汊河，高价雇了四条大木船驶至下关，除少数人回家外，畜牧场其他男女职工全部出动，把鸡笼、兔笼置于牛背上，分羊群、猪群、牛群 3 队出挹江门，到江边上船。

船在炮火声中迅速驶过长江，到浦口登陆。这一大队家禽家畜上岸后，沿着南京到合肥的公路被驱赶前行。因为当时战局万分紧张，为了尽早脱离战场，王西亭命令全队人员昼夜兼程前进，除了途中需要饲喂牲畜外不得停留。

1937 年 12 月 13 日，南京沦陷。此时这支动物大军已经行进到距南京有百十里的路上，到 12 月底就过了合肥，算是进入了安全地带。

"大军"行进路线

这支"大军"过了合肥之后,王酉亭找到一个小镇,命令全"军"休整数日。他飞函中大武汉办事处,告知畜牧场全部家禽家畜已平安迁至皖西安全地带。这年春节,这支"大军"已经到了豫皖交界的叶家集。叶家集是个可以通电报的大镇,王酉亭立即联系重庆中央大学,告知费用困难。

罗家伦接到电报后,急电汇款到叶家集邮局,并告知"大军"不可再去武汉,而是需沿大别山北麓公路西行,过平汉(北平—汉口)路,再沿桐柏山南麓到宜昌。这时"大军"已经行进到河南许昌一带,天气很冷,母牛中有两头生下了小牛;兔子不耐寒,途中大多病死;鸡和猪被从前线撤下来的士兵"消灭"了不少,"大军"中剩的最多的就是牛羊了。

1938年开春,"大军"再次上路,沿着当年浦口至信阳的公路前行。5月,徐州失守,"大军"沿着这条公路西撤,但满路的汽车炮车拥塞,于是只得转到乡村道路前行。直到当年6月,"大军"才由信阳穿过平汉铁路,取道桐柏山南麓,转入湖北中部,又在云梦泽地带前行了5个月;11月底,这支"大军"终于赶到了宜昌。宜昌交通部门负责人为教工们坚韧不拔的精神所感动,同意挤出舱位并不收运费,把牛羊等活口送至重庆。

罗家伦:"我几乎要向前去和它们拥抱"

对于与动物大军在重庆见面的场面,罗家伦在回忆录里用足了笔墨。1938年秋的某天,罗家伦从沙坪坝进城,当天已是黄昏了。司机告诉他说，前面来了一群牛，像是中大的，因为他认识赶路的人。罗家伦急忙让司机停车，一看果然是学校的人。这些牲口经过长途跋涉，已是疲惫不堪。赶牛的王酉亭和三名技工更是须发蓬面，好像苏武塞外归来一般。王酉亭看到罗家伦后，赶忙上前叫了一声："校长，我把它们带来了。"罗家伦一愣，随即两人抱头痛哭。

看到这些牲畜，罗家伦感动得难以言表。他回忆道："我的感情震动得不可言状，看见了这些南京赶来的牛羊，真是像久别的故人一样，我几乎要向前去和它们拥抱。"

罗家伦与中大的教职员、学生上下一心，冒着炮火，将中大全部搬迁干净，鸡犬不留，自南京辗转跋涉千里成功抵达重庆，并以最快的速度恢复了正常教学，这在当时那个炮火纷飞的年代实属难得。

（王运来　裴　聪）

中大冯氏三兄弟

冯焕(1915～2006)，1937年毕业于国立中央大学电机系，后赴美国伊利诺伊大学留学，获博士学位。曾任美国通用电气公司高级工程师。

冯康(1920～1993)，著名数学家，有限元法创始人、计算数学研究的奠基人和开拓者。1944年毕业于国立中央大学物理系。1980年当选为中国科学院学部委员（院士）。1997年获国家自然科学奖一等奖。

冯端(1923～2020)，著名物理学家。1946年毕业于国立中央大学物理系。先后在国立中央大学、国立南京大学、南京大学任教。1980年当选为中国科学院学部委员（院士），1993年当选为第三世界科学院院士。曾任中国物理学会理事长。

耕读不辍，诗书传家

浙江绍兴有这样一个贫苦却不平凡的家庭，家中有大哥冯焕、大姐冯慧、二哥冯康、小弟冯端。"冯氏四兄妹"的父亲冯祖培擅诗词，工书法，是一个典型的传统知识分子。1904年，冯祖培得中"秀才"，不料1905年清政府废除科举。为了生计，冯祖培常年在外奔波。1915年，大哥冯焕出生在南京，小名阿欢，故取"欢"之谐音名"焕"。1917年，大姐冯慧生于六合。1920年，冯康生于江苏无锡，因体弱多病，为求平安健康，取名"康"。冯康出生后不久，冯祖培便从无锡卸任，携全家定居苏州。他认为姑苏环境幽静，文化底蕴深厚，新学卓有成效，他希望自己的孩子能在这里接受现代教育。1923年端午节，小弟冯端在苏州出生，取名"端"。[①]

尽管冯祖培骨子里是个旧式文人，但他对子女的教育从不横加干涉，更不会施加任何压力，总是鼓励他们自己进行人生选择。母亲目不识丁，但拥有惊人的记忆力，常常为子女们背诵《唐诗三百首》或《千家诗》中的诗篇。在冯家有一个不成文的规定：凡是上了中学的孩子都有权增订一份报纸。父亲冯祖培选择的是《国闻周报》，上面有他喜欢的旧体诗专栏。大哥冯焕订的是上海《晨报》。二哥冯康订的是胡适之先生主编的《独立评论》。因此，冯氏兄妹自幼便接受文化的熏陶，养成了读书的嗜好和独立思考问题的习惯，这奠定了他们一生的文化基调。

数十年后，兄妹四人分别在动物研究、电机工程、数学研究及物理学研究领域颇有建树。1980年，中国科学院恢复了1955年设立的学部委员（院士）制度，增选出283名中国科学院学部委员（院士）。这个家庭中同时有三人——冯康、冯端和姐夫叶笃正出现在这份院士名单上，这在中国现代科学史上是一段空前的佳话。尤其令人称奇的是，冯氏三兄弟几乎走了相同的道路——冯焕、冯康、冯端皆从苏州中学附属实验小学到苏州中学，然后考入有着"民国最高学府"之称的国立中央大学。

1933年，冯焕考入中大电机系，这是当时全国最好也是竞

---

① 宁肯、汤涛：《冯康传》，杭州：浙江教育出版社，2019年，第47—48页。

争最激烈的专业。在中大就读期间,冯焕经常用零花钱购买科普读物带回家,这也为弟弟妹妹打开了通往科学之路的大门。

"飞鸟型"数学家冯康

1937 年全面抗战爆发后,冯氏一家迁往福建。1939 年,冯康以高考状元的身份考入中大电机工程系。入学后的冯康发现自己对工科并不感兴趣,后转入物理系。1941 年,21 岁的冯康因结核杆菌入侵造成化脓性破坏性病变,出现了明显的脊椎弯曲。在与病魔对抗的艰难岁月里,冯康以惊人的毅力坚持修完了物理系和电机系的主要课程。之后,他的兴趣又从物理转到了数学,尤其是基础数学。冯康在大学时期兼修了电机、物理、数学三系的主要课程,这样的知识背景对他后来的发展起到了独特的作用。

1951 年,冯康进入中国科学院数学研究所工作,受教于陈省身、华罗庚。1957 年,冯康转到中国科学院计算技术研究所工作,在这里,他的科研方向逐渐转为应用数学与计算数学。进入中科院计算所后,冯康承担了刘家峡水电站大坝工程的计算任务。也正是在此次计算任务中,冯康和同事们发现了一整套求解偏微分方程边值问题的计算方法,即冯康提出的运用变分原理进行差分计算的方法——有限元方法,这在当时的世界数学界引起了强烈的震动。冯康等人在对外隔绝的环境下独立创始了有限元方法理论,在世界上属于最早之列。20 世纪 80 年代末,冯康提出并发展了接球哈密顿模型方程的辛几何算法。

世界著名数学物理学家弗里曼·戴森(Freeman Dyson)的一篇名为《飞鸟与青蛙》(*Birds and Frogs*)的演讲稿曾轰动世

界，他将数学家分成"飞鸟"与"青蛙"。

> 有些数学家像飞鸟，而另外一些像青蛙。鸟儿翱翔于高空之中，游弋于数学的广袤大地之上，目及八方……青蛙则栖息于泥沼之中，所见不过是附近生长着的花朵。他们着眼于特殊目标的细节，每次只解决一个问题。数学领域是丰富而优美的，飞鸟使它宽广，而青蛙则使它细致入微。①

冯康就是一位"飞鸟型"数学家。尽管冯康在普通百姓中并非家喻户晓，但在数学领域却是众所周知。国际数学界曾综合量化分析得出的"二十世纪世界数学家排名"中，有 7 位华人进入前 200 名，前 3 位便是陈省身、华罗庚、冯康，他们被称作"二十世纪华人数学三驾马车"。2002 年，时任国际数学家联盟主席的雅可比·帕里斯在北京召开的国际数学家大会开幕式致辞中说道："中国数学科学这棵大树是由陈省身、华罗庚和冯康，以及谷超豪、吴文俊和廖山涛，及丘成桐、田刚等人奠基和培育的。"

此外，冯康还是"两弹一星"最神秘的幕后人。冯康掌握英、俄、法、德、意、日等多门外语，在他的带领下，团队成员阅读了大量的外文文献，凭借当时国内仅有的两台计算机，完成了原子弹设计的海量计算任务。

---

① 宁肯，汤涛：《冯康传》，杭州：浙江教育出版社，2019 年，第 187 页。

物理学家的诗情画意

　　1942年,冯端进入中大物理系念书,在此求学的四年间,中大先后经历了四位校长:顾孟余、蒋介石、顾毓琇、吴有训。吴有训、赵忠尧、施士元等学术大师都为冯端授过课。大四那年,从西南联大调来担任物理系主任的赵忠尧对冯端影响尤为深刻,并在后来成为冯端的毕业论文导师。冯端在求学期间接受的高起点教育为其之后的学术发展打下了坚实的基础。

　　1946年7月,冯端毕业后留校担任助教,由此开启了他在自己母校60余年的教研生涯。从站上三尺讲台起,冯端"几乎教遍物理学的各个分支,从基础课到专业课,从实验课到理论课"。20世纪60年代后,冯端开始了真正意义上的科研工作,从金属物理到材料科学,从固体物理到凝聚态物理,他历尽艰辛,凭借敏锐的学术洞察力,把握正确的学术方向,带领南京大学物理学科实现跨越式发展。作为我国金属物理学和凝聚态物理学的奠基人之一,冯端和许多其他领域贡献卓著的科学家不同的是,他在求学过程中的留洋背景几乎是一片空白,但依旧凭借自己出色的能力获得卓越成绩,享誉国内外。2012年5月15日,在冯端90岁生日的典礼上,他收到一份来自中国科学院紫金山天文台特殊的礼物,他们将一颗国际编号为187709的小行星命名为"冯端星"。

　　家庭环境的熏陶让冯端幼时便领略到"诗教"传统,他认为"科学和艺术是可以彼此应和的,诗歌和物理也是彼此连通的"。在其代表作《凝聚态物理》中每一篇的开头,冯端都会引用一句相关的诗词来解释对应的物理现象。如《晶态面面观》一篇,他引用了英国诗人白朗宁的诗句"在世间，残缺的拱弧；在天上，完美的浑圆"，来阐释残缺的绝对性和完美的相对性。

诗歌还成为冯端与其爱人陈廉方结缘的纽带。二人相识之初，陈廉方收到的礼物便是两本诗集：穆旦翻译的普希金的《青铜骑士》和何其芳的诗集《夜歌和白天的歌》。从相识、相恋到结婚，冯端为妻子写下了不计其数的情诗，陈廉方也用一只红色小皮箱保存了先生 60 多年来的所有作品。

（胡天银）

化学界泰斗李方训和他的"南大之家"

李方训(1902—1962),江苏仪征人。1921年考入金陵大学,1925年毕业后留校任教。1928年赴美留学,1930年获西北大学博士学位后归国,一直担任金陵大学、南京大学教授。曾任金陵大学理学院院长、金陵大学校务委员会主任、公立金陵大学(包括金陵女大在内)校长、南京大学副校长。1955年当选为中国科学院学部委员(院士)。

赤子之心照日月

五四运动中,经历了"民主"与"科学"洗礼的李方训感受到中国之所以积贫积弱、屡遭外辱,根本原因在于教育与科学的落后,遂立下"教育救国""科学救国"的宏愿。1925年,李方训以优异成绩毕业于金陵大学化学系并留校任教,1928年赴美国留学。1930年,李方训在美国西北大学获得博士学位,由于学业优异,导师希望他能留在美国工作。当时,中国正处于九一八事变前夕,为实现自己"科学救国"的理想,李方训谢绝了导师的挽留,放弃了国外优厚的待遇,毅然回国执教于金陵大学。在此后的30余年里,他一直在母校从事教学和科研工作。

李方训在金大时,曾多次设法应对国民党的搜捕与镇压,尽全力保护师生,维护革命力量。1935年,"一二·九"运动的消息传到南京后,金大爱国学生群起响应,举行请愿大游行。北平学生代表在金大报告"一二·九"运动经过时,军警前来破坏并包围学校,形势十分紧张。李方训与8位教授一起出面交涉,迫使当局撤走军警,保护了学校的进步力量,也赢得了师生的敬佩与爱戴。

1949年南京解放前夕,美国和澳大利亚等国的一些科研机构相继向李方训抛出橄榄枝,并许以优渥待遇。然李方训多次谢绝,不为所动,并坚决表示自己就留在祖国搞科研,除此之外哪儿也不去。当时,李方训在美国深造的夫人林福美也谢绝了导师的挽留,克服重重阻力回到了祖国的怀抱。李方训夫妇二人携手并进,全心全意为祖国科学事业的蓬勃发展而奋斗。

1950年11月,"抗美援朝,保家卫国"的浪潮席卷全国。当时李方训任金大代理校长,在其支持下,金大成立了"金陵大学保卫和平反对美国侵略委员会",声讨美帝国主义的侵略行径,并且与外国教会断绝了一切联系。李方训曾动容地说,以前"学校的行政权、经济权都完全操在美帝国主义者的手里。但今天我们回到了祖国的怀抱里来了。"[①]不久之后,教育部决议将金大与另一所教会大学——金陵女子文理学院合并改为公立,李方训被委任为金大校务委员会主任,主持两校合并事宜。

防空洞通向科学前沿

抗战期间,李方训随金大西迁成都。入川后,由于物价上

---

① 柏生:《中国教育史上的一件大事——记处理外国津贴的高等学校会议》,《人民日报》,1951年1月25日第3版。

涨,货币贬值,温饱问题都难以解决,日军的飞机又时不时地前来轰炸、骚扰。在这样异常困难的情况下,许多科研工作被迫中止。这时,李方训所进行的"葛林亚试剂在乙醚溶液中的电化学性质和离子水溶液理论"的研究,同样处于"药品缺乏,实验困难"的境地。李方训虽然也与众人一样经济拮据,但是他既没有花一点心思去改善自家困窘的生活,也没有因条件的限制而使工作陷于停顿。在夫人林福美教授的全力支持下(她在多所高校兼课,以贴补家用),李方训仍能将所有精力都用在教学科研上。他除了在瓜棚一样简陋的实验室里尽可能地做一些实验之外,还"别开途径,从前人所做实验之数据中寻找新关系",以"引起理论上之探讨或指示实验之途径"。

战时交通不便,信息闭塞,纸张紧张,印刷困难,各大学的书籍典藏、文献订购都极有限。为了查阅资料,李方训常常往返于成都的五所高校之间,手抄心记,没有一刻停歇。每当防空警报响起,他便仅带科研笔记和纸笔躲进防空洞内,继续算、写、想,好像日本人的飞机根本不存在似的。就是在这样三天两头钻防空洞、躲空袭的情况下,他取得了一系列创造性成果,在《美国化学会会志》、*Science*、*Nature* 等杂志发表了十多篇在国内外产生重大影响的论文。

世界著名科技史专家、生物化学家李约瑟(Joseph Needham)抗战期间曾来华考察,并在其 1948 年出版的《科学前沿》(*Science Outpost*)一书中盛赞"物理化学博士李方训是杰出的科学家,他在离子熵、离子体积、水化作用方面的研究工作是中外驰名的。"

1955 年,李方训因其在化学领域的卓越成就当选为中国科学院数学物理学化学部学部委员。1949 年至 1959 年,李方训担任中国科学院物理化学专门委员。1959 年,李方训发表《葛林亚试剂电池电动势测定》一文,得到了国内外同行的高度重视。一时间,索取论文、邀请讲学的信函络绎不绝。李方训关于离子水化绝对熵和水化热理论及其提出的一系列计算水溶液中离子极化、离子半径、离子视体积和逆磁磁化率的公式,是被国际化学界公认的成就。[1]

"路不要铺得太平"

在金陵大学、南京大学执教的 30 多年里,李方训悉心育人,诲人不倦,为国家培养了大批人才。他曾开设《物理化学》《化学热力学》《电化学》《物质结构》《溶液理论》等多门课程,对于难懂的理论问题,善于作深入浅出而不失严密的讲授。李方训讲课逻辑严谨又不失生动,循循善诱,多引而不发,启发引导学生自己去解决问题,只在关键的地方给予帮助和鼓励。他说:"路不要铺得太平,而要留一点让他们自己动手去筑路。"[2]李方训的母校、著名的江苏省扬州中学将此金句制成巨幅标牌竖在校园中心,警示师生。

另一方面,李方训热情指导与培养中青年教师,将自己的全部学识毫无保留地传授给青年一代。20 世纪 50 年代初,"物质结构"从"物理化学"中分离出来单独设课,有些中青年教师对此信心不足。李方训主动承担"物质结构"的大班讲课任务,亲自

① 《中国科学家辞典》编委会:《中国科学家辞典 现代第 2 分册》,济南:山东科学技术出版社,1983 年,第 162 页。
② 中国科学技术协会编:《中国科学技术专家传略理学编·化学卷Ⅰ》,北京:中国科学技术出版社,1993 年,第 340 页。

编写讲义,与教研室的同事逐章进行讨论。他一面敦促青年教师按计划阅读有关参考书籍,一面言传身教,手把手地教给青年教师如何让学生快速掌握课程各部分的要点,如何进行启发式讲解。李方训大学时期的老同学——有机化学家吴懋仪教授也曾参加"物质结构"的定期讨论会,她感慨地说:"听老同学李方训的讲解和讨论,真是一种享受,受益匪浅。"不久,这门课就顺利地由青年教师独立承担了。① 直到因心肌梗塞复发进医院前夕,李方训还冒着南京夏天的酷热,一手按住不时剧烈作痛的心肌,一手逐字逐句修改一位青年教师的论文。

"南大之家"

李方训为金陵大学和南京大学的发展奔波半生,鞠躬尽瘁,贡献卓著。自两江师范学堂至南京大学,李方训的家人至少有10人曾在南京大学及其前身求学、任教。他们与百廿南大相伴而行,渊源甚深。夫人林福美是金陵女子大学校友,先后在金大、南大外文系任教。哥哥李方谟曾就读于两江师范学堂数理科。次子李正中与次媳龚秀芬20世纪50年代末先后毕业于南京大学物理系,此后一直深耕于南京大学物理系,并于1994年被江苏省教育工会评为"优秀教育世家"。女儿李正宇和女婿陈俊文也同为南京大学物理系校友,曾分别在基础物理教研室和物理理论教研组工作。侄子(李方谟第四子)李正东及其妻子王萱同于1962年从南京大学化学系毕业。外甥李苏(李方训姐姐

---

① 袁江洋等编著:《当代中国化学家学术谱系》,上海:上海交通大学出版社,2016年,第240页。

之子)毕业于金陵大学化学系,曾任化学工业部副部长。长孙女李伟(李正中长女)从南京大学信息物理系毕业后赴美留学。

1955年,李正中从南京大学物理系本科毕业后,又师从"两弹一星"功勋科学家程开甲继续攻读理论物理专业研究生,1958年毕业后留校任教。他提出了一系列在国内外学界具有重要影响的理论,如"有序—无序的内耗理论"和"极化子格林函数的研究"被列为建国10年来我国物理学的科研成就,"重费米子系统的磁输运理论"中的两项理论预言被国际上四个著名的实验室同时证实,并成功应用该理论解释了一批实验结果。他著有国内第一本《固体理论》专著,该书被指定为21世纪研究生教学用书,获国家教委优秀教材一等奖,被海外留学生视为必备的"蓝宝书"。[①] 中国科学院院士、南京大学教授冯端曾这样评价李正中:"在现今物欲横溢的社会中,一身铮铮铁骨,浩然正气,为我所景慕。李正中教授一生执教南大,著书立说,是学子的良师,是教师的楷模!"

1932年,李苏考入金陵大学化学系,1936年毕业后进入金大理科研究所化学部,师从舅父李方训攻读研究生。金大内迁后,李苏先后进入兵工署应用化学研究所、泸州23兵工厂从事毒气和防化学战的研究工作。20世纪40年代,李苏任中共边区政府在延安创办的自然科学院化学系主任,抗战期间带领化学系师生克服了药品、设备短缺的困难,成功制出TNT炸药。新中国成立后,李苏担任化工部副部长,全力谋划新中国化学工业的恢复和发展。他认为在尖端科学技术发展中,必须加速化

---

① 《物理学家李正中:将毕生心血献给固体物理和固体理论》,《现代快报》,2014年10月27日。

工新型材料的研究开发。在对东北、华北、华东地区的有关化工科研单位、高等院校、企业等进行调查后,李苏撰写了有关我国承担研制开发化工新材料的条件和技术力量的报告。依据该报告,1958 年 8 月化工部向党中央提交了《关于发展尖端科学技术的请示报告》。1960 年,李苏被任命为主管化工尖端技术的负责人,在他的组织领导下,全行业技术骨干团结奋战,取得了大量科研成果。

在李方训的一众亲属中,不乏优秀女性的身影,她们专业和家庭两肩挑,巾帼不让须眉。1925 年,李方训的夫人林福美考入金陵女子大学外文系,1949 年从美国西北大学研究生毕业回国任金大外文系教授、系主任。1952 年后任南京大学外文系教授。1959 年被评为江苏省"三八"红旗手。1979 年,林福美在患食道痉挛、进食困难的情况下,以顽强的毅力将自己讲授多年的词汇学讲稿整理、编纂成《现代英语词汇学》一书。这是我国第一部用英语编撰的词汇学专著,也是我国最早探讨外国语词汇学研究方法的专著。龚秀芬是李方训次子李正中之妻,是南京大学声学研究所二级教授。1953 年,龚秀芬以全校第一名的成绩考入南京大学物理系,1956 年提前毕业,与著名声学家吴文虬、张淑仪一起协助声学专家魏荣爵院士筹设声学专业,创办了我国第一个声学教学与科研组织——南京大学声学教研组。

自两江师范学堂至南京大学,李方训及其亲属在这里求学、成长,也在这里从教、育人。对李方训的"南大之家"来说,南京大学是其描摹人生图景、实现人生价值的理想场所。李方训的"南大之家"也见证了百廿南大以"诚"为本的传承与变迁。"南大之家"与百廿南大相伴而行,家风与校风融汇交织,密不可分。

(裴　聪　王运来)

从"自然科学座谈会"到九三学社

九三学社是我国重要的民主党派之一。其建立与发展的过程与国立中央大学密不可分。中大的教授们，一方面以文化抗战为目标，竭尽全力从事教学与科研工作，并服务当地；另一方面，关于中国出路在哪里的思索从未间断，对于时局变化和发展的关注从未停歇。

自发组成"自然科学座谈会"

机缘巧合之下，中大农学院教授梁希读到一份《新华日报》，之后每日必读，甚至到了"饭可一日不吃，《新华日报》不能一日不读"的地步。[①] 因理学院教授潘菽的胞兄潘梓年是新华社社长，潘菽、梁希等人就常去新华社听抗战形势报告，借阅进步书刊，与新华社建立了经常性联系。之后金善宝、干铎、李士豪、涂长望等教授陆续加入，甚至吸引了邻校重庆大学的谢立惠等教授和附近工厂的人员。大家渐渐形成了通过座谈会形式，讨论自然科学与抗战的关系，自发形成了"自然科学座谈会"。座谈

---

① 中华人民共和国林业部编：《中国林业的杰出开拓者——梁希》，北京：中国林业出版社，1997年，第40页。

会每两周进行一次,成员保密,有时中共南方局负责人周恩来、董必武、章汉夫、潘梓年也会参与。

经周恩来提议,《新华日报·自然科学》副刊由自然科学座谈会推举五位成员负责编辑,编者之一是梁希。梁希曾在副刊上发表《用唯物辩证法观察森林》一文。他在文中阐释:"依照自然界规律,正在腐朽的旧枝叶,早晚是要消灭的,它不过是一时苟延残喘,作最后之挣扎罢了。所以,林学家要认识树木本身的内在矛盾,把它揭露出来,应该留的留,应该剪的剪,此中没有调和妥协之可能。"①周恩来认为这篇文章是自然科学联系实际的良好开端,并称梁希是"实干家"。

1941年1月1日,国民党政府制造了震惊中外的"皖南事变"。自然科学座谈会的成员得知后义愤填膺,拍案而起,公开谴责蒋介石集团消极抗战、破坏团结的阴谋。据该年《新华日报》载:"梁金先生各捐赠抗日战士寒服款一百元。"②这里的"梁金"就是梁希和金善宝。随着形势急转直下,国统区充斥着白色恐怖,自然科学座谈会被迫走向低谷,从人数渐少到不定期聚会直至慢慢停止活动。但是,大家对自然科学座谈会的使命产生了深刻的思考:如果仅仅依靠中央大学这一地和自然科学座谈会这少数人的活动,知识分子抗战救国的夙愿难以实现,因此必须扩大范围走向社会、团结更多力量,开创新局面。

---

① 梁希:《用唯物辩证法观察森林》,《梁希文集》,北京:中国林业出版社,1983年,第94页。

② 王德滋主编:《南京大学百年史》,南京:南京大学出版社,2002年,第236页。

发起组织"民主科学座谈会"

　　1944年下半年,日寇对我国大西南地区发动新的进攻,桂林失陷,川黔吃紧。重庆科技界、文教界的民主人士既焦虑又担忧,常常聚集在一起相互探讨、交流看法。9月,国民参政会召开,中共代表林伯渠提出"废除国民党一党专政,召开各党派会议,成立民主联合政府"的主张,得到全国人民的广泛响应,同时也给国统区的民主运动指明了方向。

　　两个月后,重庆部分科技文教界人士如许德珩、潘菽、梁希、张西曼、黎锦熙、涂长望、黄国璋等,发起组织了"民主科学座谈会",主张"团结民主,抗战到底",发扬五四精神,为实现人民民主与发展人民科学而奋斗。经周恩来、潘梓年授意,自然科学座谈会的部分成员,由潘菽介绍,先后以个人身份参加民主科学座谈会,构成了该会的主体。民主科学座谈会活动地点开始主要在许德珩、劳君展夫妇家,有时也去督邮街广东酒家或别的地方聚会,中大教授潘菽、梁希、金善宝、涂长望、干铎、何鲁等是常客。后来潘菽介绍重庆大学教授税西恒加入,税西恒同时也是重庆自来水公司总工程师,出于安全和便利考虑,民主科学座谈会的活动地点遂由许家迁到自来水公司。

　　1945年8月15日,日本天皇宣布无条件投降,9月2日在投降书上正式签字。9月3日,为纪念中国人民取得抗日战争的伟大胜利,民主科学座谈会借重庆青年会会址举行庆祝活动,与会成员决定为纪念这一光辉的日子,"民主科学座谈会"正式更名为"九三座谈会",此后9月3日也被确定为中国人民抗日战争胜利纪念日。

定名"九三学社"

1945 年 8 月 28 日,毛泽东、周恩来、王若飞等中共代表团赴重庆谈判,得到了山城人民热烈欢迎。毛泽东、周恩来等在张治中将军公馆会见中大进步教授代表,应邀出席的有梁希、潘菽、金善宝、熊子容、涂长望、干铎、谢立惠、李士豪等。九三座谈会成员就战后中国时局、国共和谈、中国前途和命运等问题向毛泽东请教。毛泽东一一答复,解释共产党在抗战胜利后的路线方针政策。金善宝用"毛先生是吃惯小米的,到这里来吃大米是不习惯的",暗示毛泽东早作归计。毛泽东在会见结束时用"在爱国、民主、和平方面,我们的心是相通的"来表达对九三座谈会成员们的感谢。

9 月 12 日,毛泽东专门安排在红岩村八路军办事处会见九三座谈会的负责人许德珩、劳君展夫妇,并以延安红枣、小米等土特产相赠。毛泽东明确建议:九三座谈会应办成永久性的政治组织。当许氏夫妇担心座谈会人数太少时,毛泽东说:"人数不少,即使人数少也不要紧,你们都是有影响的代表人物,经常在报纸上发表意见和看法,不是也起很大作用吗?"[①]在毛泽东的鼓励和推动、周恩来的指导和协助下,九三座谈会于次年 2 月成立了"九三学社筹备会"。1946 年 5 月 4 日,"九三学社"在重庆正式成立。"九三"是抗战胜利的日子,有政治性;"学社"有明显的学术性,以利于团结广大知识分子参加进来。

---

① 九三学社中央研究室编:《九三学社简史》,北京:学苑出版社,1998 年版,第 40 页。

陆启大

新中国成立以后，九三学社成为接受中国共产党领导、同中国共产党通力合作的亲密友党，是中国特色社会主义事业的参政党。

（袁李来）

1949 年拒绝迁校迎解放

1948 年底,中国人民解放军在东北战场获得全面胜利。除淮海和平津两大战场仍处于对峙状态外,长江以北的国民党军队全线溃败已成定局。在此形势下,南京国民政府开始有计划地将政府机关和文教机构迁往华南地区和台湾。当时,国民党政府制定了"抢救大陆学人"计划,展开了"争取知识分子"行动,著名大学及其师生是国民党政府争取的主要对象。

"以不迁校为原则"

1948 年 12 月 7 日,教育部致函中央大学,转达交通部疏散事项。教职员疏散由交通部统一安排,疏散路线为"南京——上海——杭州——株洲——衡阳——广州——柳州"。[①] 当时时局不稳,人心惶惶,许多学生无心上课,更有甚者已提前离校。12 月中旬,中大宣布提前放假。随后,中大校长周鸿经派教授范存忠至台湾、胡焕庸至福州,另有两人至广州寻觅迁校地点,但最终都没有找到合适的办学场所。

因江南形势危急,1949 年 1 月 18 日,教育部训令中央大

---

① 《在京部属各机关学校疏散眷属办法》,《国立中央大学校刊》复员后第 58 期,1948 年 12 月 11 日,第 2 版。

学,早日疏散本校师生和图书仪器设备。1月21日,中大召开校务会议,商讨"应变"方针。校长周鸿经力主迁校,但遭到大多数教授的反对。最终,文学院提出"以不迁校为原则"并获得通过,同时大会还通过了组织全校"应变委员会案"。

尽管不迁校的原则已确定,但私下里,迁校与不迁校的斗争仍在继续。周鸿经曾利用同窗之谊游说理学院教授张江树,不曾想碰了钉子。张江树说:"你说到台湾去,条件怎么好怎么好,我可是没有脚的呀!不像你们这些坐飞机的,……将来在台湾无亲无靠,弄得讨饭都没路,我何苦去呢?"与此同时,中大地下党和新青社成员也借助师生关系,分头登门拜访著名学者教授,陈说迁校弊端,消除大家对共产党的疑虑。进步教授梁希等人也振臂疾呼,劝说学校教授反对迁校。一时间,中大校内反对迁校者占据绝大多数,反对迁校的呼声空前高涨。

"从没有校长到不要校长"

就在全校成立应变委员会之际,学校却突发变故。1月27日上午,有人发现总务长戈定邦和校长周鸿经已不见踪影,大家推测他俩已经溜走。经校长和总务长的公馆证实,此二人确已以不公开的方式离开学校。同时有人报告:主管全校学生的训导长沙学浚和主管全校教职员人事行政的人事室主任吴功贤也已多日没有到校办公。雪上加霜的是,中央银行国库局传来消息:周鸿经在离京前曾领到金圆券七千万元。于是,"周鸿经拐款潜逃"的消息迅速传遍校内。[1] 1月28日,国民党的官方报纸

---

① 凌诚:《从没有校长到不要校长——中央大学教授治校的经过》,《中华教育界》复刊第3卷第4期,1949年4月15日,第48—49页。

《中央日报》也刊登了"周鸿经携公款他往"的消息。① 变故频生，事发突然，学校顿时陷入恐慌之中，工人罢工，学生断炊。尚在学校的同学随即成立"留校同学应变会"。

1 月 30 日，中大教授会召开大会，商讨应对办法。大会决定成立"临时校务维持委员会"，选举蔡翘、梁希、胡小石、楼光来等 11 人为委员，李旭旦、张江树等 4 人为候补委员，并推举胡小石、梁希、郑集 3 人任常务委员。② 临时校务维持委员会在校长未返校前负责维持校务。在当时，教授会并非官方认定的校务咨议组织。中大由教授会选举产生"集体领导"制的临时校务维持委员会，可谓"教授治校"的特例。

不久，校长周鸿经来函请辞，中大学生得到消息后"甚表欢迎"。同时，他们也希望政府不要再派新校长，由校务维持委员会继续主持校务。当时梁希等教授也发表谈话，反对教育部委派新校长。时任代理教育部长的陈雪屏气急败坏地说："不派校长，由校务维持委员会治校，在大学史上查不出根据。"期间，陈雪屏曾邀请胡小石出任新校长，但被他婉拒。3 月 7 日，中大召开拥护校务维持委员会大会，学生代表向校务维持委员会敬献"万世师表"锦旗和"签名致敬书"。梁希代表校务维持委员会感谢师生的支持，并真诚表示，校务维持委员会将和全校师生团结在一起，战胜困难，迎接光明。中大在校务维持委员会和师生的齐心同力下，逐渐度过了最困难的日子。1949 年 2 月 7 日，中

---

① 《中大学生请愿 为了膳食问题》，《中央日报》(南京)，1949 年 1 月 28 日，第 3 版。

② 《教授会关于成立校务维持委员会的通知》(1949 年 1 月 31 日)，《南大百年实录》编辑组编：《南大百年实录 中央大学史料选 (上)》，南京：南京大学出版社，2002 年，第 532 页。

大正常开学。截至 3 月 15 日,超过 3/4 的中大师生员工选择留在南京,共渡难关,等候新政权的到来。

1949 年 4 月 21 日,毛主席发布"打过长江去,解放全中国"的命令,百万雄师过大江。23 日,解放军攻克南京。29 日,中央大学校务维持委员会发布公告,宣布该会任务结束,准备将校务移交给中共当局。5 月 7 日,中国人民解放军南京市军事管制委员会派代表接管中大。8 月 8 日,国立中央大学更名为国立南京大学。8 月 12 日,国立南京大学校务委员会成立,梁希任主席。1950 年 10 月 10 日,国立南京大学去除"国立"二字,径称"南京大学"。

1949 年,国民党政权南迁之际,大学师生的去留关涉知识分子对政权的信任与否。中大大部分师生选择留在南京,没有成为迁往华南和台湾的"流亡者",以自己的实际行动表明对共产党的欢迎与支持。

(胡天银　周　璇)

遍插红旗于西南

1949 年 4 月 23 日南京解放后，中国人民解放军第二野战军乘胜追击，继续向西南进军。为顺利接管与巩固西南政权，第二野战军组建西南服务团，国立中央大学、金陵大学及两校附属中学学生所在的云南支队正是其中的重要一支。

为解放大西南贡献青春

西南服务团成立后，由时任华东野战军副政委、南京市委副书记宋任穷担任总团长，一面从东北、华东等老解放区抽调 7000 多名干部，一面在上海、南京等地各大院校招收进步青年学生和知识分子。

筹建之初，宋任穷总团长便要求中大党组织起先锋模范作用。6 月 23 日，中大率先成立西南服务队，由李洪年、王道义、王德化等同学负责，号召有志青年参加西南服务团。随后，文昌桥餐厅四周、学生宿舍门口、学校布告栏内贴满了响应书、决心书，写着"响应党的号召，为解放大西南贡献青春！"等口号。中大川康滇黔四省同学联合会也迅速成立，号召来自西南边陲的同学挺身而出，"打回西南去，把解放的旗帜光荣地插遍故乡的原野。"

6月25日晚,中大在大礼堂召开学生大会,宗白华、何兆清等教授向学生介绍了西南地区的地理经济、民俗风情等基本状况,号召同学们为西南地区的民主革命和建设服务。6月30日,南京学联召开动员大会,宋任穷总团长做动员:"你们是解放了,可是西南人民还在水深火热之中,我们要把红旗插到大西南,我们需要你们到新区工作!"中大"校务维持委员会"主任梁希做了讲话,董俊松和邱鼎泽分别代表中大、金大参团学生表示决心。

经过广泛动员,中大、金大等校青年学生踊跃报名。根据《新华日报》发布的《南京市西南服务团通告》,南京共有1236名学生通过审查,其中中大、金大及两校附属中学学生共440人,占南京地区参团青年学生总数的1/3以上。①

次日起,西南服务团全体学员到南京驻地报到,开始为期两个月的集训。学员们听取了邓小平、张际春、宋任穷等人的培训辅导课,学习了《在延安文艺座谈会上的讲话》《论人民民主专政》《中国革命与中国共产党》等重要文献,参加了辩论会、讨论会、批判会等活动,接受思想改造。此外,学员们还进行军事训练,为接下来的行军做准备。

跋涉八千里挺进西南

1949年10月3日,宋任穷带领西南服务团云南支队从南

---

① 南京大学校友口述历史计划工作组:《1949~1952年:红色政权在云南的建立与巩固(上)——中央大学、金陵大学校友口述"西南服务团"历史》,《江淮文史》,2014年第2期。

京下关码头出发,渡江至浦口后转乘闷罐火车。闷罐车空间小,环境差。睡觉时,在车厢底垫点草,大家像沙丁鱼一样,一个个排在一起。一路上大家唱着《走向大西南》《我为谁来打仗》和俄罗斯歌曲《生活像谜一样》等歌曲。

抵达长沙后,云南支队又开始了 3000 里的徒步行军,穿越湖南、贵州、云南 3 省。沿途人烟稀少,崇山峻岭,道路泥泞,每个学生都要背负十几斤甚至更重的米袋、枪械、家什和各种物资,这对于大多来自城市、初出茅庐的青年学生来说,无疑是一次重大考验。有些学生脚底磨起了血泡,被大家揶揄为"泡兵";身上长了虱子,大家戏称是长了"革命虫""光荣虫"。有的学生路上生病或者受伤了,其他人就会主动帮他们背行李。①

为了减轻负担,学生们一路走一路"清装"。出发时,每个人都带了棉衣、被褥、盆等生活用品,到最后,一个班只留 2 个盆,棉被也是你留铺、我留盖,大家拼拼凑凑。同时,党组织还让学生进行自我检讨和自我批评,思想上不断向党组织靠拢,丢掉思想上的包袱。

一路上,云南支队严格执行"三大纪律、八项注意"等行军纪律。每到一个地方,队长先去征求百姓的意见,获得同意后才能落脚留宿;尊重当地的风俗习惯。严守纪律的云南支队赢得了西南地区人民群众的高度赞誉和盛情欢迎。

挥洒热血建设西南

1950 年初,西南服务团云南支队陆续抵滇。他们未及休整

---

① 闫峰,王兆辉:《西南服务团八千里挺进大西南》,《党史纵横》,2008 年第 9 期。

便被分配到昆明以及武定、昭通、曲靖、宜良、楚雄、玉溪、蒙自、文山、宁洱、大理、保山、丽江等 12 个专区担任党政机关骨干，参与政权接收、建设与巩固工作。

1950 年 3 月起，昆明市军管会在中共云南省委、省政府的领导下，军事接管了旧政权，开始了改造旧社会、建设新昆明的历史进程。接管之初，云南支队中大及金大的学生们多作为军事联络员，参与金融、交通、工矿等行业的接管工作。他们有的被分配到农业水利组接管云南建设厅所属的企事业单位，有的进入昆明市警察系统维持社会秩序，有的去西南革命大学云南分校接管学校，有的被派到工业接管部接管煤矿，还有人被派去财经大队银行分队接管银行……他们与反革命分子、土匪、地痞流氓等斗智斗勇，在云南当地城市政权的顺利过渡中起了重要作用。

1951 年 8 月云南正式开始土地改革。云南内地和边疆（即少数民族聚居区）实施不同的土地改革政策。在中央的领导下，西南服务团云南支队坚持"依靠贫农，团结中农，孤立富农，有计划、有步骤地消灭地主阶级"①的土改方针，组织划分阶级成分，丈量土地，没收地主财产，并将土地和地主的财产分给劳苦大众，赢得了民心。

西南服务团云南支队遍插红旗于西南，新兴红色政权在云南站住了脚跟。在西南服务团云南支队完成历史使命后，部分队员回到内地，还有部分队员选择继续坚守在当地，服务大西南

---

① 南京大学校友口述历史计划工作组：《1949~1952 年：红色政权在云南的建立与巩固（下）——中央大学、金陵大学校友口述"西南服务团"历史》，《江淮文史》，2014 年第 3 期。

建设。

2012年5月20日,南京大学110周年校庆上,中央大学、金陵大学"西南服务团"获得唯一一个"杰出校友集体奖"荣誉称号。当年的这批有志青年筚路蓝缕、披肝沥胆,用自己的青春和热血为解放和建设大西南做出了不朽的贡献。南京大学原党委书记洪银兴曾说:"西南服务团校友团队的事迹,是南京大学宝贵的精神财富。"

(裴 聪)

碧血丹心耀南雍

　　南京大学具有悠久的革命传统,始终与国家和民族同呼吸、共命运,与时代和社会同发展、共前行。在民主革命时期与社会主义建设时期,共有 57 位南大师生前赴后继、英勇献身。① 他们的革命精神,折射出南大人一个多世纪以来"爱党、爱国、爱南大"的光荣传统和家国情怀。

前赴后继

　　中华人民共和国成立以前,广大师生在同黑暗统治的长期斗争中形成了光荣的革命传统。早在"五四"运动期间,南高的进步师生在北平爱国运动的影响下,就冲出校门,走向社会,举行罢课游行,成为当时南京学生运动的主体力量。20 世纪 20 年代初期,这里曾是革命活动的一个重要阵地,南高和东大学生谢远定、吴肃、宛希俨都是南京地区早期的共产党员,为南京地区中共党、团组织的建立和发展作出了重要贡献。1923 年 8

---

① 南京大学革命烈士数据依据《南京大学大记事》《南京大学共产党人》《南大英烈》等著作及档案资料统计而来,未收录 1927 年第四中山大学合并前除东南大学之外的另 8 所高校的烈士。

月,中国社会主义青年团第二次全国代表大会在东大召开,出席这次大会的有林育南、邓中夏、瞿秋白、恽代英等30人。东大学生谢远定作为南京地区的代表出席了大会。

在中共党组织的领导下,从"五卅"运动到抗日救亡运动,师生们均表现出了高度的爱国热忱。在1931年"九一八"事变和1935年的"一二·九"运动中,国立中央大学和金陵大学的学生组织"秘密学联"领导南京大学生冲破重重阻力,英勇地投入了要求抗日、停止内战的示威游行;抗战后期,国民党的党团组织通过导师制度、日常军事训练制度加紧对校内师生的控制。中大的地下党组织在同反动势力的斗争中得到恢复与发展,成立了"救亡会""新民主主义青年社"等革命外围组织,传播革命思想,进步力量不断壮大。西迁重庆期间,以中大著名教授潘菽、梁希、金善宝等为主体的"自然科学座谈会"和"民主科学座谈会",高扬民主、科学精神,为坚持团结抗战和争取民主而奔走呼吁,不懈斗争,后来发展成为与中国共产党"肝胆相照,荣辱与共"的九三学社。

抗战胜利后,党领导人民开展了反内战、反独裁的斗争,中大的爱国学生运动进入高潮。1946年,中大师生在重庆发起"一·二五"游行大示威,这是一次反对内战、要求民主革命的运动。1947年的"五二〇"运动和1949年的"四一"运动,更是在中大地下党支部领导下结成广泛统一战线的爱国民主运动,中大的革命师生在运动中发挥了主力军的作用。尤其是"五二〇"运动,规模空前,震惊全国,同国内其他爱国民主运动汇成一股洪流,成为反对国民党统治的"第二条战线",有力地打击了国民党的统治,是南大历史上光辉的篇章。在长期的革命斗争中,南大许多共产党员、革命志士为争取人民解放事业的胜利前仆后继,英勇奋斗,甚至献出了自己的生命。他们的革命精神,值得永远纪念和发扬。

更名南京大学以后,这一崇尚真理、向往革命、献身祖国的光荣传统得到继承发扬,并不断闪烁出新的光芒。建国初期,南大师生踊跃参军、参干、参加西南服务团、抗美援朝和土地改革,表现出极大的革命热情。1976 年 3 月,南大师生率先奋起反对"四人帮",悼念周总理,这一壮举被称为"三二九南京事件",震撼全国,成为"四五运动"的先声。1978 年春,由南大哲学系教师胡福明撰写的《实践是检验真理的唯一标准》几经修改后,冲破重重阻力,以"光明日报特约评论员"名义发表,揭开了全国范围的"真理标准"大讨论的序幕。

忠魂永存

为了纪念烈士,继承遗志,发扬革命传统,在建校 80 周年和"五二〇"运动 35 周年前夕,南京大学校党委决定建立南京大学革命烈士纪念碑。这座纪念碑位于鼓楼校区北园,是南京高校中唯一在校园内树立的英雄烈士纪念碑。碑身正面刻有"革命烈士永垂不朽"八个金色大字,背面镌刻着烈士代表的姓名和简历。

根据本书编撰者的最新统计,在南京大学校史上牺牲的烈士有 57 位,绝大部分是中共党员。他们是为国家与民族奋斗终生的英雄,是为理想和大义鞠躬尽瘁的斗士。他们的名字与故事,永世传颂。兹将南京大学革命烈士简介如下,按牺牲时间排序;限于篇幅,教育经历仅写南大部分。

成　律　湖南宁乡人,1901 年生。1925 年入东大农科农艺系学习。因欢迎北伐军,反对北洋军阀,1927 年 3 月在南京牺牲。

吴光田　江苏松江人,1907 年生。1926 年由东大附中入东大政治经济系学习,因欢迎北伐军,反对北洋军阀,1927 年 3 月在南京牺牲。

刘重民　江苏扬州人,1901 年生。1922 年入金大学习。1924 年底加入中国共产党。曾任中共上海区委军事委员会书记。1927 年 4 月在南京牺牲。

文化震　贵州贵阳人,1902 年生。1922 年入东大经济系学习。1925 年加入中国共产党。曾任社会主义青年团南京市委书记。1927 年 4 月在南京牺牲。

梁　永　山东东平人,1904 年生。1925 年入东大学习。1926 年加入中国共产党。1927 年 4 月在南京牺牲。

程镛之　河南氾水人,出生年月不详。1926 年入东大体育系学习。1926 年加入中国共产党。1927 年 4 月被国民党当局逮捕后数日牺牲。

钟天樾　四川永川人,1905 年生。1924 年入东大理科学习。1926 年加入中国共产党。曾是社会主义青年团南京市委负责人之一。1927 年 4 月在南京牺牲。

宛傝俨　湖北黄梅人,1903 年生。1923 年入东大教育系学习。1923 年加入中国共产党。1925 年 1 月,中共南京党支部成立时任书记。领导了轰轰烈烈的南京人民声援上海五卅运动的斗争。曾任江西省委常委兼宣传部部长、赣南特委书记。1928 年 4 月在赣州牺牲。

谢远定　湖北枣阳人,1899 年生。1920 年入南高农科学习。1922 年加入中国共产党,1923 年 10 月南京城内第一个中国共产党党小组成立,谢远定任组长,同年 11 月,任社会主义青年团南京地委委员长。1927 年大革命失败后,任鄂北特委宣传部部长,1928 年 8 月在武汉牺牲。

齐国庆 安徽太和人,1903 年生。1924 年入东大物理系学习。1927 年加入中国共产党。曾任中共中大支部书记。1928 年 9 月在雨花台牺牲。

王崇典 安徽涡阳人,1903 年生。1926 年入东大社会系学习。1927 年加入中国共产党。曾任中共中大党支部书记、南京市委委员。1928 年 9 月在雨花台牺牲。

贺瑞麟 江苏沛县人,1906 年生。1923 年入东大附中学习。1925 年加入中国共产党。曾任中共南京市委委员兼团市委书记。1928 年 10 月在雨花台牺牲。

杜 涛 云南蒙自人,1900 年生。1923 年入东大暑期补习班补习。1926 年加入中国共产党。曾在广州农民运动讲习所学习。曾任中共滇南区委书记。1929 年 3 月在昆明牺牲。

黄祥宾 江苏武进人,1905 年生。1926 年入东大数理系学习。1925 年加入中国共产党。曾任中共中大支部书记。1930 年 8 月在雨花台牺牲。

陈景星 辽宁海城人,1908 年生。1929 年入金大理科学习。1929 年加入中国共产党。曾任中共金大支部书记,在学校积极组织反帝大同盟等活动。1930 年 9 月在雨花台牺牲。

李林泮 吉林双城人,1909 年生。1929 年入中大教育系学习。1929 年加入中国共产党。1930 年 9 月在雨花台牺牲。

石 璞 辽宁铁岭人,1913 年生。1929 年入金大物理系学习。1930 年加入中国共产党。1930 年 9 月在雨花台牺牲。

余良鳌 安徽潜山人,1881 年生。曾入两江师范学堂学习。1926 年加入中国共产党。曾在中国工农红军潜山独立师政治部任职。1930 年 9 月在安庆牺牲。

杨贤江　浙江慈溪人,1895 年生。1919 年赴南高师任教,杰出的青年运动领导人,马克思主义教育理论家。1931 年 8 月病逝于日本。1958 年浙江省民政厅追认其为革命烈士。

孙明忠　江苏武进人,1902 年生。1927 年加入中国共产党。曾在金大农场工作并从事革命宣传联络活动。1932 年 4 月在雨花台牺牲。

陈朝海　广西博白人,1908 年生。1928 年入中大教育系学习。1928 年加入中国共产党。1931 年 2 月因积极从事宣传抗日等革命活动被捕入狱。1932 年春在狱中牺牲。

杨杏佛　江西清江人,1893 年生。1920 年任南高师商科主任,后兼任东大工科主任。曾发起成立中国科学社,创办《科学》杂志。曾任孙中山秘书,南京国民政府大学院教育行政处主任、副院长,中央研究院总干事等职。曾和宋庆龄、蔡元培等发起成立中国民权保障同盟,担任总干事。1933 年 6 月在上海法租界被国民党特务暗杀。

陈垂斌　海南乐东人,1900 年生。1922 年入东大学习。1925 年加入中国共产党。"五卅运动"上海学生联合会领导人之一,曾任中共琼崖地委委员,发起组织琼崖第一个苏维埃政权——陵水县苏维埃人民政府。1933 年牺牲在琼崖。

顾　衡　江苏无锡人,1909 年生。1927 年入东大数学系学习,后转物理系。1930 年加入中国共产党。曾任中共安徽太和县委书记、南京特支书记。1934 年 12 月在雨花台牺牲。

吴致民　湖北黄梅任,1990 年生。1921 年入南高体育系学习,次年转入农科农艺系。1925 年秋加入中国共产党。曾领导南京人民声援上海五卅运动的斗争、湖北多地秋收起义。曾任中共南京地委书记、鄂东特委书记、中国革命军事委员会委员、中华苏维埃政府执行委员。1935年2月在湖北省通山县牺牲。

吴　肃　江苏如皋人，1898年生。1919年入南高教育专修科学习。1922年加入中国共产党。曾参加"八一起义"。曾任福建省委秘书长、山东省委秘书长兼宣传部长、湘赣边区特委秘书长。1939年在"平江惨案"中牺牲。

赵宗麟　四川荣昌人，1910年生。1930年入中大政治系学习。1933年加入中国共产党。1939年在中条山战役中牺牲。

马霄鹏　山东鱼台人，1903年生。1923年入东大心理系学习。1927年加入中国共产党。曾任苏鲁豫皖边区鲁西南特委宣传部部长。1939年9月去世。1941年中共中央追认其为革命烈士。

郁永言　江苏南通人，1906年生。1928年入中大经济系学习。1929年加入中国共产党。曾入延安抗日军政大学学习。曾任山东《大众日报》社通讯部部长。1941年11月在沂蒙山区牺牲。

刘惠馨　江苏淮安人，1915年生。1935年入中大电机系学习。1938年1月加入中国共产党。曾任中共湖北宜都县委书记、鄂西特委妇女部部长。1941年11月在湖北恩施牺牲。

张永昌　四川大竹人，1921年生。1941年入金大历史系学习。1946年加入中国共产党。曾负责搜集学运新闻并领导沙磁区学生运动。1941年11月在重庆渣滓洞牺牲。

侯　曜　广东番禺人，1903年生。1920年入南高师学习。全面抗战爆发后，曾编导大量抗日题材影片。1942年在新加坡被日寇以"摄制抗日影片"的罪名逮捕杀害。

李竹如　山东利津人,1905 年生。1925 年入东大附中学习,1928 年入中大政治系学习。曾任中大地下党支部书记、华北《新华日报》副总编辑、中共山东分局民运部部长、宣传部部长兼大众日报社社长等职。1942 年 11 月在崮峪反"扫荡"斗争中牺牲。

徐惊百　江苏南通人,1915 年生。1933 年入中大美术科学习。1938 年加入中国共产党。曾积极参加学生运动,随军宣传抗战。1946 年 8 月在南通病逝。中华人民共和国成立后,南通市政府追认其为烈士。

王峻昆　河南南召人,1913 年生。1937 年入中大化学系学习。1938 年加入中国共产党。积极参加抗日救亡运动,曾在中共中央机关党委工作,在大生产运动中被评为特等劳动模范。1948 年任华北大学副校长。1948 年去世。1950 年中共中央东北局追认其为革命烈士。

赵寿先　江苏扬州人,1923 年生。1943 年入中大航空工程系学习。1947 年加入中国共产党。是中大民盟负责人之一,曾任中国农工民主党上海市委青委负责人。1948 年 11 月在上海牺牲。

程履绎　湖北应城人,1921 年生。1943 年入中大物理系学习。1949 年在南京四一惨案中牺牲。

成贻宾　江苏宝应人,1927 年生。1947 年入中大电机系学习。1949 年在南京四一惨案中牺牲。

焦伯荣　江苏涟水人,1922 年生。1943 年入中大历史系学习。1948 年加入中国共产党。曾负责秘密刊物《新青联丛刊》的编辑和印刷工作。1949 年 5 月在上海牺牲。

郑显芝　广东丰顺人,1925 年生。1943 年入中大机械工程系学习。1948年加入中国共产党。曾任中国农工民主党上海市委青委副主任。1949年5月在上海牺牲。

王延曾　江苏泰州人,1926年生。1946年转学至金大农业经济系。1948年加入中国共产党。曾在中共武汉市委工作。1949年5月被国民党当局装入麻袋丢入长江遇难。

胡　南　湖南长沙人,1919年生。1938年入中大经济系学习。1938年加入中国共产党。曾任中共重庆市委妇委书记。1949年11月在重庆渣滓洞牺牲。

白深富　重庆璧山人,1917年生。1938年入中大学习。1939年加入中国共产党。曾任璧山特委委员。1949年11月在重庆渣滓洞牺牲。

韦延鸿　重庆川南人,1920年生。1942年入中大数学系学习。1948年加入中国共产党,积极投身革命运动。1949年11月在重庆歌乐山松林坡刑场牺牲。

赵晶片　重庆开县人,1917年生。1942年入中大数学系学习。1948年加入中国共产党。曾在开县中学、南开中学领导学生运动。1949年11月在重庆歌乐山松林坡刑场牺牲。

郭重学　四川宜宾人,1922年生。1943年入中大政治系学习,曾任中大学生自治会副理事长。1947年加入中国共产党。1949年11月在重庆渣滓洞牺牲。

谭讷　四川彭山人,1923年生。1943年入中大政治系学习。曾在重庆组织"四一惨案后援会"。1949年11月在重庆歌乐山松林坡刑场牺牲。

古传贤　四川隆昌人,1922年生。1945年毕业于中大机械工程系。1949年11月重庆解放前夕,为抢运国民党特务安放在兵工厂的烈性炸药、抢救电力设备,与18位护厂职工遇难。

1950年,中央人民政府授予全体殉难者烈士称号。

蔡光祖　上海崇明人,1925年生。金大园艺试验场技术员。参加西南服务团一大队,到云南后任易门县北区粮库主任,1950年4月遭土匪侵袭,被俘后惨遭杀害。

王为尧　甘肃静宁人,1927年生。中大社会系学生,青年团员。参加西南服务团一大队,到云南后任新平县南区嘎洒办事处队员,1950年4月在征粮途中遭遇土匪袭击,被俘后惨遭杀害。

唐世俭　安徽萧县人,1931年生。中大附中学生,青年团员。参加西南服务团一大队,到云南后任通海县三区征粮工作组组长,1950年4月与土匪搏斗中牺牲。

张世藩　陕西永寿人,1922年生。金大农业专修科学生。参加西南服务团一大队,到云南后任晋宁县六街区工作队员,1950年5月遭土匪袭击,被俘后惨遭杀害。

董俊松　四川垫江人,1925年生。曾任中大学生应变会主席,"四一"南京全市学生游行队伍总指挥。西南服务团一大队,到云南后任川江县台桥区征粮工作队第一分队长,1950年5月在川江剿匪中牺牲。

苏有能　河南永城人,1926年生。中大教育系学生。曾参加中大反迁校反破坏护校斗争。西南服务团一大队,到云南后任澄江县阳宗区副区长兼草甸片区工作组长,1950年5月被当地反革命分子杀害。

丁　文　安徽怀宁人,1926年生。中大边政系学生,青年团员。参加西南服务团军大一团,到云南后任曲靖县一区武工队队员,1950年11月在剿匪斗争中牺牲。

殷启辉　江苏镇江人,1926年生。1944年入中大学习。

1946年加入中国共产党。曾在南京、台湾从事地下革命工作。1952年在台湾桃园县牺牲。

陈万里　福建安溪人(华侨),1936年生。1958年入南大中文系学习。1959年7月在扑灭鼓楼校区东大楼火灾、抢救国家财产中牺牲。中共南京大学委员会追认其为中共正式党员。2019年,南京大学文学院党委成立"陈万里党支部"。

南大烈士中有多位在雨花台牺牲,2014年12月,习近平总书记视察江苏期间,就传承和弘扬"雨花英烈精神"号召全党和全国人民,他指出:"他们的事迹展示了共产党人的崇高理想信念、高尚道德情操、为民牺牲的大无畏精神。要注意用好用活丰富的党史资源,使之成为激励人民不断开拓前进的强大精神力量。"

英烈不朽,忠魂永存。南大英烈们将青春与热血谱写进中华民族前行的征程中,他们的事迹与精神永世流芳。

(胡天银)

赵忠尧战胜险阻回大陆

赵忠尧(1902～1998),浙江诸暨人。1948 年当选为中央研究院院士,1955 年当选为中国科学院学部委员(院士)。1920～1924 年就读于南京高等师范学校数理化部,1925～1927 年就读于国立东南大学并任助教;1945～1948 年任国立中央大学理学院物理系主任;新中国成立后,曾任原子能研究所副所长,中国科学院高能物理研究所副所长。是人类物理学史上第一次发现正电子、反物质的科学家,我国原子核物理、中子物理、加速器和宇宙射线研究的先驱者和奠基人之一。

诺贝尔奖的遗憾

1927 年,赵忠尧自费到美国加州理工学院深造,师从诺贝尔物理学奖得主密立根(Robert Andrews Millikan)。一开始,对于导师交给的光学实验课题,赵忠尧觉得过于简单,要求更换课题。这种行为在学生中十分少见,经过考虑,密立根决定让他做"硬 γ 射线在物质中的吸收系数"测量。正是这次的课题转换,为赵忠尧打开了人类新发现的大门。

研究中,赵忠尧让 γ 射线穿过各种物质,他发现当 γ 射线穿过重元素时,被吸收得很厉害,这一奇特现象虽暂未找到原因,但赵忠尧敏锐地意识到这是一种新的物理现象。随着进一步实验,赵忠尧又发现在 γ 射线被强吸收的同时,还出现了一种特殊的光辐射,当时的理论也无法解释。实际上,他发现的"特殊辐射"是人类历史上首次观察到正负电子对的湮灭辐射。赵忠尧也因此成为世界上第一个发现反物质和正电子的科学家。赵忠尧的实验震惊了物理学界,此后许多科学家都踏上了寻找正电子之路。

1932 年,安德森(Philip Anderson)发现了正电子,并以此成果获得了 1936 年诺贝尔物理学奖。赵忠尧的发现是安德森成就的基础,安德森本人在 1983 年出版的一本著作中公开承认,他的实验受到了赵忠尧实验结果的直接启发。

几个月后,布莱克特(Patrick Blackett)与奥基亚里尼(Giuseppe Occhialini)又发现了更多的正电子,并对正负电子对产生与湮灭的机制做出了合理解释(布莱克特由此获得 1948 年的诺贝尔物理学奖)。然而,这两位科学家在论文引述时出现了不该有的低级错误。在引述的三篇文章中,他们竟把赵忠尧1930 年发表的重要成果注释成了 1931 年,这一时间标注上的错误,导致赵忠尧的发现不再领先于其他两篇文章,混淆了当时物理学界的视听。[①] 由于诸多因素,赵忠尧与诺贝尔物理学奖擦肩而过,这成为赵忠尧的遗憾,也成为诺贝尔奖的遗憾。

第一个看到"蘑菇云"的中国科学家

1946 年 6 月 30 日,美国在太平洋比基尼小岛上试爆一颗

---

① 段治文、钟学敏:《核物理先驱:赵忠尧传》,杭州:浙江人民出版社,2007 年,第 72 页。

原子弹，以验明它在海上作战的强大威力。事前，美国邀请反法西斯战争的中、苏、英、法四大盟国派代表前往参观。当时的国民党政府无意、也无力研究核武器，对"邀请"也就不闻不问。后经中央研究院总干事萨本栋的多方游说，才勉强同意派人去参观考察。于是，萨本栋推荐老朋友赵忠尧（时任中大物理系主任）前去。赵忠尧在主持中大物理系工作期间创办了原子核研究室，这次能赴美参观考察，真乃天赐良机。他认为中国要生存"不挨打"，必须发展自己的核科学。抵美后，他以观察员的身份登上"潘敏娜"号驱逐舰，在离比基尼岛约 28 公里的海面上观察。当一团耀眼的闪光过后，他紧张地目测数据并记入脑中。为了发展中国的核科学，他决定暂时留在美国做些研究工作。

"我回大陆之意已决"

赵忠尧在美国秘密地活跃在熟悉的师友间，获取有关加速器的设计资料，对于一些国内无法制造的精密部件则设法在美国秘密定制。这时，萨本栋秘密汇来 12 万美元，而订购一台加速器要 40 万美元，美国还严禁出口，这就难上加难了。幸好加速器的发明者劳伦斯（Ernest Lawrence）非常欣赏赵忠尧的才能，出重金聘用他，有意安排他多接触实验设备和有关图纸。不久，美国原子能委员会下令"一切外籍人必须离开核物理实验室"。于是，赵忠尧只得在纽约等地的科研机构当个"临时工"。

1950 年初，赵忠尧完成了预期计划，打算回国。但国际形势发生了变化，中美已不通航，大陆学者借道香港回国也受阻。历经坎坷，5 个月后他才得到香港过境许可证，踏上返回祖国的航程。不想,8 月 29 日美国"威尔逊"总统号正要启航,联邦调查局突然上船检查,目标当然是冲着赵忠尧来的,但几十箱器材、资料都翻遍了,并未发现他们所需要的,只好放行。其实,赵忠尧早作了应变之对策,将一些重要器材和资料分期分批设法带回中国,又把其他零件拆散打乱了任意堆放装箱。当"威尔逊"总统号途经日本横滨,驻日美军最高司令部突然上船逮捕了赵忠尧,将其秘密关入东京巢鸭监狱(Sugamo prison)。消息一经披露,立即引起世界舆论的强烈抗议。这时,台湾大学校长傅斯年打去急电:"望兄来台共事,以防不测。"赵忠尧回电说:"我回大陆之意已决!"

1955 年,赵忠尧用带回的器材和零件,主持建成了我国第一台质子静电加速器,并进行了原子核反应的研究。9 年之后,我国自制的原子弹试爆成功,"蘑菇云"在祖国大西北升空。

赵忠尧一生坚定爱国信念,赴美留学时,为习得更多实验技术回国运用,主动提出更换课题。在见证原子弹爆炸后选择留美工作,也是为发展中国的核事业,时机一成熟便冲破重重阻碍毅然回国,为中国核物理事业呕心沥血,是一位伟大的爱国物理学家。

(袁李来　王天祥)

高济宇的特殊党费

高济宇(1902～2000),河南舞阳人。1931 年获博士学位,自美回国后历任国立中央大学化学系主任、理学院院长、教务长,南京大学理学院院长、教务长、副校长,中国化学会副理事长。1980 年当选为中国科学院院士。

"您放下吧,我慢慢地填"

20 世纪三四十年代,国民党可能是自知不得人心,所以在中大公开的活动并不多。他们很希望发展著名教授入党,有时硬是想把人拉入国民党内。中大迁川后,历史学家郭廷以做了国民党的中央大学区党部书记。高济宇和郭廷以是舞阳"小同乡",私交颇深。一天,郭给高济宇送来一张《国民党党员登记表》让他填写,高济宇笑着说:"你们革命已经成功了,还要我干什么?"郭将表格塞进高济宇的抽屉转身就走,弄得高济宇摇头直笑。过后高济宇再也没翻动那张登记表。

后来数学系教授周鸿经做了训导长(后做校长),又送表格让高济宇填,"竭诚欢迎"他加入国民党的行列。高济宇实无此兴,可"盛情难却",又不便像对小同乡那样对他开玩笑,于是便给了他个台阶,答应道:"您放下吧,我慢慢地填。"后来,连高济宇自己也不知道把那张表格丢到哪里去了。那时，教师们确实不以加入国民党为荣。早在高济宇在伊利诺伊大学读书时，他的几个同窗是国民党"资助"留学的党员学生，可是他们不敢声张，更不敢"炫耀"。因此，他们的"庐山真面目"是后来才为大家所认识的。

当然，高济宇讨厌的是加入国民党，而对共产党他早就心向往之，建国后对共产党则有了更深的了解和热爱。1956年3月，他同校长潘菽、中文系主任方光焘、外文系副主任陈嘉以及地质系的主任徐克勤、副主任张祖还、教授李学清一起，成为南京大学第一批加入中国共产党的高级知识分子。后来高济宇还当选为中共江苏省委委员。

甘做无名"打虎者"

1958～1978年期间（"文革"期间一度中断），高济宇承担过代号为"01""03"的两个国防科研课题。该课题任务重、时间紧、要求严、保密性强，当时定为国家"绝密"项目，有关研究成果自然不能公开，就连实验报告都不允许留副本。有些科学工作者不愿参与这一课题，当时在内部还流行这样一种说法：与其一辈子同他人联手打死一只"老虎"（意指国防科研大项目），不如每年独自拍死几只"苍蝇"（即普通民用科研项目）。可是，高济宇却认为，如果大家都这样想，国防科研谁去搞？祖国靠谁去保卫？何况，国防系统中已有那么多人正默默无闻地从事着科研工作，他们又是为了什么？说什么"老虎""苍蝇"，不就是名和利吗？

高济宇毅然中断了精研20余年的有机化学的相关研究，带领一班又红又专的人才，承担起直接向中央负责的某项国防科研课题。就这样,他们一干就是 10 多年,默默地做出了大量却不能公开的成果。那时,同行们都为正值学术黄金期的高济宇的悄然"隐退"大惑不解,为他在有机合成领域出现了研究"空白"而深表惋惜,可高济宇仍若无其事地秘密进行着国防科研工作。对于这段特殊的经历,高济宇从来没有后悔过。他认为,科研不是为个人的,不是求取名利的敲门砖,当年自己学科学就是为国为民,所以,为了国防事业去做"归隐"的"打虎者",实在是一生之大幸!

九千块党费与一万元捐款

"文革"期间,高济宇被扣上"反动学术权威"和"大地主"的帽子送到农场劳动,一家人被迫从资深教授住的小洋楼里搬到丹凤街一间带有"牛棚"性质的"家"里。这位一级教授的工资也被"造反派"从 330 元"砍"到 60 元。当时,靠这每月领取的 60 元钱要维持一家四口人的生活。高济宇夫妇及高的胞姐均届古稀之年,父母双亡的小孙女刚进小学,生活相当拮据,有时竟不得不变卖旧衣服度日。熬了整整三个冬夏,1971 年高济宇被"解放",补发了 9000 余元工资。9000 元,在当时对谁来说都是一个大数字,对高济宇一家来说,那真是雪中送炭呀! 当 9000 多元的支票送来时,高济宇却坚决要把这笔钱作党费上交。组织上了解他们的情况,劝他考虑考虑,他决然回绝,动情地说:"我相信党,有党我就有了一切!"

对于在"文革"中受到的不公正待遇,高济宇周围的人极少听他说过埋怨话,相反他却常劝别人说:"一个国家也像一个家庭一样,难免会出现矛盾和问题。人嘛,总要向前看,不能再对已经解决了的问题说三道四,耿耿于怀。这个道理就像一个孩子不会因为被父母误打了一巴掌而记仇一样简单。"如果说他还有怨言的话,那就是他会经常向来访者痛心地述说同一件事:"造反派真是不懂事,他们怎么能把周总理给我的任命状弄丢呢!那是总理发的呀!真让我抱憾终生!"

1998年夏,长江流域发生了百年罕见的特大洪水。躺在病床上的高济宇从家人的读报声中获悉灾情之后,忧心如焚。他对家人说:"我们应捐些钱,捐得少了不能表达我们的心意,捐得多了咱家捐不起。这样吧,大家凑凑,咱家就捐一万元吧。"就这样,高济宇一家捐出了全校师生员工当中第一笔、也是最大的一笔救灾款。

细数高济宇一生的点点滴滴,从少年时立下的科学报国志向,到留美学成后的毅然回国,从对国民党的嗤之以鼻,到对中国共产党的心驰神往,从甘愿默默无闻从事国防科研任务,到"文革"平反后毅然捐出补发工资,其中饱含高济宇对国家、对党深沉的爱。

(王运来　王天祥)

跳动在美国腹地的"中国文心"——聂华苓

聂华苓（Hualing Engle，1925～　　），湖北应山人。1948 年毕业于国立中央大学外文系。1964 年旅居美国，在爱荷华大学任教。因创办国际作家写作室，被称为"实现国际合作梦想的一个独特文学组织的建筑师"。

"你们可以抓我，却不能剥夺我写字的权利"

1949 年，聂华苓举家迁往台湾，当时她急需找一份工作养家糊口。恰好此时胡适要发行《自由中国》杂志，于是自幼喜欢写文章的聂华苓决定前去应聘。在好友李中直的引荐下，她顺利成为《自由中国》半月刊文艺专栏的主编。《自由中国》创办之初，编辑部挤在主编雷震家玄关右边的一个小房间里。不久之后，聂华苓就开始用本名写散文和短篇小说。雷震"慧眼识英雄"，看到聂华苓的文章后，便请她相继担任文艺编辑和编辑委员。在《自由中国》工作的 11 年里，聂华苓如鱼得水，她的个性受到尊重，创作激情得以挥洒。

随着影响力的提升，《自由中国》和国民党当局的冲突不断加剧，编辑部的压力也越来越大。1954 年，由于刊登了一篇主题为抢救教育危机的文章，雷震直接被开除国民党党籍。蒋介石七十大寿时,《自由中国》连发 7 版文章批蒋,轰动一时,触怒了当局。随后,雷震与三个同事突然被捕,杂志被当局禁止发行,聂华苓也受到严密监视,面临着随时被逮捕的危险。活在"下一个就是她"的阴霾中,聂华苓仍无比倔强地说:"你们可以抓我,却不能剥夺我说话写字的权利!"当时人人自危,聂华苓依旧笔耕不辍,写下了《翡翠猫》《失去的金铃子》等小说。

"国际写作计划"

1964 年,聂华苓和保罗·安格尔(Paul Engle,1908～1991)结婚后从台湾来到美国生活。1967 年的一天,她和丈夫在爱荷华河上划船,看着从密西西比河流过来的水汇聚于此,聂华苓突然萌生一个念头——她想让来自各个国家和地区的写作爱好者相聚于此,一起交流,碰撞出思想的火花。丈夫保罗一直全力支持聂华苓的写作事业,虽然他担心这个想法尝试起来会很困难,但最终还是决定和聂华苓一起实施。

于是,"国际写作计划"(International Writing Program)这个组织就此诞生。这是文学史上难能可贵的一幕,也是聂华苓事业上浓墨重彩的一笔。聂华苓先是争取到了爱荷华大学(The University of Iowa)的支持,接着到处写信、拜访,最终募得 300 万美元作为基金。"国际写作计划"吸引了许多国家的作家来到爱荷华。聂华苓为作家们提供免费的餐食住宿,让他们不需要为生计发愁,也不用承受按时交稿的压力,只要随心所欲地交谈、思考、生活就好。在这样自由的氛围里,具有不同文化背景的作家们,激烈地讨论文学作品,碰撞文学创作的灵感和火花。

1978年,聂华苓访问中国大陆。次年,她与保罗在"国际写作计划"中发起了"中国周末"活动,邀请中国大陆作家赴美。借助这个机会,聂华苓结识了丁玲、汪曾祺、余光中、北岛、莫言等中国作家。聂华苓虽然身在大洋彼岸,却一直和中国文化保持着联系。当来访作家围坐于餐桌旁时,她用特色中餐招待他们,与他们畅谈中国文学。汪曾祺后来评价聂华苓时曾说:"虽然在美国20年,但她从里到外都是中国人。"

在运营"国际写作计划"的过程中,聂华苓创建了作家间一种独特的交流方式,她也由此找到了自己的精神家园。据统计,先后共有来自150多个国家和地区的4000余名作家、诗人参与到"国际写作计划"中。为顺应时代的发展,2014年以来,"国际写作计划"开始为世界各地的作家和诗人提供在线课程。如今,90多岁高龄的聂华苓虽已从"国际写作计划"中退出,但她仍然在这个组织担任顾问,持续关注世界文坛的发展。

提名诺贝尔和平奖

"国际写作计划"项目和诺贝尔奖有着一定的渊源。一方面,从项目中已经走出了两位诺贝尔文学奖得主:土耳其作家帕慕克(Ferit Pamuk)和中国作家莫言;另一方面,作为发起人的聂华苓夫妇也曾被提名诺贝尔和平奖。

20世纪后半叶,在充满对峙与斗争的国际关系格局中,"国际写作计划"发挥的作用尤为引人关注。为褒奖聂华苓夫妇对促进国际文化交流作出的贡献,1976年,300多名作家联名推选他们夫妇二人为诺贝尔和平奖候选人。虽然最终没有获奖,但这已经是对他们为"国际写作计划"所做努力的肯定,聂华苓也因此成为第一位获诺贝尔和平奖提名的华裔女性。

（谢　雯）

"洋贵妃"的中国情

魏莉莎(Elizabeth Walczak，1951～)，美国人。1979～
1981 年在南京大学进修汉语和中国戏剧，其间因成功演绎京剧
《贵妃醉酒》中的杨贵妃，获得"洋贵妃"雅号。曾任夏威夷大学
戏剧系教授。是英语京剧的开创者，京剧国际化的推动者。
2019 年获第七届"中华之光——传播中华文化年度人物"奖。

"洋贵妃"

1979 年，作为中美建交后美国第一批来华留学生，魏莉莎
来到南京大学学习。一次偶然的机会，魏莉莎在观摩了京剧演
出后，被京剧的唱腔和舞台表演深深地吸引。在时任南大校长
匡亚明的支持与帮助下，魏莉莎来到江苏省京剧院学习京剧，拜
著名艺术家、戏剧大师梅兰芳的嫡传弟子沈小梅为师。在沈小
梅的精心指导下，魏莉莎练习眼神、跑圆场等京剧基本功，并且
学到了不少京剧理论知识。魏莉莎坦言，当初在京剧学习上，她
得到了许多当地演员的支持帮助，并且收获了宝贵的友谊。"过
了几十年，他们成为我人生中最好的朋友。"

之后，魏莉莎开始学习梅派名剧《贵妃醉酒》。南京的冬天
很冷，魏莉莎常常练习到脚部失去知觉。"泡一杯茶暖身，练一

会儿发现茶都结冰了。"正是凭着这份专注和刻苦，魏莉莎在练习几个月后成功出演了《贵妃醉酒》。金发碧眼的魏莉莎将杨贵妃醉酒时复杂而矛盾的心理刻画得细致入微，获得了现场专家和观众的一致好评，被大家誉为"洋贵妃"。

用英语唱京剧的美国人

结束在南大的学习后，魏莉莎回到了母校夏威夷大学，完成博士论文《京剧听觉表演艺术》，毕业后留校任教。此前，夏威夷大学戏剧舞蹈系的学生都是表演日本戏剧，在魏莉莎开课后，学生开始学习新的剧种——京剧。每隔四年，魏莉莎都会专程到南京邀请沈小梅赴夏威夷授课。每次她都会提前把剧本翻译好，并为学生募捐到服装、道具等费用。学校先后排演了全本的《凤还巢》（1984～1985）、《玉堂春》（1989～1990）、《沙家浜》（1993～1994）、《四郎探母》（1997～1998）、《秦香莲》（2001～2002）、《杨门女将》（2005～2006）、《白蛇传》（2009～2010）和《穆桂英挂帅》（2013～2014），剧目都是由沈小梅亲自挑选的。

1991年，魏莉莎携英语京剧《玉堂春》回到中国，相继在上海、南京、无锡等地演出。魏莉莎一行58人，其中演员51人，都是夏威夷大学戏剧舞蹈系的学生。魏莉莎致力于将英语京剧搬上西方舞台。2010年《白蛇传》在夏威夷剧场上演，表演中穿插了一些美式的动作与幽默，这让西方的观众更容易接受京剧。在魏莉莎多年的努力下，京剧虽不算家喻户晓，但受到越来越多外国人的青睐。此外，夏威夷及西方的报刊传媒在提到京剧时不再用"Peking Opera"，而是直接用汉语拼音"Jingju"代替。

"推动中美文化交流是我毕生的事业"

为了把在中国家喻户晓的传统戏剧《秦香莲》搬上美国舞台，魏莉莎在 2000 年开始翻译剧本。2001 年，她开始组织学生排戏。58 名剧组人员，除 11 名是来自日本、韩国、印度等国家的留学生外，其余全是美国人。她像当年沈小梅那样，严格要求学生。经过半年的刻苦排练，《秦香莲》在美国夏威夷正式公演。演出 10 场，场场爆满。2002 年，他们一行来到南京演出，同样引起了轰动。沈小梅看了演出后高兴地说："他们演得非常成功！"时任南京大学校长蒋树声认为英语京剧《秦香莲》是"上世纪在南大校园盛开的花朵结在异乡的硕果"，[①]高度赞扬魏莉莎校友为推进中美文化交流所做出的努力。

为传播京剧文化，魏莉莎潜心研究中国戏剧大师梅兰芳、曹禺、老舍等人的戏剧理论，结合自己的实践，在美国出版了专著《京剧听觉艺术》。1979 年至 2011 年，魏莉莎每年都会来中国调研，观察新京剧和新昆曲的策划、排练和评估过程，并进行细致的采访和记录。多年的观察和反思使她对中国的戏曲改革与创作有了进一步的理解。基于新的想法和体悟，她打算就中国戏曲这一主题再写一本书，希望以一个"外人"的身份，从"外面"往戏曲"里面"看，为中国戏曲事业贡献力量。魏莉莎说："推动中美文化交流是我毕生的事业。我将永远这样做下去。"

（谢　雯）

① 《"洋贵妃"的中国情结——记留学生校友魏莉莎博士》，《人民日报》（海外版），2002 年 11 月 5 日，第 7 版。

享誉外交界的南大人

"使于四方，不辱君命。"孔子在《论语》中如此描述外交官。外交工作在我国有着悠久的传统，"晏子使楚""苏秦合纵""苏武持节"等都是我们耳熟能详的历史故事。而今，无论世界格局如何演变，我们始终能在国际舞台上看到中国外交官坚持中国正义立场，维护国家利益，不卑不亢、纵横捭阖的身影。这一光荣的群体，被我们崇敬而亲切地称为"文装解放军"。[①]

在 2021 年 3 月举行的中美高层战略对话中，面对美方的频频挑衅，中共中央政治局委员、中央外事工作委员会办公室主任、博士就读于南京大学的杨洁篪严厉抨击道："美国没资格居高临下对中国说话，中国人不吃这一套。"1992 年毕业于南大外文系、现任中华人民共和国外交部部长助理华春莹在外交部例行记者会上，形象靓丽，不怒自威，绵里藏针，金句频出……

他们代表着中国外交官的精神风貌，沉稳坚毅，见招拆招，开口言之有物、持之有故、掷地有声，在国际舞台上尽显中国人的锐气、底气与豪气。胸怀祖国、兼济天下的情怀，令行禁止的操守，甘守静笃的精神是他们身上闪光的标签。

[①] 中共江苏省委宣传部等编：《纪念周恩来同志诞辰 110 周年研讨会论文选编》，北京：中央文献出版社，2008 年，第 397 页。

捭阖纵横五大洲

1971年10月25日,第26届联合国大会决定恢复中华人民共和国在联合国的一切合法权利,承认中华人民共和国政府代表是中国在联合国的唯一合法代表。这标志着中国人民从此重新走上联合国舞台。50多年过去,中国的综合国力今非昔比,中国外交官在涉外发言时越来越有底气,支撑他们的是中国日新月异的软硬实力。时至今日,出任联合国副秘书长的9位中国外交官中,南京大学校友占1/3,分别是第二任联合国副秘书长毕季龙、第三任联合国副秘书长谢启美和第七任联合国副秘书长沙祖康。有人笑称"三分天下,南大有一"。他们向世界讲述中国故事,让世界听到中国声音。

无论国际局势如何波诡云谲,新中国外交事业薪火相传。许多人都知道,众多知名的中国外交官都是从南京大学及其前身中走出来的。例如曾任中共中央政治局委员、中央外事工作委员会办公室主任杨洁篪,3位联合国副秘书长,现任外交部副部长华春莹以及多位总领事等高级别外交官。南大外文系(现称外国语学院)86届本科毕业生中有6人作为国家主席的代表出使海外,成就了"一届六大使"的佳话。他们妙语连珠,言辞犀利;他们有理有据,字字铿锵;他们有着极高的综合素质,一言一行尽显大国风范;他们在国际舞台上阐发中国声音,捍卫国家利益和民族尊严。他们奉行外交人员"忠诚、使命、奉献"的核心价值观,成为长期活跃在中国外交界的"南大天团"。

南京大学部分外交官校友

姓名	主要经历	毕业院系
杨洁篪	曾任中共中央政治局委员、中央外事办主任、外交部部长	博士毕业于南京大学历史系
毕季龙	联合国原副秘书长	1936 年毕业于中央大学财政系
谢启美	联合国原副秘书长	1947 年毕业于中央大学数学系
陈来元	前驻莱索托大使、前驻纳米比亚大使	1964 年毕业于南京大学外文系
马灿荣	前驻德国大使、外交部原部长助理	1969 年毕业于南京大学外文系
沙祖康	联合国原副秘书长	1970 年毕业于南京大学英语系
叶 皓	前驻阿尔巴尼亚大使、前驻斯洛文尼亚大使	1982 年毕业于南京大学历史系
徐 步	前驻东盟使团大使、前驻智利大使	1984 年毕业于南京大学外文系
成竞业	前驻澳大利亚大使、前常驻联合国维也纳办事处和其他国际组织大使	1985 年硕士毕业于南京大学历史系
杨万明	驻巴西大使、前驻智利大使、前驻阿根廷大使	1986 年毕业于南京大学外文系
齐大愚	驻匈牙利大使	1986 年毕业于南京大学外文系
欧箭虹	驻萨尔瓦多大使	1986 年毕业于南京大学外文系
杨 健	前驻文莱大使	1986 年毕业于南京大学外文系
王玉林	前驻厄瓜多尔大使	1986 年毕业于南京大学外文系
沈智良	前驻玻利维亚大使	1986 年毕业于南京大学外文系
王雪峰	驻博茨瓦纳大使、前驻萨摩亚大使	1988 年毕业于南京大学外文系
范 勇	驻亚美尼亚大使	1991 年毕业于南京大学外文系
华春莹	外交部副部长、新闻司司长	1992 年毕业于南京大学外文系
张 润	驻多米尼加大使	1994 年毕业于南京大学外文系

注：特命全权大使，简称大使，是最高一级的外交代表，由中华人民共和国主席任命；未标明学历者皆为本科。

一生奔波毕季龙

毕季龙,江苏仪征人,中央大学财政系 1936 届毕业生。1979 年至 1985 年任联合国副秘书长。他一生为中国外交奔走。1950 年,朝鲜战争爆发后,毕季龙入朝担任中国人民志愿军新闻发布官。在此期间,毕季龙以纸笔为枪炮,撰写文稿、研究局势。面对枪林弹雨,他毫不退缩,频频奔走于战斗前线,在美军的狂轰滥炸下穿越封锁线,出色地完成了各项任务。在停战谈判期间,毕季龙调任中国人民志愿军代表团参谋处处长,负责更为艰巨的谈判工作。谈判前,毕季龙事先搜集了大量美方违约的证据,加之丰富的留美经历、英语表达流畅,在与美方人员唇枪舌剑交战时,他有理有据、尖锐犀利,经常批得对方哑口无言。他出色的表现令对手都为之折服,美军人员多次称赞他是不可多得的人才。从朝鲜回国后,毕季龙先后参与了多次重大外交活动,无论压力多大,他总是展现出饱满的热情与活力,耐心细致、镇定自若的风格也给人留下深刻印象。因此,1979年首任联合国副秘书长唐明照任期满时,毕季龙凭借丰富的外交阅历、渊博的学识和谦和的态度,成了理想的继任人选。

毕季龙在联合国工作期间,主管技术合作与发展部工作。当时,该部门成立不到一年,各项事务极不完善。作为联合国向发展中国家提供技术援助的部门,技术合作与发展部对第三世界国家的发展尤为重要。在任的六年时间里,毕季龙风尘仆仆、尽心尽责,奔波于亚、非、拉美各国,先后访问了六七十个国家。

毕季龙的夫人胡济邦也曾是中大的学生,后来成为一名充满传奇色彩的女外交家和知名记者。胡济邦掌握多种语言,能熟练地同采访对象流畅交流,给各国领导人留下了深刻印象。二战期间,胡济邦是唯一一位采访过所有同盟国领袖的记者。

守正出奇谢启美

谢启美,江苏常州人,中央大学数学系 1947 届毕业生。曾任教于中央大学、清华大学。1985 年至 1991 年任联合国副秘书长。1985 年,谢启美接管技术合作促进发展事务部时,由于发达国家不愿捐款,部门财政正面临巨大亏空,部门内人心涣散。谢启美求真务实、客观冷静地分析局面,迅速制定了几项切实可行的整改措施,很快,内部问题得到明显改善。工作中,谢启美发现有些项目进展不顺,便亲自带队赶往现场,凭借深厚的理科专业背景,迅速判断项目出现的问题,并即刻着手解决,技术难题迎刃而解,经济效益也不断提高。谢启美在任 5 年多,该部由最初亏空 870 万美元到盈余 1000 多万美元。[①] 后来谢启美结束联合国的工作,返回祖国后,联合国出版的《技合部新闻》专门刊文,肯定了谢启美 5 年多来的成绩:"谢先生的管理才能和精确的判断力对于技合部的发展至关重要。在他来到技合部时,正面临赤字和处理削减 1/3 雇员及其一系列遗留问题。在他的领导下,技合部在财政和机构功能上出现了转机。此外,谢先生的部门和他在多边技术合作中所采取的沉着、冷静、有原则和鲜明的态度,使得他在高级的联合国会务上受到了大家的尊重。"

---

① 李同成、蔡再杜主编:《中国外交官在北美、大洋洲》,上海:上海人民出版社,2005 年,第 25 页。

为何南京大学能走出如此之多出色外交官？谢启美在2002 年南京大学百年校庆时动情地说："在母校,我学到了很多知识,受益很大,可是影响最大的还是母校的精神,……一个大学能否取得大的成就,最根本的一个是求实精神、一个是创新精神,而母校长期以来实际上以这两条作为建校的基本精神。……纵观各个很有成就的校友,多半是坚持了这两条。"

"常胜将军"沙祖康

沙祖康,江苏宜兴人,1970 年毕业于南京大学外文系,随后进入外交部工作。2007 年至 2012 年任联合国副秘书长。与大多数联合国副秘书长儒雅随和的形象不同,沙祖康强势、豪放的作风令人印象深刻。2001 年,沙祖康出任中国常驻联合国日内瓦办事处及瑞士其他国际组织代表。面对英国大使"大英帝国对中国的人权情况表示非常关切"的傲慢言论,他毫不客气地说："我一看见你这张脸就想起了鸦片战争。你强行占领香港多少年,从来没有搞过任何选举,这样的国家哪有资格指责中国的人权?"2004 年,沙祖康作为中国代表团团长在联合国第 60 届人权会上就美国代表攻击中国人权状况进行即席答辩。他指出："我们对美国代表团的无端指责并不感到奇怪。奇怪的是,他对自己国家和在国际上侵犯人权的行为只字不提,仿佛美国是世界上的楷模。事实上,美国以种族歧视、警察暴力、虐待囚犯闻名于世,可以说打破了世界纪录。……我们建议美国自己照照镜子。虽然中国并不富裕,但愿意向美国免费提供一面镜子。"他讽刺道："但是我们建议你们睡觉之前最好不要看,因为睡觉之前看了后,晚上可能会做噩梦的。"有人认为沙祖康太过张扬,有人则称赞他是性情中人。但从没有人否认,在没有硝烟的外交战线,沙祖康是一位"常胜将军",他总能辩倒对手,让中国人扬眉吐气。此外,沙祖康的夫人刘谨凤也是南京大学校友。刘谨凤曾任中国驻韩国釜山总领事、驻日内瓦公使衔参赞、驻印度大使馆参赞等职,同样为中国外交事业做出了不小的贡献。

(王天祥　周　璇)

中国首位女舰长韦慧晓

韦慧晓,1977 年出生,广西百色人。1996～2000 年就读于南京大学大气科学系,获学士学位。2012 年从中山大学地球科学系博士毕业,同年特招入伍,成为我国航母"辽宁舰"上首位女博士军官。2017 年 9 月被任命为郑州舰副舰长,现任"绍兴"号导弹驱逐舰舰长,是我国海军首位女舰长。

不待扬鞭自奋蹄

韦慧晓在南京大学度过的大学四年,待人接物真诚温和,给人十分舒服的感觉。当时她受同学们推选担任年级支部书记。韦慧晓容貌姣好,气质出众,曾担任南京大学礼仪队队长。1998 年 10 月,美国前总统老布什访问南京大学并被授予名誉博士学位,韦慧晓是负责献花的学生代表。她用流利的英语向老布什表示祝贺,老布什与之亲切握手,夸她是位"美丽的姑娘"。

韦慧晓骨子里有着勇于尝试新鲜事物的个性与韧劲,对于真正热爱的事情,她认准了就果断去做。2000 年,23 岁的韦慧晓从南大毕业后,入职深圳华为公司,先后任公司高级副总裁秘书、行政助理,曾获该公司"金牌白领"称号;27 岁入选"环球洲际小姐大赛中国赛区十佳"；后以第一名的绝对优势跨专业考入中山大学攻读研究生；28 岁赴西藏林芝支教，是团中央、教育部组织的研究生支教团队伍中第一位在读研究生；34 岁博士毕业，同年特招入伍，成为我国航母"辽宁舰"首位女博士军官。2017 年 9 月，韦慧晓被任命为郑州舰副舰长，现在韦慧晓是"绍兴"号导弹驱逐舰舰长。如果将人生看作一本书，韦慧晓的这本书可谓充满传奇色彩。韦慧晓"不待扬鞭自奋蹄"，不断挑战自我，向着更高的目标奋进。

"八千里路云和月"

韦慧晓明白人生价值之所在，对理想有着坚定的信念。她不愿过没有目标的忙碌生活，而是将志愿服务作为自己握在手中的幸福。

2005～2006 年，韦慧晓作为中山大学研究生支教团成员在西藏林芝县中学支教，从广州到西藏是韦慧晓的"八千里路"。为了提高学生对英语课的兴趣，她在课程设计上勇于创新，不断加强教学强度，有时嗓子发炎到说不出话，还落下了腰肌劳损的毛病。即使这样，她依然坚守在讲台上，坚持完成授课任务。功夫不负有心人，她欣喜地看到当地孩子对英语的学习态度发生了很大的转变，也逐渐掌握了学习英语的基本方法。在西藏这片热土上的几百个日日夜夜，韦慧晓一直陪伴着当地的孩子们。对她来讲，支教是责任，更是热爱。

作为志愿者，韦慧晓在生活中也散发着个人魅力。她对当地的每一个人都报以真诚的笑容，结交到了许多朋友。不管是援藏干部、当地师生，还是单位保安、洗衣店老板娘……这个热爱生活的阳光女孩用自己的真诚与热情感染着身边的每一个人,也让当地人感受到志愿者的友善与温暖。韦慧晓说:"志愿者的任务,不仅仅是教学,更重要的是当好西藏与外界交流的窗口和桥梁,我们的快乐和积极会是藏汉的进一步和谐相处、共同进步的催化剂。"①

"八千里路"沿途是不一样的云和月。在追求理想的道路上,更多个"八千里路"仍等待韦慧晓去探索。

我的理想是逐梦深蓝

早在填报高考志愿时,韦慧晓就在"提前批"一栏中填报了国防科技大学,但当时该校已招满新生。虽然韦慧晓当时参军未能成行,但从军梦的种子一直埋在她的心底。参军不是韦慧晓一时心血来潮,而是她愿意终其一生投身的伟大事业。她为自己制定了体能训练计划,坚持锻炼体能。从每天跑四五公里,慢慢增加到十公里,她"把运动当成和吃饭睡觉同等重要的事情来做"。就这样,韦慧晓一步步向着自己的梦想靠近。

按照规定,博士毕业生入伍年龄一般不超过 35 周岁。当时韦慧晓马上就要达到这个期限,于是她给海军首长写了一封多达 200 多页的自荐信,表达自己想成为一名军人的迫切愿望。信中她动情地写道:"生命里有了当兵的历史,一辈子也不会感到懊悔,而且也必将是我此生最值得自豪的历程。"三天后韦慧晓就收到了相关部门的回复。在通过考察后,海军方面给她提供了三个去向选择。她没有丝毫犹豫,选择进入刚成立不久的

---

① 韦慧晓:《八千里路云和月》,《中国研究生》,2008 年第 9 期。

航母部队。2012 年,韦慧晓从中山大学地球科学系博士毕业特招入伍。

　　第一次随舰出海时,韦慧晓强烈地感受到了晕船的痛苦。其实当时的风浪并不算大,但随着舰船摇晃,韦慧晓头晕胸闷,在洗漱间吐得脸色蜡黄,狼狈不堪。但她知道,这只是一个小插曲,自己一定能够克服。于是她静待平复,继续工作。2016 年,韦慧晓成为中国海军第一位女副舰长;2017 年,从长春舰调往郑州舰任副舰长;2022 年,任"绍兴"号导弹驱逐舰舰长。入伍10 年,韦慧晓刻苦钻研,努力训练,从最初一出海便晕船的"菜鸟"成长为熟练掌握舰艇操作技术的中国海军首位女舰长。

　　"有两种价值观,一种价值观呢,是戴着非常昂贵的手表,好显示出来自己身价百倍;另一种价值观,是我这种价值观,一块不贵的手表,因为我戴过了,所以身价百倍。"[1]这句话是 2019年韦慧晓在参加中央电视台《开讲啦》节目中所说的。此话一出,立即收获大家的点赞。韦慧晓所谓手表的价值,实指人生的价值,人生的价值要靠自己来诠释。韦慧晓不畏艰难,追逐理想,用实际行动实现了她的人生价值。她的事迹鼓舞着南京大学的学子们,她是所有南大学子学习的榜样。

（周　璇）

---

① 《世声》,《文摘报》,2019 年 5 月 7 日,第 1 版。

百廿华诞　共襄盛举

　　2022 年 5 月 20 日是南京大学建校 120 周年纪念日,学校提前 400 天启动校庆筹备工作。通过广泛征求意见和征集作品,确定"诚耀百廿,雄创一流"的校庆主题和"学术校庆、人文校庆、安全校庆、快乐校庆"的办庆理念,设计了以"诚"字为形意的校庆标识。在全校师生、员工、校友、热心企业和社会人士一年多的不懈努力之下,百廿华诞不仅呈现出预期的高度、深度和温度,充满了朝气和活力,获得了社会各界的广泛支持,同时也让校庆成为传承南大魂、展现新风貌、彰显新成就的重要节点,为学校谋划新篇章、构建新格局、雄创新伟业构筑了全新起点。

总书记的回信

　　120 周年校庆之际,党的"十八大"以来从海外学成归国到南京大学工作的 120 名青年学者代表给习近平总书记写信,汇报教书育人、科研创新等方面的工作成绩与感悟,表达了弘扬优良传统、担当强国使命的坚定决心。中共中央总书记、国家主席、中央军委主席习近平于 5 月 18 日给南京大学的留学归国青

年学者回信,对他们寄予殷切期望,并专门祝贺南京大学建校
120周年,向全校师生员工和广大校友致以热烈祝贺和诚挚问
候。满载总书记殷殷期望的重要来信让全校师生员工和广大校
友深受鼓舞,倍感振奋,在学校内外引发热烈反响。

习近平总书记给南京大学留学归国青年学者的回信

南京大学留学归国的青年学者们:

你们好!得知你们以李四光、程开甲等老一辈科学家
为榜样,在海外学成后回国投身科教事业,在各自岗位上努
力报效祖国、服务人民,取得丰硕成果,我感到很欣慰。值
此南京大学建校120周年之际,谨向你们并向全校师生员
工、广大校友致以热烈的祝贺和诚挚的问候!

你们在信中表示,生逢伟大时代是人生之幸,留学归国
青年要心系"国家事"、肩扛"国家责",这些话讲得很好。希
望同志们大力弘扬留学报国的光荣传统,以报效国家、服务
人民为自觉追求,在坚持立德树人、推动科技自立自强上再
创佳绩,在坚定文化自信、讲好中国故事上争做表率,为全
面建设社会主义现代化国家,实现中华民族伟大复兴的中
国梦积极贡献智慧和力量!

习近平

2022年5月18日

在5月20日举办的庆祝南京大学建校120周年大会上,江
苏省委书记、省人大常委会主任吴政隆宣读了习近平总书记
给南京大学留学归国青年学者的重要回信,并做讲话。中共

中央政治局委员、中央外事工作委员会办公室主任杨洁篪校友，中央政治局原委员、中共北京市委原书记郭金龙校友，第九届全国人大常委会副委员长彭珮云校友，第十一届全国人大常委会副委员长、民盟中央原主席蒋树声校友，第十一届全国政协副主席孙家正校友等，分别以不同方式对母校百廿华诞表示祝贺。

南大精神风貌大讨论

百廿校庆之际，南大人在一场围绕百廿校史精神风貌和精神传承的大讨论中，开启了对南大发展史、南大人心灵史的热切追溯和对未来的美好畅想。老领导、院士、人文社科资深教授、现任校领导、离退休教师，以及众多中青年专家学者、管理干部、思政辅导员、青年学子、校友代表等满怀热情地加入了"新时代南大精神风貌"大讨论活动，大家追忆往昔，聚焦当下，展望未来，各抒己见，贡献智慧。经过长达半年之久的讨论活动，以"诚"字为内核的南大灵魂，以"诚朴雄伟，励学敦行"为内容的校训，以"严谨、求实、勤奋、创新"为内容的校风，以"宽德养士，至乐成学，吾道在国，与世恒新"为表述的新时代精神风貌，成为南大人描摹往昔、刻写今日和展望未来的共识性话语。

线上线下办校庆

校庆筹备从内容上分成了"传音""求索""文博""回眸""书香""朝气""情深""斯园""聚源""鼎盛"等十个版块，有效覆盖了校庆的品牌建设、学术活动、文化艺术、校史回溯、新书出版、师生校友互动、美丽校园、捐赠筹款和庆典盛况等多个领域。受到疫情等客观因素影响,百廿校庆特别设置了线上和线下两套平行方案。不仅在新媒体方面建设了校庆专题网站、微信公众号,同时在各版块活动中准备了线上观摩、线下参与的具体实施办法,充分满足校内外、海内外师生校友、社会人士关注参与百廿华诞的热切期盼。由师生校友们携手精心筹备的"中外大学校长论坛""全国首届百名女学者论坛""120 场高端学术讲座系列""120 对校友夫妇的云婚礼""12 小时校友校庆云直播""学生体育舞蹈节"等成为校庆活动线上线下有机融合的经典之作,部分活动在线观摩人次数超过百万,在校内外获得广泛好评。

寓教于庆

参与校庆的重要主体是在校师生和年轻校友,为充分发挥校庆活动立德树人、凝心聚力的功能,校庆在筹备和实施阶段重点设计了教育引导、润物无声的互动环节。校庆标识的动画解读、"诚字号"文化互动体验、"五二〇"轨迹荧光跑、最喜爱校园打卡点、全球校友齐奏共唱校歌、师生共享生日蛋糕等引导学子爱校护校;"党在南大"特展、党史校史竞答、纪念"五二〇"运动校庆日升旗仪式、"红色初心寻根路"等引导广大学子知史明智;"'用外语讲中国故事'全国高校短视频交流展示""献礼华诞诗朗诵""校庆学术出版成就展""诚耀青年学者论坛""民乐云演奏音乐会"等引导学子培育爱国精神、文化自信,立誓报效国家、服务人民。

新视听盛宴

为实现"快乐校庆"办庆理念,校庆筹备开拓新思路,借助新方法,营造校内外、线上下的良好氛围,打造具有南大特色的校庆品牌。利用城市地铁专列、共享单车、音乐网(原创歌曲专辑)等平台,以"听觉校庆"的创新途径扩大百廿南大的影响力和号召力。在全国城市的标志性建筑、商业中心、各自媒体平台,以及校园社区道路、草坪、橱窗等场所,以"视觉校庆"的有效途径快速传播南大校庆文化。借助虚实结合的文创技术,以"体验校庆"的理念,遵循"使用即传播原则"设计了承载校庆主题的PPT、海报、信笺模板、微信头像框、表情包、手机壁纸、微信红包皮肤等电子文创产品,成功推广百廿南大的校庆品牌;借助虚拟三维全景技术、微信程序模块等,以"云回家"为主题,设置"云游览"(鼓楼、仙林、浦口、苏州四校区 VR 全景地图)"云祝福""云合影""云文创""云捐赠""南大人"等互动模块,吸纳和回应海内外校友关注母校、参与校庆的热切期待。借助最新的裸眼 3D技术、无人机技术、音乐喷泉等手段,以"奇观校庆"的理念,组织实施了"校园建筑灯光秀""无人机编队表演"等活动,创造视觉奇观,展现南大风华,达成情感共鸣,引发师生校友和全社会关注点赞,将浓郁的校庆氛围推向最高潮。

12 亿善款

作为百廿华诞的独特版块,"百廿聚源"校庆捐赠筹款行动经过近 700 天的持续努力取得显著成效,获得来自热心校友、校董、社会各界同仁以及全校师生员工的热烈响应和广泛支持。校庆期间募集到教育善款合计超过 12 亿元人民币，其中亿元级捐赠 3 项，千万元级 19 项，捐赠人次过万。教育善款项目覆盖了学生培养、人才队伍、学科建设、校园文化、基本设施等多重办学领域，为百廿南大在历史节点上知势谋局、蓄势跨越、借势登高提供了有力支持。

（王　俊）

"大讨论"催发"奋进行动"

大讨论：集思广益

2022 年 10 月起，在学校党委的统一部署下，全校上下启动了"全面贯彻党的二十大精神，加快建设第一个南大"的大讨论活动。校园、宿舍、食堂、教室等公共场所，各类新媒体平台和端口都设置了"南大人，来为'大讨论'书面建言吧！您的良策将在校园 APP 刊发并成为学校的下一步行动方案！"师生校友们纷纷"扫码关注"，加入大讨论建言行列。"大讨论"不仅为师生员工们提供了理性发声的建言平台，也充分营造了全校上下"讲真话、道实情、建净言、献良策"的良好氛围。不到两个月，全校组织与大讨论相关的调研座谈会 1112 场，覆盖面超 2.5 万人次，同时向 749 位校友发函征集意见、建议。

从院士、资深学者到青年教师，从本科一年级新生到年逾九旬的离休干部，乃至海内外的广大校友……动员起来的南大人都满怀赤诚，对全校不同层次、各个方面的工作进行了全面、客观和高质量的点评和思考，共形成正式书面意见建议 756 条。有的批评意见一针见血，有的问题剖析鞭辟入里，有的对策建议启发性强，从关心南大发展的"急难愁盼"开始，走向南大如何以自身发展回应国家的"急难愁盼"。

为了持续发挥"大讨论"成功经验,构建常态化沟通机制,学校继续采取"奋进荣校建言汇"的形式,长期接收来自学生的建言献策,充分吸纳学生的意见建议,让大讨论的热潮延续,也使得校—生之间的沟通渠道稳定化、持久化、常态化,形成了融通共进的合作互动机制。

大总结:三上三下

全校上下在大讨论中达成了共识——这是一场全体南大人群策群力办好南大的"大动员",是提升南大干部干事创业精气神的"大比赛",是对南大发展中存在问题的"大剖析",是对南大未来发展方向的"大思考",是南大发展攻坚期的"大建言",是一次有力推动管党治党、办学治校的"大行动"。

大讨论不仅历经了吸纳建言阶段,还延展出"三上三下"深入剖析环节。"一下",广泛征集各方建议;"一上",学校从征集到的建议中总结出 16 个专题,并撰写总结报告。"二下",各院系、各部门带着专题深入分管领域召开调研座谈会;"二上",以调研反馈为基础,分 16 个专题继续撰写调研报告,进而转化成 16 个专项实施方案,并从中凝练"奋进行动"总体方案。"三下",各专题相关负责人带着"1+16"实施方案,继续深入基层,根据师生意见对方案进行完善;"三上","奋进行动"实施方案最终定稿,同时形成为师生员工解决"急难愁盼"问题的实事清单。

通过"三上三下"形成的"一案一单"汇聚了大讨论的重要成果。"一单"成为南京大学及时为师生员工办理实事、服务群众、回应需求的行动手册;"一案"成为全校上下全面贯彻党的"二十大"精神,加快建设"第一个南大"精心制定的系统性行动方案,也是全校师生员工规划和拓展各项工作的时间表和施工图。

大行动:真抓实干

2022年底至2023年春季,南京大学通过数月的大讨论,达成"大共识"——开展"奋进行动",以南大式奋进谱写新时代"第一个南大"建设的新篇章。具体规划是:第一步,用3至5年的时间,使南京大学稳居全国高校第一方阵前列,并在国际上稳居世界一流大学行列;第二步,经过10年努力,到建校130周年时,南京大学在国内高校第一方阵前列的地位进一步巩固,在世界一流大学行列的地位进一步提升;第三步,继续奋斗15年左右,到本世纪中叶,成为全国顶尖一流高校,在国际上成为世界顶级一流高校。

全校各院系、各单位在2023年的新学期里,围绕南京大学"奋进行动"开启了坚持和加强党的全面领导,培养本科拔尖创新人才,打造南大特色的研究生教育品牌,建设一流人才队伍,促进文、理、工、医协调发展新格局,加强有组织科研,构建自主知识体系建构,提升资政服务能力,提升国际化办学水平,提升服务国家和区域发展能力,推进苏州校区建设,实现四校区联动,提升后勤服务和安全保障质量,构建校友与发展工作新格局,提升宣传工作效能,讲好南大故事,推进治理体系和治理能力现代化,建设高素质干部队伍等16个专项行动。

"团结奋斗、争先进位、坐言起行、应势而动",在大讨论和"奋进行动"的热潮中,全体南大人牢记习近平总书记的嘱托,践行"心系国家事,肩扛国家责",扎实推进"双一流"建设的使命责任,奋力走出一条建设具有中国特色、南大特质、时代特点的世界一流大学新路，为使我国成为教育强国、科技强国、人才强国作出南大的贡献。

全校各院系、各单位从 2023 年开始，围绕学校对"奋进行动"的部署，逐步开启了党建和意识形态工作、本科拔尖创新人才培养、研究生教育创新提质、人才队伍建设、建设政治能力作风"三个过硬"干部队伍、优化学科布局、加强有组织科研、自主知识体系建构和咨政服务能力提升、中华民族现代文明建设、提升服务国家和区域经济社会发展能力、国际化办学水平提升、推动四校区高效有序良性联动与苏州校区建设发展、后勤服务和安全保障提升、资源拓展与集聚、"智慧南大"建设、讲好南大故事、全面支撑中国式现代化江苏新实践、推进学校治理体系和治理能力现代化、确保学校决策部署落地见效等 19 个专项行动。

2024 年，学校正式发布了"全面支撑中国式现代化江苏新实践行动方案"（简称"7291"方案），"7"指的是南京大学将全面实施科技创新策源计划、产业技术攻坚计划、创新人才聚贤计划、对外开放融通计划、文化传承深耕计划、社会治理赋能计划、办学格局适配计划 7 大计划；"29"指的是着力推进"大力加强基础研究前瞻布局，支撑江苏加快形成新质生产力"等 29 项重点任务；"1"指的是大幅提升服务江苏高质量发展的能力。该方案积极响应江苏省委省政府对南京大学的期待，着力打造支撑江苏高质量发展的引育高端人才的"主阵地"、重大科技突破的"策源地"、中华民族现代文明的"传承地"、社会善治良治的"赋能地"、对外交流交往的"新高地"，全面融入中国式现代化江苏新实践，在牢记嘱托、感恩奋进、奋力谱写"强富美高"新江苏现代化建设新篇章中走在前、做示范。

（王　俊）

后 记

　　2021年1月,南京大学出版社胡豪老师和我相逢在南大校友金色亦阳的婚宴上。欢乐喜庆的氛围,激发起我们对于南京大学120周年庆典的憧憬。他知道我深耕南大校史三四十年,便鼓励我编写一本轻松、真实、生动反映南大人情事物的"青春版校史",以致敬先贤、问道历史、激励学生、馈赠校友、回报社会,并建议书名就叫《读南大》。"读"字语含双关,意指就学于南大、了解南大,并且让世人得见独一无二之南大。他笃定地认为,这本"故事化的校史,校史化的故事",对于"第一个南大"的建设具有特殊意义。此言正合吾意。回校后我立即投入到该书的组织编撰工作之中。我与南京大学教育研究院·陶行知教师教育学院的同事和博士研究生、硕士研究生,经过一年半的资料搜集、人物访谈、档案查找、初稿撰写、反复修改以及现场拍摄等认真细致的工作,写就了这本远超计划规模的南大史事集。

　　这是一项集体研究成果,由我担任主编,胡天银、谢雯、王俊、周璇担任副主编,王天祥、吴春宣、杜淑惠、陈晓清、依丽米努尔·那扎麦提、裴聪、舒良树、曲铭峰(按姓氏笔画排序)等以及南大新闻中心的编辑参加策划和编写。副主编和裴聪、杜淑惠、努尔等全程参与了书稿的策划、编撰、校对等工作。汪雅霜副教授、王世岳副教授、孙俊华副教授等提出许多修改意见。侯秀舒、王益君、吴易林、杨亦渺等也参加了部分书稿的讨论或校对工作。南京大学档案馆提供了部分历史照片。知名摄影师佘治骏等专门为该书拍摄了南京大学四季美景(本书采用扫二维码观看相关图片。请看"图片目录"和封底,获得二维码)。我们同时还从多年前出版的《南大逸事》中撷取了几篇由龚放、冒荣、袁李来、包仁娟等南京大学资深校史专家撰写的精彩文章,略作增删后一并收入该书。书中各篇作者均已在篇末注出,读者当会在阅读时与他们不期而遇。

中国科学院资深院士、曾主编《南京大学史》《南京大学百年史》的王德滋先生,著名高等教育研究专家龚放教授和冒荣教授,中国科学院院士、南京大学新生学院院长郭子建教授,联袂担任该书顾问,提出许多指导性和建设性意见。江苏省慈善总会副会长、南京大学名誉校董郑钢校友对于《读南大》十分认可,相信该书对母校开展的"寻根教育"定会大有助益,遂以"南京大学文科发展基金——郑钢基金"资助出版,并赠送给南大新生。南京大学党委常务副书记杨忠教授诚邀当代著名书法家、中国书法家协会主席、南京大学中国书法研究院院长、博士生导师孙晓云教授为《读南大》题写书名。南京大学出版社对于该书的出版极为重视,社领导、责编、美编等都给予鼎力支持。藉此机会,我要向对《读南大》的出版给予无私帮助的所有贵人和编写组全体成员,致以衷心的感谢和崇高的敬意!另外,书中如有不妥之处,敬请方家指正和谅解。

王运来记于仙林翠谷

壬寅年冬月

454

图书在版编目(CIP)数据

读南大/王运来主编. —南京：南京大学出版社，
2023.5(2025.8 重印)

ISBN 978 - 7 - 305 - 26762 - 8

Ⅰ. ①读… Ⅱ. ①王… Ⅲ. ①南京大学-校史-史料
Ⅳ. ①G649.285.31

中国国家版本馆 CIP 数据核字(2023)第 027375 号

出版发行　南京大学出版社
社　　　址　南京市汉口路 22 号　　　　　邮　编 210093
书　　　名　读南大
　　　　　　　DU NANDA
主　　　编　王运来
责任编辑　胡　豪

照　　　排　南京紫藤制版印务中心
印　　　刷　徐州绪权印刷有限公司
开　　　本　880 mm×1230 mm　1/32　印张 14.625　字数 330 千
版　　　次　2023 年 5 月第 1 版　2025 年 8 月第 3 次印刷
ISBN　978 - 7 - 305 - 26762 - 8
定　　　价　52.00 元

网　　　址　http://www.njupco.com
官方微博　http://weibo.com/njupco
官方微信　njupress
销售热线　025 - 83594756

＊ 版权所有,侵权必究
＊ 凡购买南大版图书,如有印装质量问题,请与所购
　图书销售部门联系调换